L'expédition de la dernière chance

Gay Salisbury
& Laney Salisbury

L'expédition de la dernière chance

La course héroïque en Arctique pour sauver des enfants

Traduit de l'américain
par Josiane Deschamps

Albin Michel

A Dorothea Boothe

« Celui qui prend le temps d'étudier l'histoire de l'Alaska découvre qu'après l'homme, le chien a été et est encore le facteur le plus important de son développement. »

James WICKERSHAM,
magistrat d'Alaska, 1903

« Il n'était pas possible de battre en retraite, de faire demi-tour pour revenir sur ses pas. »

Fridtjof NANSEN
(Expliquant pourquoi il avait baptisé
son bateau et son expédition « FRAM »
qui signifie « En avant ».)

« Je ne connais pas grand-chose aux chiens, mais lorsque j'étais là-haut, en Alaska... l'existence de tous tournait autour des chiens... l'épine dorsale de l'Arctique est l'épine dorsale d'un chien. »

Will ROGERS
(Extrait de son dernier article retrouvé
dans l'épave de son avion, à la suite du crash
dans lequel il disparut, au mois d'août 1935,
en Alaska.)

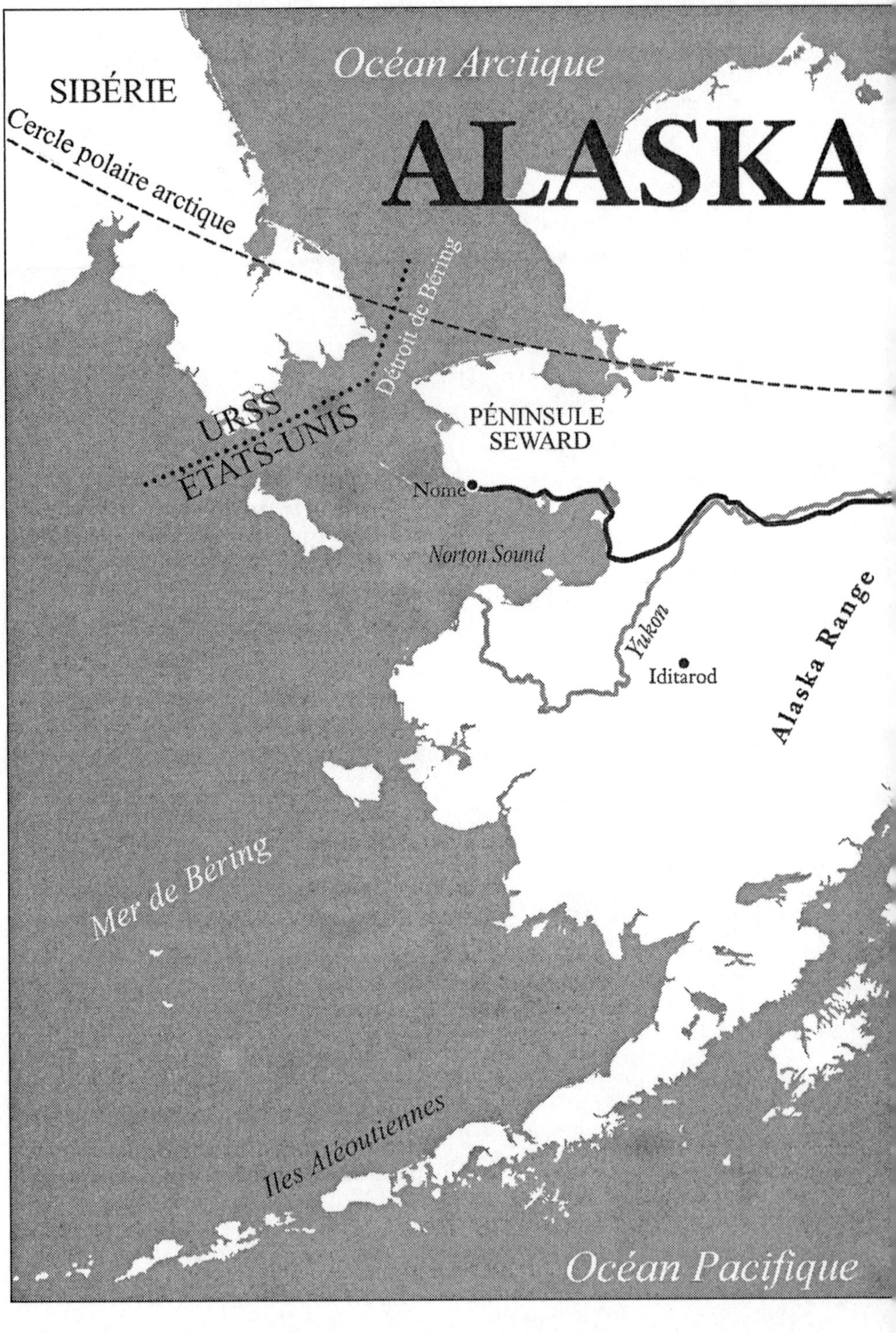

Océan Arctique
SIBÉRIE
Cercle polaire arctique
ALASKA
Détroit de Béring
URSS
ÉTATS-UNIS
PÉNINSULE
SEWARD
Nome
Norton Sound
Yukon
Iditarod
Alaska Range
Mer de Béring
Iles Aléoutiennes
Océan Pacifique

Océan Arctique
0 50 100 150 200 miles
0 50 100 150 200 kilometers
CANADA
ALASKA
Cercle polaire arctique
Yukon
CANADA
Fairbanks
Nenana
Tanana
KLONDIKE
Alaska Range
Seward
Juneau
Golfe d'Alaska
Route du sérum

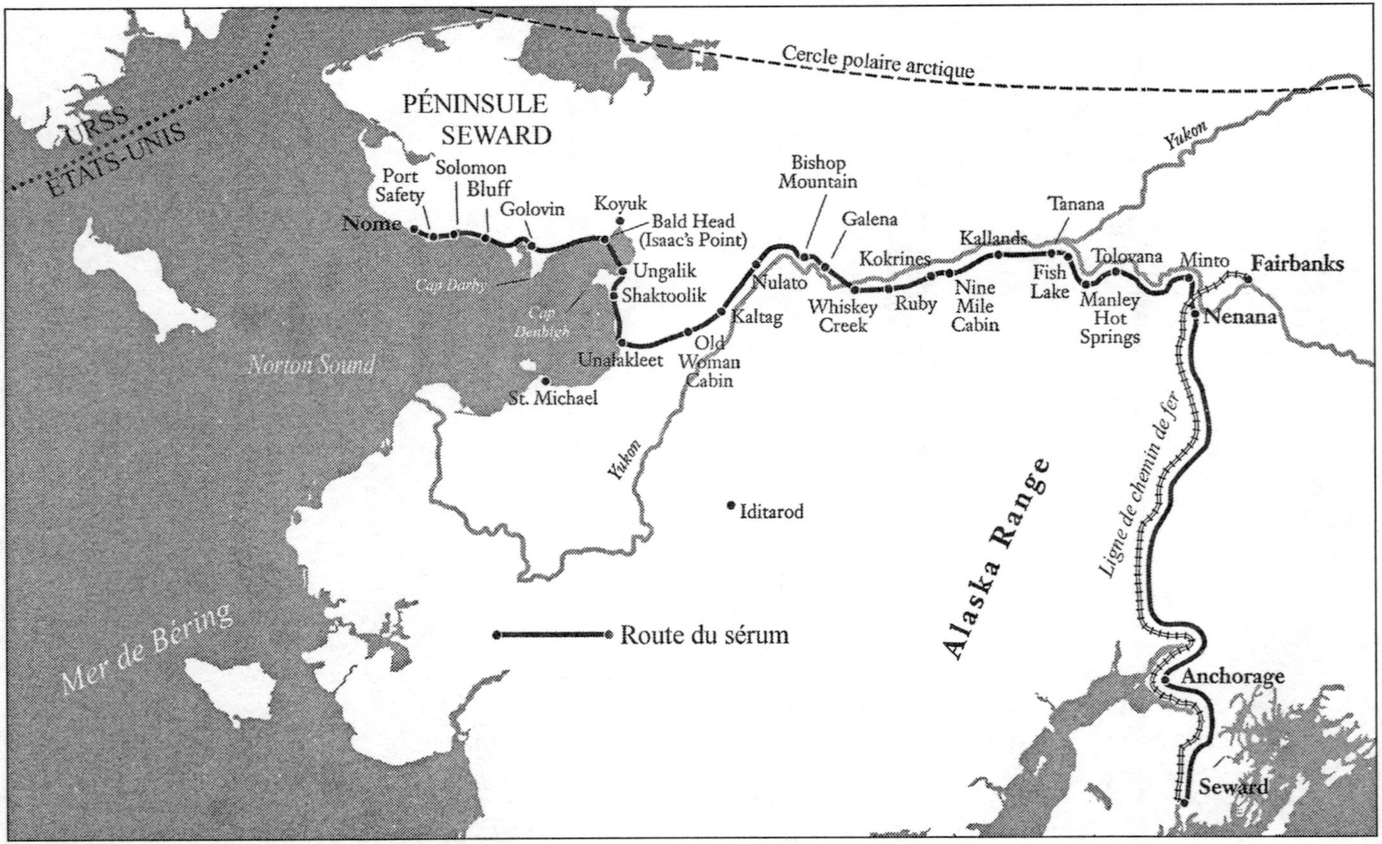

Parcours de la course du sérum de 1925.

Note des auteurs

La plupart d'entre nous sont incapables de résister aux manifestations d'un chien amical ou au plaisir de lire une belle histoire de chien, et celle des hommes et des chiens qui, en 1925, se relayèrent pour transporter le sérum destiné à sauver les enfants de Nome (Alaska), victimes d'une épidémie de diphtérie, est bien la plus belle jamais racontée. La meilleure preuve se trouve à Central Park, au cœur de New York, où la statue de Balto attire chaque année des milliers de personnes.

Balto est le nom du chien qui mena l'attelage sur la dernière partie du relais et atteignit finalement Nome en dépit du blizzard, un exploit qui fit de lui le chien le plus célèbre d'Amérique du Nord, aussi connu que Rintintin, la star de cinéma. Admiratifs, les amis des chiens qui avaient suivi, depuis New York, cette admirable prouesse en lisant les gros titres des journaux commandèrent une statue de Balto plus grande que nature qui fut érigée, en décembre 1925, à deux pas de la Cinquième Avenue, près de l'entrée du Children's Zoo. La plaque fixée sur le socle en granit dédie le monument au « caractère indomptable » des chiens de traîneau qui coururent jusqu'à Nome : « ENDURANCE FIDÉLITÉ INTELLIGENCE ».

Nous sommes cousines germaines, nous avons toutes deux grandi à New York et, comme des millions d'autres enfants, nous aimions grimper sur le dos de Balto chaque fois que nous allions jouer à Central Park. L'affection que les enfants éprouvent pour Balto est bien visible. A l'endroit où ils lui caressent la tête, le grattent derrière les oreilles et s'assoient sur son dos, le bronze est tellement poli qu'il a pris l'aspect de l'or. Le conservateur de Central Park estime que la statue a perdu plus de six millimètres à l'endroit où les enfants chevauchent Balto depuis tant d'années. Cependant, nous savions aussi peu de choses au sujet de Balto que les autres enfants. Comme eux, nous avions entendu des histoires effrayantes sur la diphtérie. L'une d'elles, en particulier, nous hanta dans notre enfance.

Notre grand-père, le docteur Edward Salisbury, un éminent spécialiste des maladies tropicales, exerçait la médecine dans un coin perdu, sur la côte est du Costa Rica, au bord de la mer des Caraïbes. C'est là que nos pères ont grandi dans les années trente. Quand John Salisbury, le père de Gay, eut quatre ans, il contracta la diphtérie. Grand-père n'avait pas de sérum et il était impossible de s'en procurer au Costa Rica – moins de neuf ans auparavant, le médecin de Nome s'était trouvé confronté à la même situation. L'état de John était si grave qu'on ne lui donnait que quelques jours à vivre. Dorothea Boothe – l'infirmière à qui ce livre est dédié – ne quittait pas son chevet. Au dernier moment, Grand-père réussit à localiser un stock de sérum frais au Panamá ; malgré un violent orage tropical, il s'y rendit en avion avec son pilote et revint à temps pour sauver son fils John. Nous avions entendu raconter cette histoire de nombreuses fois par nos grands-parents ou par Dorothea (une femme pour laquelle notre famille éprouve une profonde affection et un grand respect), mais deux détails nous faisaient toujours frémir : comme Grand-père tardait à revenir, John avait reçu les derniers sacrements, et le menuisier avait déjà fabriqué un cercueil d'enfant qui mesurait à peine un mètre.

L'idée de ce livre nous est venue le jour où nous avons lu dans le *New York Times* l'éloquente notice nécrologique d'Edgar Nollner, le dernier survivant des mushers de la course de 1925, qui mourut en janvier 1999, à l'âge de quatre-vingt-quatorze ans. Sous le titre « Héros le temps d'une épidémie » le *Times* expliquait que, pour Nollner, parcourir une quarantaine de kilomètres dans un blizzard si violent qu'il ne voyait même plus ses chiens n'avait représenté « qu'un travail ordinaire ». Le *Times* ajoutait que Nollner était notre dernier lien avec « un grand moment de suspense du vingtième siècle ; l'un de ceux qui avaient tenu le pays en haleine pendant plus d'une semaine, alors que tout le monde se demandait si le sérum salvateur parviendrait à temps dans cette petite ville de l'Alaska prisonnière de la glace ». Selon le *Times*, le souvenir de cette histoire « commençait à s'estomper », mais Nollner avait jadis contribué à « graver une légende dans la neige ».

Il n'existait aucune route pour se rendre à Nome, une petite communauté d'environ quatre mille habitants, située sur la côte du détroit de Béring, à deux degrés au sud du cercle arctique. Pendant plus d'un siècle après sa naissance, durant la ruée vers l'or des années 1890, Nome fut l'une des agglomérations les plus isolées de la planète. Chaque année, pendant au moins sept mois, elle était coupée du monde par l'océan gelé. « Nous sommes enfermés dans une prison de glace et de neige », se lamentait le rédacteur en chef du journal local, en novembre 1900. Aujourd'hui, par beau temps, l'avion relie Nome au reste du monde en toute saison, mais durant sept mois, il est impossible de s'y rendre par voie de terre, à moins de disposer d'un traîneau et d'un attelage de chiens.

Tous les ans, au mois de mars, a lieu l'Iditarod Trail Dog Sled Race, une course de presque deux mille kilomètres, entre Anchorage et Nome. Qualifiée de « dernière grande course du monde », l'Iditarod traverse les étendues glacées de l'Alaska, combinant des éléments du Kentucky Derby et du Daytona 500. Elle rassemble les attelages de chiens les plus rapides et les mushers les plus expérimentés pour une compétition épuisante qui demande du savoir-faire, de la vitesse et de l'endurance. Organisée pour la première fois en 1967 par des habitants de l'Alaska désireux de préserver la tradition des courses de traîneaux, elle a pour but de faire en sorte que des attelages de chiens continuent à parcourir les pistes d'Alaska. Hommage aux pionniers qui assuraient les liaisons avec les communautés isolées, l'Iditarod entretient le souvenir de la course de traîneaux la plus héroïque de l'histoire de l'Alaska, celle qui permit, en 1925, de transporter du sérum antidiphtérique jusqu'à Nome.

De nombreux livres pour enfants ont été écrits sur Balto et l'exploit auquel il a participé – il est même le héros d'un film d'animation qui porte son nom, produit par Steven Spielberg * – mais jusqu'alors seul Kenneth A. Ungermann avait tenté d'écrire l'histoire des événements de 1925, dans un récit, bref mais excellent, intitulé *The Race to Nome.* Depuis cette date, de nouveaux documents officiels, des archives médicales et privées, des documents d'histoire orale, des photos inédites sont devenues disponibles, et des articles sont parus dans la presse, permettant de reconstituer ce qui s'est réellement passé au cours de ces six jours de 1925, alors que le monde entier encourageait les chiens dans leurs efforts. La véritable histoire est plus tragique et exaltante qu'aucun enfant ne pourrait l'imaginer. Elle commence là où l'Iditarod se termine, sur le rivage glacé de la mer de Béring.

---

* Réalisé par Simon Wells en 1995. *(N.d.T.)*

PROLOGUE

Prisonniers de la glace

« Nous sommes enfermés dans une prison de glace et de neige. Le dernier bateau est parti et notre petite communauté est livrée à elle-même, seule avec les tempêtes, seule avec l'obscurité et le froid glacial du Nord. »

Nome Chronicle

Curtis Welch[1] était le seul médecin sur les centaines de kilomètres de ce littoral oublié de la mer de Béring, et durant les dix-huit années qui venaient de s'écouler, il avait regardé l'hiver arriver soudainement comme cela se passe très souvent dans le Grand Nord. On disait que dans cette région il n'y avait que deux saisons : l'hiver et le 4 Juillet *. A Nome, les hivers duraient au moins sept mois et les autres saisons arrivaient et repartaient en quelques courtes semaines. De juillet à octobre, la mer de Béring était libre de glace et la ville était accessible aux bateaux à vapeur et aux schooners venus de Seattle, le port important le plus proche, situé à environ trois mille huit cent quarante kilomètres au sud, soit environ quatorze jours de navigation. Au début de novembre, la mer de Béring gelait et la lumière disparaissait presque du ciel. Le *Victoria,* habituellement le premier bateau

* Fête nationale américaine.

transportant des passagers à arriver au printemps et le dernier à partir à l'automne, prenait la route du sud après avoir déchargé sa cargaison, laissant derrière lui la ville coupée du monde, inaccessible si ce n'est en traîneaux à chiens, en suivant une piste qui traversait l'intérieur de l'Alaska et reliait la ville aux ports libres de glace du Sud-Est.

Le froid impitoyable se manifestait brusquement et violemment, accompagné d'un blizzard qui soufflait pendant plusieurs jours et provoquait un sentiment de total isolement, capable de miner la détermination de l'individu le plus courageux. Chaque automne, presque la moitié de la population de la ville embarquait à bord des derniers bateaux à lever l'ancre et ne revenait qu'au printemps. Welch, lui, restait à Nome. C'était ce qu'il avait fait tous les ans, sauf une fois où il s'était absenté pendant une courte période pour participer à la Grande Guerre en tant que médecin militaire. Il était tombé amoureux de l'Alaska dès son arrivée, en 1907, et cet attachement n'avait fait que croître au fil des années. Il avait écrit à sa sœur, qui habitait New Haven (Connecticut), que ces grands espaces permettaient à son esprit de s'épanouir.

Depuis son enfance, Welch avait le sentiment d'être différent des autres, et si la moindre obligation sociale était toujours pour lui une corvée – il était connu pour s'éclipser d'un dîner dès que la conversation s'engageait – l'Alaska et ses espaces sans limites le comblaient.

Il avait à présent cinquante ans, et ses cheveux d'un blond doré avaient blanchi. Il lui tardait toujours d'assister à l'exode annuel et de retourner à sa solitude.

Quel que soit le moment de l'année, Nome restait un lieu isolé, un petit point sur la carte de la dernière frontière américaine, ce vaste Territoire de l'Alaska qui s'étendait sur plus d'un million cinq cent trente mille kilomètres carrés, une région aussi vaste que l'Angleterre, la France, l'Italie et l'Espagne réunies[2]. Au sud-est se trouvaient Juneau, la capitale, et les ports libres de glace l'année durant. Nome était située au nord-ouest, à l'autre extrémité. De tous côtés l'Alaska faisait preuve d'excès. A l'ouest, des volcans en activité crachaient de la fumée sur la côte déchiquetée du Pacifique Nord ; et à l'est des glaciers de la taille de Rhode Island surplombaient les fjords. Au cœur du Territoire, le mont McKinley, la plus haute montagne de l'Amérique du Nord, se dressait à travers les nuages au-dessus de vastes étendues boisées. Au début des années mille neuf cent, un voyageur déclara qu'il faudrait passer sa vie entière en Alaska pour le comprendre vraiment, saisir le changement des saisons dans les quatre zones climatiques, respirer l'air froid si pur quand il traverse la mer gelée. Et peut-être, à la fin de cette vie, pourrait-on enfin atteindre Nome[3].

Au début des années vingt, Nome était la ville la plus au nord-ouest de l'Amérique du Nord, une ancienne ville-champignon de l'époque de la ruée vers l'or qui avait perdu son éclat. Située à deux degrés sous le cercle polaire arctique, sur le littoral sud de la péninsule Seward, une pointe de terre balayée par le vent, qui avançait de trois cents kilomètres dans la mer de Béring, elle était plus proche de la Sibérie que de n'importe quelle ville importante d'Alaska, et de la pointe la plus occidentale de la péninsule, par un jour clair, chose rare dans ce monde brumeux et tempétueux, il était possible d'apercevoir la Russie, de l'autre côté du détroit de Béring, à seulement quatre-vingt-dix kilomètres de là. La ligne de changement de date passant au milieu du détroit, on pouvait littéralement apercevoir le lendemain.

Depuis le second étage de leur modeste appartement, situé au-dessus de la Miners & Merchants Bank, sur Front Street, Welch et Lula, sa femme, étaient aux premières loges pour assister aux minutieux préparatifs d'hivernage de Nome. Le *Victoria* était parti et l'*Alameda*, le dernier bateau de l'automne 1924, venait d'arriver avec les approvisionnements pour l'hiver. Lourdement chargé, il était ancré à un peu plus de deux kilomètres de la côte, dans la « rade » ; il s'était approché aussi près qu'un bateau pouvait le faire sans risquer de s'échouer. A Nome, il n'y avait jamais eu de docks ni de port ; les allèges et les chaloupes devaient franchir les vagues déferlantes, aller jusqu'au bateau à l'ancre, puis faire demi-tour pour regagner le rivage avec leur précieuse cargaison.

Sur Front Street qui longeait la mer, des groupes de débardeurs esquimaux déchargeaient les marchandises et les entassaient sur le rivage, prêtes à être stockées. Il y avait des boîtes de fruits secs et des dindes surgelées, des montagnes de charbon et de pleines caisses de beurre et de thé. L'activité durait toute la journée et se poursuivait la nuit. Des voitures à cheval et des brouettes descendaient Front Street en direction des imposants entrepôts en bois qui se trouvaient sur la rive de la Snake River, à l'ouest de la ville. Il y avait là suffisamment de place pour stocker les provisions nécessaires aux quelque mille quatre cents habitants de Nome et aux dix mille personnes qui vivaient dans les villages éparpillés et les petits camps de prospecteurs de la péninsule Seward, et même au-delà.

La ville était devenue le centre commercial de la région et beaucoup de gens y venaient l'hiver acheter de la quincaillerie aussi bien que des rideaux et du charbon. Si quelqu'un tombait malade, il était pris en charge et soigné par le docteur Welch et ses quatre infirmières au Maynard Columbus Hospital qui disposait de vingt-cinq lits et était considéré comme l'établissement hospitalier le mieux équipé du nord-ouest de l'Alaska.

Front Street n'était jamais aussi animée que les jours précédant le départ du dernier bateau[4]. Les planches craquaient et les trottoirs ployaient sous le poids de tous ceux qui allaient et venaient sur le front de mer. Les œufs étaient entassés dans des cuves remplies d'eau salée et les dindes conservées dans des caches froides ; il y en avait une derrière chaque maison, et si une ménagère manquait de place, elle pouvait toujours se rendre sur Front Street et conclure un arrangement de dernière minute pour bénéficier d'un petit espace dans l'un des comptoirs commerciaux.

Les enfants rapportaient chez eux des seaux remplis des dernières baies sauvages de la saison qu'ils avaient cueillies sur la toundra ; on en ferait des confitures ou mieux encore du cordial, ce qui était en principe illégal depuis la loi sur la prohibition. Les chercheurs d'or qui avaient passé leur temps à prospecter dans les collines aux environs de Nome revenaient, chaussés de bottes en caoutchouc qui leur montaient jusqu'aux genoux et vêtus de pantalons en laine, et ils attendaient dans les hôtels ou les *coffee shops* le départ du bateau. Ceux qui avaient décidé de rester échangeaient leurs bottes contre des *mukluks,* les bottes en peau de phoque, chaudes et imperméables, que portaient les autochtones.

Le shérif distribuait des visas de sortie – des tickets bleus fournis par le gouvernement – aux aliénés, aux indigents et à ceux qui étaient enclins à violer la loi. L'*Alameda* représentant la seule possibilité de quitter la ville et le capitaine pouvant difficilement prendre le risque d'être bloqué à Nome tout un hiver, il était fortement déconseillé de lambiner. La glace était le juge suprême ; aucune autorité ne lui était supérieure.

Les Esquimaux vivaient à environ deux kilomètres à l'ouest de Nome, à l'embouchure de la Snake River, sur un ensablement appelé le Sandspit, et ils se préparaient pour l'hiver comme ils le faisaient depuis des siècles. Ceux qui ne travaillaient pas comme ouvriers à Nome suivaient la côte pour aller pêcher au filet les derniers saumons ou les derniers ombles ; les femmes les vidaient en se servant de leurs *ulus,* des couteaux à la lame arrondie, et les suspendaient à des râteliers pour les faire sécher à l'air froid de la mer. Si au cours de leurs fréquents voyages vers le nord ils rencontraient un phoque, ils le tuaient, le chargeaient à bord de leur *oumiak,* un grand bateau recouvert de peaux, et après avoir affronté les vagues, le ramenaient chez eux. Les femmes utilisaient la peau pour confectionner des *mukluks,* et le blanc était découpé et mangé, ou fondu pour en faire de l'huile destinée à être consommée ou à servir de combustible.

Cette année-là l'hiver s'annonçait tardif et pourtant le rythme des préparatifs s'accélérait sur Front Street, le long du rivage et dans les magasins. Les hommes réparaient les planches branlantes à coups de marteau et arrimaient les bâtiments pour que le vent ne les emporte pas. La Moon Springs Water Company fermait l'alimentation en eau de la ville, deux conduites rudimentaires qui descendaient d'Anvil Creek. On bouchait les trous des murs en prévision du blizzard, et les hommes de la station locale de l'U.S. Coast Guard s'apprêtaient à descendre sur la plage pour tirer au sec la flottille de skiffs, de schooners et d'allèges de Nome.

La banquise arctique approchait peu à peu du détroit de Béring, et de la glace commençait à se former le long du littoral. La mer se transformait en « un océan de neige fondue roulant pesamment sur les plages de sable, écrasant et éclaboussant d'un émail glacé tout ce qu'il touchait[5] », écrivait le naturaliste Frank Dufresne, un habitant de Nome.

Sur le pont de l'*Alameda*, le capitaine savait qu'il devait faire route vers le sud s'il ne voulait pas risquer d'être pris dans l'étau de la glace qui gagnait du terrain. Il était temps de fermer les écoutilles et d'envoyer un message clair : montez à bord ou passez l'hiver ici.

Quand les coups de sifflet commandant la manœuvre parvinrent jusqu'au rivage, les charpentiers laissèrent tomber leur marteau, les ménagères s'immobilisèrent en pleine rue, les chiens de traîneaux qui vagabondaient librement sur Front Street levèrent la tête et, comme pour saluer le départ de l'*Alameda*, poussèrent leur hurlement plaintif.

La dernière allège se précipita vers le bateau, chargea les marchandises restantes et regagna le rivage. De la fumée noire s'échappa des cheminées de l'*Alameda*, l'ancre remonta lentement, puis la proue du bateau commença doucement à tourner vers le sud, et tous ceux qui se trouvaient à Nome retinrent leur souffle.

Ils étaient livrés à eux-mêmes, du moins jusqu'au printemps.

« Il m'a semblé que la moitié des habitants de Nome avaient réussi à monter à bord du vieux vapeur, a écrit Dufresne. J'avais l'impression qu'on m'avait abandonné sur des glaces flottantes... C'est le plus mauvais jour que j'aie passé en Alaska[6]. »

Dans quelques semaines les rivières et les ruisseaux de la toundra seraient gelés et les étoiles se refléteraient sur la surface lisse et transparente de l'eau, « comme les flammes de petites torches venues des profondeurs[7] ». En ville, tout serait recouvert de givre et, sur la mer, les vagues s'étaleraient, se transformant en nappes de glace de plus en plus épaisses qui se déploieraient vers le sud, jusqu'aux îles Pribilof, à près de neuf cents kilomètres de là.

Sur la côte, les glaces flottantes s'empileraient les unes sur les autres formant d'énormes monticules, et un peu plus au nord, la pression de la glace de mer serait telle qu'elle soulèverait de gros blocs et les projetterait sur le rivage où ils écraseraient tout sur leur passage. Les Esquimaux du Nord-Ouest les appelaient *ivu* – « la glace qui saute[8] ».

Les semaines passant, le soleil disparaîtrait peu à peu derrière l'horizon et les vastes étendues de glace et de neige vireraient du blanc le plus pur à un doré délavé, puis à un violet crépusculaire. Le jour raccourcirait jusqu'à ne durer que quatre heures, et la température chuterait. Enfin, un silence caverneux descendrait sur le rivage, comme une « grande écoute[9] ».

La nuit, tandis qu'un froid pesant envelopperait la région, la faune sauvage, les chiens et leurs maîtres se recroquevilleraient. Le moindre mouvement, le plus petit bruit, percerait le silence arctique, le froid extrême amplifiant chaque son. Au loin sur la mer, on entendrait les coups de tonnerre des glaces flottantes s'écrasant les unes contre les autres, et un chasseur pourrait reconnaître le crissement des sabots d'un renne sur la neige craquante à plusieurs kilomètres de là, ou le bruit d'un chien rongeant un os.

Puis le blizzard soufflerait, soulevant des bourrasques de neige qui, selon un habitant de Nome, « vous coupaient le souffle, puis emplissaient vos narines avant de redescendre dans votre gorge[10] ». Le blizzard pouvait également vous donner l'impression « qu'une main invisible vous serrait la gorge[11] ». Il faudrait affronter les vents hurlants des tempêtes hivernales, redresser les épaules et se pencher en avant de tout son poids pour continuer à avancer. Une petite promenade en ville se transformait parfois en un voyage d'une heure et on risquait facilement de se perdre et d'aller mourir sur la toundra.

On pourrait alors se croire revenu à la période glaciaire.

Durant les derniers jours qui avaient précédé le départ de l'*Alameda*, le docteur Welch avait vérifié plusieurs fois la liste de ce qu'on lui avait livré : du coton, de l'éther, des abaisse-langue, des thermomètres et des médicaments qui avaient besoin d'être renouvelés. Si la plupart des fournitures médicales étaient arrivées en bon état, il manquait cependant un produit. Plus tôt cette année-là, au cours de l'été, Welch avait remarqué que son stock de sérum antidiphtérique était périmé et il n'avait pas manqué de s'adresser au service de Santé publique de Juneau pour passer commande d'un nouveau lot. Pendant les dix-huit années où il avait exercé la médecine sur la péninsule Seward, il n'avait constaté aucun cas confirmé de diphtérie[12], maladie souvent mortelle chez l'enfant. Il y avait peu de risques qu'il ait besoin de ce sérum, mais on n'était jamais assez prudent.

De toute façon, le front de mer était désormais silencieux, et Welch supposa que sa commande avait été ignorée ou égarée. Il devrait se passer de sérum jusqu'au printemps.

Au moment où l'*Alameda* quittait la ville, une famille d'Esquimaux avec quatre enfants arriva de Holy Cross, un village proche de l'embouchure du Yukon. Le plus jeune des enfants, âgé de deux ans, était malade et quand Welch l'examina, il le trouva « très fatigué et amaigri ». L'enfant refusait de manger et Welch remarqua que son patient avait l'haleine fétide. La mère lui dit que son fils avait été soigné à Holy Cross pour une angine, mais ce diagnostic n'expliquait absolument pas l'état d'extrême faiblesse de l'enfant. Welch interrogea consciencieusement les parents et leur demanda si d'autres enfants de leur village souffraient d'angine ou de maux de gorge plus graves – des symptômes qui ressemblaient à ceux de la diphtérie.

Les parents lui affirmèrent que non.

Welch fut heureux de constater que les frères et sœurs du petit malade étaient apparemment robustes et en bonne santé, et il se sentit moins inquiet : la diphtérie est une maladie hautement contagieuse, et si les enfants avaient été contaminés, les symptômes auraient été évidents. Il pensa que le petit garçon devait souffrir d'une infection beaucoup moins grave, et il nota dans son rapport : « Au cours de ces dix-huit années, j'ai observé de nombreux cas qui paraissaient très suspects mais qui se sont toujours révélés être différentes formes d'inflammation de la gorge[13]. »

Le lendemain matin, l'enfant était mort.

1.

De l'or, des hommes et des chiens

> « Rien au monde n'aurait pu justifier la construction d'une ville à l'emplacement où Nome fut bâtie sinon qu'on y découvrit de l'or... »
>
> L'archidiacre Hudson Stuck, missionnaire en Alaska

Il n'existait pas de pire endroit au monde pour construire une ville, et pourtant Nome fut érigée, presque en une seule nuit, quand deux Suédois et un Norvégien découvrirent une pépite de la taille d'une petite pierre dans un ruisseau proche de la plage. Ces hommes furent bientôt connus comme les « trois Suédois chanceux » et leur découverte provoqua une véritable ruée, en 1898.

Dans un premier temps, ces trois hommes étaient venus s'installer au nord-ouest de l'Alaska en tant que gardiens de troupeaux, dans le cadre d'un programme du gouvernement américain destiné à initier les Esquimaux à l'élevage du renne. Près d'un demi-siècle de pêche à la baleine avait détruit les ressources alimentaires traditionnelles des Esquimaux, phoques et baleines, et la viande de renne paraissait être une alternative possible. Le plus jeune des « Suédois », âgé de vingt-quatre ans, était un pêcheur du nord de la Norvège – unie à la Suède par le traité de Kiel, en 1814 – nommé

Jafet Lindeberg, qui avait été engagé dans le cadre de ce programme en dépit du fait qu'il ne connaissait rien ou presque aux rennes. Les collègues de Lindeberg n'avaient pas plus d'expérience que lui. John Brynteson avait obtenu ce travail parce qu'il connaissait le responsable du programme, et Erik Lindblom, tailleur à San Francisco, avait été, disait-on, recruté de force dans un bar et embarqué sur un baleinier en partance pour la mer de Béring.

Quand leur engagement prit fin, les trois hommes décidèrent de partir chercher de l'or. Ils avaient entendu dire que l'eau des ruisseaux de la péninsule Seward était colorée, et ils estimaient n'avoir pas grand-chose à perdre. A eux trois ils totalisaient environ six mois d'expérience de la prospection, et selon un de leurs contemporains, ils étaient tout juste capables de distinguer « un gisement d'or d'un carré de pommes de terre[1] ». Mais apparemment ils savaient faire la différence entre une pierre et une pépite, et en quelques semaines ils devinrent des hommes riches. La bonne nouvelle se répandit vers l'est jusqu'au Canada et vers le sud jusqu'aux Etats-Unis.

Nome n'était pas la première ville du Grand Nord que la découverte d'or avait fait surgir de terre. L'été 1896, des prospecteurs avaient trouvé de l'or dans un ruisseau près de la Klondike River, juste à l'est de la frontière de l'Alaska, dans la région du Klondike, sur le Territoire du Yukon, au Canada. Cette découverte était une aubaine pour les journaux et magazines qui racontèrent des histoires sensationnelles sur les millions de dollars que rapportaient les gisements aurifères du Klondike. Bien évidemment, ils omettaient de dresser la liste des dangers que comportait un voyage vers le nord. Sur plus de cent mille hommes et femmes de toutes les parties du monde qui se lancèrent dans cette expédition de plusieurs mois, moins de trente mille réussirent à atteindre Dawson City, la ville-champignon, porte de la région aurifère du Klondike *. Très peu firent fortune. La chance sourit davantage à ceux qui, patients ou animés de l'esprit d'entreprise, préférèrent ouvrir un *general store* ou un saloon.

Pourtant, la prospection exerçait un attrait puissant. La perspective de trouver de l'or paraissait être un moyen d'échapper aux difficultés économiques que connaissaient alors les Etats-Unis. Des années de spéculation non maîtrisée à Wall Street et de mauvaises décisions politiques (comme l'obligation pour le gouvernement de payer en or, et à un taux supérieur à celui du marché, l'argent nécessaire pour frapper les pièces de monnaie) avaient finalement abouti à une crise, en 1893. Près de quinze mille entreprises et plus de six cents banques avaient fait faillite et vingt pour cent des Américains avaient perdu leur emploi. Des milliers de gens ne pouvaient plus acheter de quoi se nourrir ni payer leur loyer. Les effets de cette crise furent ressentis dans le monde entier. Malgré toutes les difficultés auxquelles ils se heurtaient, les prospecteurs continuaient donc à affluer dans le Klondike. Puis, l'hiver 1898, une rumeur circula selon laquelle on avait découvert de l'or sur la péninsule Seward, à l'autre bout de l'Alaska, à environ mille trois cents kilomètres à vol d'oiseau. Des milliers de prospecteurs du Klondike décidèrent d'abandonner leurs concessions improductives et, avec pelles et pioches, se mirent en route pour une région plus prometteuse. Le seul itinéraire pour se rendre du Klondike à Nome suivait l'imposant Yukon qui s'étirait sur trois mille sept cents kilomètres depuis le Canada jusqu'à la mer de Béring, à travers l'Alaska. Mais à cette époque de l'année, le Yukon était déjà recouvert d'une couche de glace. Les prospecteurs, prêts à prendre tous les risques, affrontèrent donc le fleuve gelé. Certains partirent à pied et d'autres utilisèrent tous les moyens de locomotion qu'ils purent trouver :

* Parmi les dizaines de milliers de prospecteurs à se rendre dans le Klondike, il y avait un jeune écrivain : Jack London, qui s'inspira de ses expériences pour écrire *The Call of the Wild* (*L'Appel de la forêt*), 1903, et d'autres romans.

traîneaux à chiens, chevaux et même bicyclettes ou patins à glace. Cette traversée de l'Alaska jusqu'à Nome dura des semaines et la longue file des prospecteurs s'étirait sur plusieurs kilomètres. On racontait que le long du chemin, les feux de camp s'éteignaient rarement. « On n'avait jamais vu des groupes plus frénétiques d'hommes impatients d'atteindre Nome, de tenter leur chance en exploitant tout cet or[2] », racontait Carrie McLain, un des premiers habitants de Nome.

Cet hiver de 1898, plusieurs centaines de prospecteurs arrivèrent. On ne saura jamais combien n'y parvinrent pas ou firent demi-tour. Il est toutefois certain que ceux qui réussirent à atteindre Nome étaient des hommes solides, habitués aux voyages, et des prospecteurs endurcis par au moins un hiver passé dans le Grand Nord. On les appelait des « levains » parce qu'ils conservaient souvent une provision de levure dans un petit récipient en terre qu'ils gardaient contre leur poitrine. Ainsi, ils pouvaient toujours faire du pain et étaient assurés de ne jamais souffrir de la faim.

Durant le premier hiver 1898-1899, les levains s'installèrent à environ huit kilomètres de la plage, sur les rives d'Anvil Creek, là où les « Suédois chanceux » avaient découvert de l'or. L'été, quand la glace commença à fondre sur la mer de Béring, un nouveau groupe de prospecteurs arriva par bateau. Avant peu, plus d'un millier de chercheurs d'or avaient installé leurs tentes blanches sur ce qu'on appelait désormais le district minier du Cap Nome *.

---

* Quand les chercheurs d'or firent enregistrer la ville auprès de l'U.S. Post Office afin de recevoir du courrier, ils la nommèrent initialement « district minier d'Anvil City » en référence à un rocher proche qui ressemblait à cet outil de forgeron (*anvil* signifie enclume). Les autorités postales refusèrent ce nom car un autre camp de prospecteurs en Alaska l'avait déjà choisi, et la ville-champignon fut donc appelée Nome d'après le nom du cap qui se trouvait à vingt kilomètres à l'est. On pensait en général que le nom de Cap Nome était le résultat d'une mauvaise transcription. Un dessinateur-cartographe, qui se trouvait à bord du *Herald* parti à la recherche des membres de l'expédition Franklin de 1845, avait apparemment écrit « ? *Name* » (? Nom) sur sa carte lorsque le bateau

Les levains surnommaient les nouveaux arrivants *cheechakoes*, une combinaison de mots autochtones signifiant « nouveaux venus ». Ces derniers étaient considérés comme des éléments dangereux pour la communauté : la plupart étaient des novices. Très peu d'entre eux étaient déjà montés aussi haut vers le nord et ils n'avaient qu'une vague idée de la rigueur du climat et de l'isolement qu'il leur faudrait affronter quand l'hiver arriverait, que la mer de Béring serait gelée, qu'ils manqueraient de nourriture et de combustible. Les autorités de Nome considéraient ces nouveaux venus comme une menace et redoutaient que la ville ne connaisse des temps difficiles. En outre, on savait que d'autres prospecteurs viendraient encore.

Au début de l'été, John Hummel, un prospecteur âgé, originaire de l'Idaho, trop malade pour aller jusqu'à Anvil Creek chercher de l'or, avait décidé de tenter sa chance sur la plage. Il persuada un homme plus jeune que lui de faire le travail le plus pénible, et bientôt ils gagnèrent cent dollars par jour. La nouvelle circula vite : le sable des plages de Nome était de la poussière d'or et il y avait suffisamment de pépites pour tous ceux qui voudraient se baisser et en ramasser. L'or arrivait avec la marée, disait-on. Cependant, quand la nouvelle de sa chance fut connue, à la fin de l'automne 1899, la mer de Béring était déjà gelée et l'hiver s'annonçait. Il faudrait attendre l'année suivante pour pouvoir se rendre à Nome. Durant tout l'hiver, la légende circula d'un port à l'autre, de la côte ouest à la côte est des Etats-Unis, et au-delà, et des milliers de futurs prospecteurs commencèrent à se préparer pour leur long voyage vers le Pacifique nord-ouest, prêts à prendre Nome d'assaut dès l'été 1900.

---

avait doublé un cap, non encore baptisé, de la péninsule Seward. Un autre cartographe, en dressant la carte définitive, se serait trompé et aurait pris le « ? » pour un « C » et « Name » pour « Nome ». Certains habitants de Nome penchent pour une autre version. L'expression esquimaude *kn-no-me* signifie « je ne sais pas » et ils pensent que c'est la réponse que firent les autochtones quand des visiteurs étrangers ayant abordé le rivage leur demandèrent : « Quel est le nom de cet endroit ? »

Le gouverneur de l'Alaska, John G. Brady, avait été informé, lui aussi, des nouvelles recherches effectuées au bord de la mer de Béring. Un prospecteur, voyageant par mer et par terre, s'était chargé de l'avertir des désordres et de l'anarchie qui menaçaient le nouveau camp. Il fallait envoyer de l'aide. Brady contacta les autorités fédérales et demanda que l'on envoie la troupe pour faire respecter la loi et maintenir l'ordre. « La soif de l'or rend ces hommes fous, aurait dit Brady en apprenant la nouvelle. La situation risque de devenir désespérée si on n'intervient pas... On imagine difficilement jusqu'où peuvent aller des chercheurs d'or isolés et coupés de la civilisation pendant huit mois par plus d'un millier de kilomètres de glace...[3] »

A l'été 1900, quand la glace commença à fondre sur la mer de Béring, plus de cinquante bateaux attendaient au large de Nome qu'on vienne décharger leur cargaison et transborder les passagers. Tous ces bateaux à vapeur et à roues à aubes, en plus ou moins bon état, formaient une armada pitoyable. A bord, des milliers de futurs prospecteurs arrivaient directement de San Francisco et de Seattle ; ceux qui venaient d'autres camps de l'Alaska et du Territoire du Yukon avaient pris le bateau à St. Michael, le port le plus proche de l'embouchure du Yukon.

Le voyage avait été difficile : nombre de passagers avaient dû attendre dans l'un des ports des Aléoutiennes que la glace fonde et que les bateaux puissent traverser la mer de Béring. Après des semaines à bord, ils étaient impatients de mettre le pied sur ces plages qui recelaient de l'or et de tenter leur chance, mais ils devaient d'abord quitter le bateau. Au milieu des vagues déferlantes, les passagers, avec bagages et matériel, descendirent des ponts des imposants vapeurs et s'installèrent dans les allèges. Les embarcations cognaient contre les coques des bateaux, montaient et descendaient au rythme des vagues. Quand tous les passagers furent entassés dans les allèges, on les tira vers la côte à l'aide de grosses cordes.

Pour ceux qui avaient tant risqué pour venir jusque-là, faire demi-tour aurait signifié retrouver une vie de pauvreté, sans parler de l'humiliation. Ils sautèrent sur la plage avec leurs pelles et leurs pioches, ct se mirent aussitôt au travail. On raconte qu'en arrivant sur le rivage, un homme tomba à genoux, désespéré : il n'y avait pas une seule pépite en vue. Accablé de douleur, il s'écria : « Ce n'était qu'un mensonge[4] ! » Et il se tira une balle dans la tête.

Plus tard, des géologues découvrirent que « l'or de Hummel » n'existait qu'en très petite quantité, qu'il s'agissait seulement de dépôts laissés dans le sable par des milliers d'années d'érosion. En outre, les prospecteurs regardaient dans la mauvaise direction : l'or se trouvait sur la toundra, derrière eux, dans les ruisseaux et rivières, en dehors de la ville.

Plus de vingt mille *cheechakoes* arrivèrent cet été-là et dressèrent leurs tentes blanches sur la plage. Elles s'étiraient sur une cinquantaine de kilomètres le long de la côte. « On aurait cru qu'un grand albatros s'était abattu sur le rivage, racontait un témoin, les tentes blanches rappelant ses ailes, et les quelques boutiques et cabanes construites à la hâte avec des bois flottés, sa poitrine grise[5]. »

La plage étant considérée comme domaine public, il n'était pas nécessaire de faire enregistrer sa concession et dès que quelqu'un avait posé le pied à terre il attrapait ses outils et se mettait au travail. Il y avait là des Norvégiens et des Français, des Russes et des Américains ; un brouhaha de langues qui couvrait presque le battement des vagues. Tout le long du rivage était installée une ligne de « berceaux » en bois qui ressemblaient à une batterie d'artillerie. Ces grands engins branlants étaient composés d'un caisson rectangulaire étroit, muni d'un tamis garni d'un placage de cuivre et de mercure destiné à retenir l'or. D'autres appareils plus sophistiqués étaient équipés de roues, de moteurs et de poulies. Le bruit était assourdissant : ces machines de mauvaise qualité cliquetaient et toussaient ; et les chercheurs d'or secouaient les berceaux tandis que l'eau passait au travers, entraînant une cascade de coquillages et de galets. Les vagues grondaient.

Sur Front Street, au-dessus de la plage, ils construisirent des salles de jeu et des saloons avec du bois de charpente, les fenêtres et les outils qu'ils avaient apportés. Ils ne tinrent aucun compte du mouvement des marées et plusieurs bâtiments furent érigés dangereusement près de l'eau, à quelques mètres seulement de l'endroit où la mer rejetait les bois flottés et les épaves. Ces bâtisseurs n'allaient pas tarder à regretter leur imprudence et leur précipitation.

A la fin de l'été, la ville se dressait sur la toundra. Seize bureaux de conseillers juridiques s'étaient ouverts sur Front Street, et également douze *general stores*, quatre agences immobilières, quatre drugstores, cinq laveries, quatre bains publics, trois magasins de fruits et cigares, autant d'horlogeries et un cabinet de massage. Une partie de la rue, appelée la « palissade », était réservée aux maisons de tolérance. C'était le premier endroit où se rendaient les chercheurs d'or en remontant de la plage ou après avoir quitté leurs ruisseaux. Les prostituées vivaient derrière Front Street, dans une rangée de maisons qui n'étaient guère plus que des cabanes. « Hoo-Hoo » Henderson, l'une des plus populaires, connaissait toutes les ficelles du métier et son surnom lui venait de son habitude de crier « Hoo-Hoo ! Hoo-Hoo ! » chaque fois qu'elle feignait l'orgasme.

Wyatt Earp, devenu une légende depuis le fameux *Règlement de comptes à O.K. Corral*, s'installa à Nome et se retrouva copropriétaire du Dexter's Saloon, le premier bâtiment à un étage construit dans la ville. Au rez-de-chaussée il y avait un bar, et à l'étage plus de douze chambres à louer. C'est là que Rex Beach, l'écrivain de westerns, vécut et remplit ses carnets d'anecdotes sur la vie à Nome. Son livre *The Spoilers*, qui conte l'histoire d'un juge fédéral corrompu, impliqué dans une affaire de vol de concessions, devint un best-seller. Tex Richard commença sa carrière en organisant des matchs de boxe pour les chercheurs d'or de Nome, puis partit pour New York où il construisit le Madison Square Garden et devint l'un des premiers grands organisateurs d'événements sportifs.

La ville était située à deux cent cinquante kilomètres au sud du cercle arctique, et le soleil ne se couchait que pendant quatre heures. Beuveries et bagarres ne cessaient jamais dans la soixantaine de bars qui avaient ouvert depuis peu. Les pianos mécaniques étaient bien huilés, les entraîneuses demandaient un dollar pour aller traîner des pieds sur des planches mal dégrossies ; et il y avait suffisamment d'argent et de temps pour que cela ne s'arrête jamais – c'était du moins ce que tout le monde semblait croire.

Le charbon se vendait cent dollars la tonne, les œufs quatre dollars la douzaine, et les prospecteurs distribuaient les sacs de poussière d'or sans même y penser. On utilisait de la poussière d'or comme monnaie car il n'y avait pas suffisamment de billets et de pièces en circulation[6]. Les bars, les hôtels et les commerces étaient équipés de balances et de poids pour peser l'or, pas toujours très honnêtement. Un commerçant a raconté qu'il utilisait du sirop en guise de lotion capillaire, pesait l'or avec des doigts légèrement humides et se passait ensuite la main dans les cheveux. Il se constituait ainsi chaque jour une réserve d'or non négligeable. Au bout de quelques semaines, nombre de prospecteurs se retrouvèrent sans le sou et finirent sur la plage, dans le dénuement le plus complet. La criminalité augmenta : dans les camps installés au bord des ruisseaux, des hommes armés de fusils et de couteaux faisaient main basse sur les concessions ; sur la plage, des voleurs s'approchaient silencieusement des tentes, passaient le bras par les ouvertures et appliquaient des chiffons imbibés de chloroforme sur le nez et la bouche des prospecteurs endormis. Ils s'emparaient ensuite de leur or et disparaissaient. « La cupidité des hommes était plus grande que dans tous les autres endroits que j'ai connus », se rappelait un mineur endurci.

Les troupes fédérales du gouverneur Brady réussirent à rétablir un semblant de paix, mais furent vite submergées par le nombre de délinquants, et les soldats n'échappèrent pas à l'attrait de l'or. La moitié d'entre eux désertèrent et prirent le chemin des ruisseaux, armés de batées pour laver le sable.

Le lieutenant H. French fut tellement affecté par ce qu'il avait vu qu'il retourna aux Etats-Unis pour mettre ses compagnons en garde : « A ceux qui envisagent de se rendre en Alaska, d'affronter le climat, de traverser ce pays quasi infranchissable, de passer à gué des cours d'eau presque aussi froids en été que pendant les longs hivers arctiques, je dirais : "N'y allez pas !"[7] »

Nome courait à sa perte quand, l'après-midi du 12 septembre 1900, une forte tempête arriva du sud, avec des vents violents soufflant à plus de cent dix kilomètres à l'heure. D'énormes vagues vinrent battre la plage et la ville, cinq jours durant. Les prospecteurs qui étaient restés sous leurs tentes furent emportés, et les vagues écrasèrent tout sur Front Street et au-delà. La tempête fit voler les bâtiments en éclats et projeta les allèges et les bateaux dans les rues, détruisant tout ce qui se trouvait sur son passage. Des débris de verre, de bois et de fer volaient dans l'air ; les installations des chercheurs d'or furent renversées et plusieurs bateaux coulèrent.

Alors que la tempête s'apaisait, une foule de gens silencieux, alignés le long de la plage, virent un bateau fantôme venir vers la côte, toutes voiles dehors. C'était le trois-mâts *Sequoia* qu'on croyait perdu corps et biens, depuis des années. Ce bateau avait été une victime de plus de la mer de Béring, le cimetière du Pacifique, et il apportait avec lui un message inquiétant : vivre à Nome ne serait pas une partie de plaisir.

Tandis que la mer se calmait et que les débris s'entassaient sur le rivage, des milliers de prospecteurs qui avaient survécu à des mois d'anarchie, de beuverie et de pauvreté, décidèrent qu'ils en avaient assez. Ils formèrent de longues files silencieuses sur la plage et attendirent le bateau qui devait les emmener. On les appela les « pieds froids », et ils avaient tous un point commun : ils ne pouvaient pas supporter l'idée de passer un jour de plus à Nome.

A la fin du mois d'octobre, la plupart des vingt mille hommes et femmes arrivés quelques mois auparavant avaient repris le bateau. Plus tard, quelqu'un fit ce commentaire :

« Dieu lui-même est parti par le dernier bateau. » Et cela se répéterait chaque automne.

La tempête marqua la fin de la ruée vers l'or de Nome. La ville ne fit plus les gros titres de la presse internationale ; pour le reste du monde, Nome n'existait plus.

Pourtant, en octobre 1900, quand le dernier bateau leva l'ancre, cinq mille prospecteurs environ choisirent de rester et de relever la ville de ses ruines. Certains étaient tombés amoureux du Grand Nord, d'autres appréciaient le mode de vie sans prétention des habitants de l'Alaska. D'autres encore n'avaient tout simplement nulle part où aller.

Les ruées vers l'or du Klondike et de Nome transformèrent l'Alaska. La population doubla presque entre 1890 et 1900. De nouvelles pistes furent tracées et celles qui existaient déjà furent élargies et remises en état. Le gouvernement fédéral établit des postes militaires à Nome, à Saint Michael et à l'intérieur des terres, où des exploitations minières et des villes avaient vu le jour, et les soldats installèrent un réseau télégraphique de façon que les forts et les villes puissent communiquer les uns avec les autres, et avec les Etats-Unis. En 1903, Nome faisait partie d'un impressionnant réseau télégraphique géré par les Transmissions de l'U.S. Army[8] et l'extrême isolement du Territoire s'en trouva considérablement réduit *. Le gouvernement fédéral créa également un service

* Les messages de Nome vers les Etats-Unis étaient acheminés par trois systèmes différents ; la TSF, le télégraphe et le câble sous-marin. Les Transmissions avaient fait plusieurs tentatives pour relier Nome à St. Michael au moyen d'un câble sous-marin traversant le Norton Sound, mais les continuels mouvements de la glace sur les fonds marins emportèrent le câble vers le large à plusieurs reprises. Ne disposant d'aucun autre moyen valable, l'U.S. Army se tourna vers une technologie relativement nouvelle : la « Télégraphie Sans Fil » ; elle érigea deux tours émettrices de près de soixante-dix mètres de haut, une sur chaque rive du Norton Sound, distantes l'une de l'autre de deux cent dix kilomètres, et réussit ainsi à relier Nome au réseau télégraphique américain. Pourtant la TSF ne fut pas sans poser des problèmes temporaires. En 1904, le blizzard

de distribution du courrier qui, en hiver, utilisait des traîneaux à chiens.

L'arrivée du traîneau apportant le courrier faisait partie des événements les plus excitants auxquels on pouvait assister à Nome. Il n'était pas rare que le musher mène vingt-cinq chiens tirant deux traîneaux avec chacun un chargement de sept cents kilos. Lorsqu'ils arrivaient, on attachait la ligne de sécurité des traîneaux à un poteau téléphonique, tandis qu'une foule de gens se rassemblaient devant le bureau de poste. Aucun autre animal n'était mieux adapté au voyage dans le nord et, à Nome, comme dans une grande partie de l'Alaska, « si vous ne possédiez pas un traîneau et des chiens, ou si vous n'aviez pas beaucoup d'argent, vous deviez marcher à pied[9] », comme l'a dit Bert Hansen, un shérif adjoint d'Alaska. Depuis toujours, Nome dépendait de ses chiens. Les traîneaux servaient de voitures postales, d'ambulances, de trains de marchandises et de taxis pour de longs parcours. La demande pour les chiens de traîneaux était si forte, particulièrement au moment des ruées vers l'or, qu'il était devenu difficile d'en trouver, et un marché noir s'était créé aux Etats-Unis. Tous les chiens qui paraissaient aptes à tirer un traîneau ou à porter une charge – qu'ils soient ou non capables de résister au froid – étaient volés et vendus dans le Nord. « On disait à cette époque qu'aucun chien plus grand qu'un épagneul n'était en sécurité dans les rues[10] » des villes portuaires de la côte Ouest, écrivait un historien.

Les mushers préféraient bien évidemment travailler avec de gros chiens capables de tirer de lourdes charges. Les terre-neuve, les saint-bernard et les grands chiens courants étaient très appréciés et croisés avec des chiens indigènes. A Nome, les chiens indigènes étaient des malamutes qui tenaient leur

---

arracha le toit de la station émettrice de Nome, remplit la pièce de neige et éteignit le feu du poêle qui réchauffait les opérateurs. En quelques secondes, la température intérieure chuta à près de 57° au-dessous de zéro, l'eau du système de refroidissement du moteur à essence de six chevaux qui faisait tourner le générateur gela et le cylindre se fendit.

nom des Esquimaux Mahlemuit. Au cours des siècles précédents, les Esquimaux avaient élevé et fait se reproduire leurs chiens de façon à les rendre plus aptes à porter de lourdes charges sur des distances relativement courtes. Quand les chercheurs d'or croisèrent ces chiens indigènes avec des terre-neuve et des saint-bernard, le résultat fut quelquefois étonnant : des corniauds qui pesaient parfois près de soixante kilos. Les malamutes disparurent presque totalement même si le nom survécut ; les prospecteurs de Nome, comme ceux de l'Intérieur, appelaient souvent malamutes leurs chiens issus de croisement.

Les meilleurs mushers et entraîneurs d'Alaska étaient célèbres sur tout le Territoire. Scotty Allan, un habitant de Nome, avait acquis la réputation de savoir maîtriser l'animal le plus difficile et d'en faire un chien de traîneau loyal et travailleur. Avec son doux accent écossais et son caractère patient, Allan pouvait « rendre docile tout ce qui avait quatre pattes[11] ».

Former un attelage demandait du temps et du savoir-faire : chaque chien était sélectionné selon sa vitesse, sa force, son allure, de façon qu'il s'accorde avec ses compagnons. On lui apprenait à changer de direction sur un simple ordre, à courir et à penser à l'unisson. Chacun ayant sa personnalité propre, il n'était pas toujours facile de les faire marcher en ligne.

Généralement les chiens étaient attachés par couple, un de chaque côté de la ligne centrale, elle-même fixée à l'avant du traîneau. Le chien qui allait devant (il y en avait parfois deux), souvent le plus intelligent de tous, était appelé « chien de tête » ; derrière lui venaient plusieurs couples de « chiens de pointe » et les plus proches du traîneau, ordinairement les plus gros et les plus forts, étaient les « chiens de queue ». Les traîneaux étaient habituellement longs de deux mètres cinquante à quatre mètres, faits en noyer blanc d'Amérique ou en bouleau. Les différents éléments étaient liés avec des lanières de cuir brut pour leur conserver une plus grande flexibilité, et à l'avant il y avait une pièce de bois en forme d'arc appelée arceau avant ou arceau de sécurité, qui servait de pare-chocs et protégeait le traîneau des arbres et arbustes. Si le traîneau transportait une lourde charge ou grimpait une colline, le musher, qui se tenait sur les patins qui dépassaient à l'arrière du traîneau, pouvait aider les chiens en pédalant avec une jambe, comme sur une trottinette, ou pousser le traîneau au petit trot.

Sur les pistes d'Alaska, les chiens de traîneaux devenaient des partenaires dans la lutte pour la survie. Les mushers dépendaient de leurs chiens et grâce à eux pouvaient gagner leur vie en tant que transporteurs, facteurs ou trappeurs, et ils comptaient sur leur intelligence et leur habileté pour traverser des terrains difficiles et dangereux. En récompense de leur travail, les chiens recevaient soins et protection.

La majorité des habitants de Nome possédaient leur propre attelage et les chiens paraissaient faire la loi dans les rues. A un certain moment, ils représentèrent un tel danger que la municipalité vota une loi les obligeant à porter des clochettes. Il y avait plus de chiens que de gens, et toutes les nuits on pouvait entendre leurs hurlements que l'on appelait le « chœur des malamutes ». Les chiens de Nome avaient presque la même importance que les citoyens. Lorsqu'ils ne travaillaient pas, nombre d'entre eux vagabondaient en toute liberté et certains accompagnaient leur maître dans les saloons. Un avocat nommé Albert Fink, qui des années plus tard devait défendre Al Capone, portait la main à son chapeau chaque fois qu'il croisait un chien de traîneau qu'il jugeait particulièrement digne de respect, et une fois il réussit même à convaincre un jury que Peg, l'un de ses chiens de traîneau, avait agi en état de légitime défense quand il avait tué vingt-huit moutons, propriété de la Pacific Cold Storage Compagny.

« L'Alaska est-il le pays des chiens ou celui des moutons ? demanda-t-il au jury. Regardez mon meilleur chien de queue... Regardez Peg... Regardez cette oreille déchirée par un mouton féroce... Regardez ses yeux, sa noble tête. Messieurs... Choisissez[12] ! »

Les jurés déclarèrent le propriétaire du chien innocent et

dans leur verdict expliquèrent qu'à Nome les moutons devaient faire attention à eux. « Nome aspire à être le pays des chiens. »

Les propriétaires vantaient inlassablement leurs attelages et racontaient avec force détails le courage et le talent de leurs chiens. Ils se battaient contre quiconque osait critiquer leurs fidèles compagnons et pariaient sur qui possédait l'animal le plus fort, le plus rapide et le plus intelligent. Dans les saloons de cette ville nouvellement « comme il faut », il n'était pas rare de voir des coups de poing voler pour défendre certaines revendications.

A l'automne 1907, réunis autour du poêle à bois du Board of Trade Saloon, Albert Fink, Scotty Allan et quelques amis créèrent le Kennel Club de Nome dans le but d'organiser une course de traîneaux à chiens. Durant les semaines qui suivirent, Fink et ses collègues imaginèrent une longue course qui ne ressemblerait à aucune autre. Passant par tous les terrains imaginables, le parcours, aller et retour, long de six cent soixante kilomètres, devait mettre à l'épreuve le courage, l'intelligence et l'endurance des chiens et des mushers. L'itinéraire courrait entre les monticules de glace de la mer de Béring, grimperait des montagnes, traverserait la toundra et dévalerait une descente vertigineuse, balayée par le blizzard, appelée vallée de la Mort. Il emprunterait le même chemin que les lignes télégraphiques reliant les villages miniers de la péninsule Seward, ce qui permettrait aux parieurs et aux enthousiastes de suivre la course dans le calme relatif des saloons de la ville. Pendant les quatre-vingts premiers kilomètres, la piste prendrait la direction de l'est en suivant la côte balayée par le vent, grimperait Topkok Mountain, qui s'élevait à deux cents mètres au-dessus du niveau de la mer. Elle se dirigerait ensuite vers l'intérieur des terres et monterait à travers des bois de saules et de peupliers de Virginie, puis traverserait des ruisseaux et des rivières jusqu'à Council, un camp de chercheurs d'or situé à cent trente kilomètres de

Nome. La piste serpenterait alors dans des vallées, longerait des crêtes juste assez larges pour laisser passer un traîneau, et descendrait une pente longue de huit cents mètres. Puis, après cent quatre-vingt-dix kilomètres de course, la piste entrerait dans la vallée de la Mort.

Si le musher avait survécu jusque-là, il grimperait un glacier pour traverser la Continental Divide – la ligne de partage des eaux entre les océans Pacifique et Arctique. Cinquante kilomètres plus loin, au village de Candle, situé près de Kotzebue Sound, sur la côte nord de la péninsule Seward, il ferait demi-tour. Epuisé et tombant de sommeil, il affronterait de nouveau les mêmes trois cent trente kilomètres[13].

Les organisateurs de cette course lui donnèrent le nom de « All Alaska Sweepstakes ». D'autres la qualifièrent de « casse-cou », mais les habitants de Nome accueillirent l'idée avec enthousiasme. Ils en avaient assez de ces huit longs mois d'hiver mortellement ennuyeux et consacrèrent leur temps et leur argent à la préparation de la première course. Elle eut lieu en avril 1908 et remporta un tel succès qu'elle resta un événement annuel jusqu'en 1917, quand la Première Guerre mondiale y mit un terme, perturbant gravement l'économie de l'Alaska.

La All Alaska Sweepstakes transforma Nome. Chaque mois d'avril, au départ de la course, il régnait dans la ville une ambiance frénétique de fête. Les prospecteurs de la péninsule Seward descendaient à Nome, et tous ceux qui possédaient un attelage de chiens rêvaient de gagner le prix de plusieurs milliers de dollars. (La première année le prix se monta à dix mille dollars.) Année après année, l'événement fut largement couvert par la presse d'Alaska et des Etats-Unis, et Nome, devenue « capitale mondiale du chien », fit de nouveau la une des journaux. Il n'existait à l'époque aucune course comparable à celle-ci – et comme les organisateurs le disaient dans leur brochure, elle surpassait « largement toutes les autres épreuves d'endurance physique, tant pour les hommes que pour les chiens ».

Des banderoles et des fanions de teintes vives aux couleurs

de chaque attelage décoraient les rues, et à Barracks Square, sur la ligne de départ, les drapeaux jaunes et dorés du Kennel Club claquaient au vent. Les commerçants accrochaient à la poignée de la porte de leur boutique une pancarte sur laquelle on pouvait lire « Fermé pour cause de course de chiens[14] » ; parieurs et spectateurs étaient là en force, et la bousculade qui se produisait au moment où les traîneaux allaient s'élancer retardait invariablement le départ. Les barmen, en gilet blanc, abandonnaient leur comptoir pour venir jeter un coup d'œil, et ceux qui ne parvenaient pas à se faufiler parmi la foule grimpaient aux poteaux téléphoniques ou sur les toits pour mieux voir.

Une fois les traîneaux partis, la foule se précipitait dans les saloons. Le Board of Trade, le plus fréquenté, devenait le quartier général de la course. Les noms des mushers étaient inscrits sur un grand tableau noir rectangulaire, installé en face du comptoir en acajou, à côté de tableaux représentant des fêtardes ivres et dénudées.

Chaque fois que les traîneaux passaient devant une station télégraphique, l'« Information Kid » (le préposé) télégraphiait l'ordre et les temps de passage, et les parieurs se bousculaient pour déchiffrer son message. On pouvait parier presque jusqu'à la fin de la course qui durait quatre jours ; les cotes changeaient aussi vite que les parieurs buvaient. C'était un véritable chaos ! Selon un témoin, on se serait cru « à une séance de la bourse[15] » plutôt que dans un saloon envahi par des parieurs.

Les premières années, Scotty Allan remporta la plupart des courses et pendant longtemps son attelage de chiens fut considéré comme le meilleur d'Alaska. Allan possédait un don naturel pour dresser les animaux et il s'occupait déjà de chiens et de chevaux lorsqu'il avait douze ans et vivait en Ecosse. Il essaya sur ses chiens divers régimes alimentaires, passa des heures dans les chenils à examiner leurs pattes, à couper leurs griffes pour que la neige ne s'accumule pas sous elles, et à graisser leurs pelotes plantaires. Comme ils avaient les poils plus courts que la plupart des chiens indigènes, il leur confectionna des couvertures en peau de lapin et leur fit également des bottines pour leurs pieds plus sensibles et plus facilement blessés. Il leur fabriqua des harnais de course plus légers et moins encombrants, allégea le traditionnel chargement du traîneau et remplaça le guidon par une barre transversale qui lui permettait de pousser plus facilement. La plupart de ces innovations sont encore utilisées de nos jours.

A la fin de 1915, la réputation d'Allan parvint jusqu'à l'état-major de l'armée française qui sollicita son aide. Les voies de ravitaillement des unités qui se trouvaient dans l'est de la France étaient impraticables à cause de la neige trop épaisse, et les Français avaient entendu dire que les chiens de traîneaux de Nome pourraient réussir là où chevaux et mules avaient échoué. Pour cette mission secrète, Allan avait besoin de plus de quatre cents chiens de traîneaux. Pour éviter que les prix ne montent en flèche, il se rendit dans les environs de Nome et les villages avoisinants, et acheta cent six chiens, des harnais et des traîneaux ainsi que deux tonnes de saumon séché.

Pour le transport des chiens, il utilisa une ligne centrale de cent mètres de long auquel il les attacha par couple. A l'extrémité de la grosse corde, il attela deux chevaux de trait et une lourde voiture pour retenir les chiens s'ils étaient trop excités ou tentaient de fuir. La foule s'était massée pour regarder Allan conduire son attelage sur une passerelle branlante jusqu'à une barge, puis sur le bateau ancré au large. Le bateau gagna Vancouver (Canada) où Allan et ses chiens montèrent à bord d'un train sous surveillance qui les conduisit au Québec. Là, Allan prit en charge plus de trois cents chiens supplémentaires venus de l'Arctique canadien, soixante traîneaux et trois cent cinquante harnais. Allan et ses « K9 Corps[16] » partirent pour la France à bord du *Pomeranian,* un vieux cargo qu'on venait de tirer de sa retraite.

Une fois sur place, Allan divisa ses chiens en soixante attelages et forma cinquante sous-officiers de cavalerie pour les mener. Ils apportèrent quatre-vingt-dix tonnes de munitions à une unité bloquée dans les Vosges et aidèrent l'armée française à rétablir le contact avec un détachement qui avait été isolé par les Allemands. Ils transportèrent également les blessés jusqu'à des hôpitaux de campagne. « Voir une longue file d'attelage de chiens s'étirant sur huit cents mètres, descendre la montagne pour rejoindre le dépôt de la base, chaque diable bleu criant, hurlant et essayant de dépasser celui qui le précédait, suffisait à nous faire oublier la guerre même lorsque les obus sifflaient au-dessus de nos têtes[17] », se rappelait Allan.

La réputation des courses contribua également à attirer à Nome les explorateurs et aventuriers qui avaient besoin de chiens et de guides pour leurs expéditions, et la ville devint une étape pour tous ceux qui prenaient le chemin de l'Arctique. Nome était aussi l'endroit où les explorateurs avaient les meilleures chances de pourvoir leurs équipes en matériel solide, de recruter des hommes, d'acheter des chiens et des vêtements en fourrure. La plupart des habitants de Nome et les gens de passage comptaient beaucoup sur la communauté esquimaude locale. En plus d'effectuer quelques petits travaux pour les compagnies minières de la ville et d'autres entreprises, les Esquimaux fabriquaient la majeure partie des vêtements, harnais et traîneaux. En 1905, un missionnaire avait installé une coopérative derrière l'église St. Joseph où les Esquimaux pouvaient fabriquer des parkas doublées de fourrure et des équipements pour les traîneaux avec des outils traditionnels. Ils étaient vendus aux habitants de la région et aux explorateurs de passage dont Vilhjalmur Stefansson et Roald Amundsen.

La demande de vêtements esquimaux faisait vivre deux catégories d'artisans. Chaque été, les Esquimaux des King Islands venaient s'installer du côté est de la ville pour coudre des vêtements et sculpter de petits objets en ivoire comme des planchettes de *cribbage* * ou des attelages de chiens minia-

* Jeu de cartes où l'on marque les points à l'aide de fiches que l'on enfonce dans une planchette percée de trous, ordinairement en bois. *(N.d.T.)*

tures. Les habitants les plus sédentaires eux-mêmes préféraient les bottes et les parkas des autochtones à leurs vêtements en laine et en cuir. En 1908, les joueurs « blancs » de l'équipe de basket-ball du collège portaient une courte parka ornée de motifs très élaborés. Les Esquimaux exerçaient une influence considérable sur la communauté ; durant les fêtes comme le 4 Juillet, les jeux autochtones rivalisaient avec les fanfares et les parades ; il y avait des courses de kayaks sur la Snake River et un « jeu de la couverture » sur la toundra pour lequel des bandes de peau de morses étaient cousues ensemble, formant une grande couverture que l'on tenait bien tendue et sur laquelle prenait place un concurrent que l'on projetait en l'air. Les chasseurs esquimaux utilisaient traditionnellement ce principe de la couverture trampoline pour repérer les baleines.

Peu à peu, les Esquimaux s'intégrèrent à la communauté de Nome où les mariages interethniques n'étaient pas rares. Pourtant, selon la loi fédérale, les autochtones fréquentaient des écoles séparées et certains habitants de Nome se rappelaient que les Esquimaux prenaient place dans la partie qui leur était réservée dans la seule salle de cinéma de la ville : le Dream Theatre, ou occupaient leur propre côté de l'église pendant la messe dominicale.

Avec la fin de la All Alaska Sweepstakes et la participation des Etats-Unis à la Première Guerre mondiale, Nome s'assoupit. En 1925, le chiffre de population était inférieur à celui des années qui avaient suivi le départ des premiers « pieds froids ». Il y avait eu des tempêtes et des incendies, et la guerre avait provoqué une inflation qui avait triplé le coût de l'exploitation minière. De nombreuses entreprises à travers tout l'Alaska avaient fermé. Environ soixante pour cent de la population du Territoire dépendant, directement ou indirectement, de l'industrie minière, des milliers de personnes avaient migré vers le sud[18]. Nome n'avait pas été épargnée. La population de la ville s'était trouvée réduite à neuf cent soixante-quinze « Blancs » et quatre cent cinquante-cinq Esquimaux ou « résidents interraciaux »[19].

L'éclat du temps de la ruée vers l'or et l'excitation de l'époque des courses avaient disparu et nombre de bâtiments étaient vacants ou en ruine. On pouvait encore voir d'anciennes plaques ternies de bureaux d'avocats ou des enseignes décolorées de saloon datant de l'époque de la ruée vers l'or. Chaque fois qu'un habitant de Nome parlait du bon vieux temps à un nouveau venu « les bâtiments semblaient se dresser sur leurs vieilles fondations et retrouver une vie chargée d'histoire[20] ». Tony Polet, un épicier de Nome, avait installé sa cuisine et sa salle de séjour dans ce qui était autrefois le Discovery Saloon. On trouvait des cabanes de chercheurs d'or entièrement équipées, avec un poêle à bois, et parfois, un pantalon et une veste pendaient au mur comme si l'occupant des lieux ne s'était absenté qu'un moment. Du matériel rouillait sur la toundra et sur la plage, mais on ne jetait rien. On pourrait peut-être un jour avoir besoin de ce bois ou de ce métal. A Nome, la principale activité restait la recherche et l'exploitation des gisements aurifères, mais à présent elles étaient contrôlées par Hammon Consolidated Gold Fields, un conglomérat américain. La société avait racheté toutes les concessions de la Pioneer Mining Company, créée par les « Suédois chanceux ».

Avant l'arrivée de Hammon, les ouvriers de la Pioneer utilisaient de l'eau sous pression pour arracher aux rives les gravillons chargés d'or, et le tout était lavé dans de longues conduites en bois où l'or était séparé du limon. Hammon avait consacré beaucoup d'argent à moderniser le matériel, et les ouvriers travaillaient à présent avec d'énormes barges électriques qui se tenaient telles des péniches au milieu d'une mare d'eau, dans les champs aurifères[21]. Des godets fixés sur un tapis roulant creusaient la terre dégelée tandis qu'un déversoir recrachait sans discontinuer un flot de pierres, de gravillons et de terre. Les barges se déplaçaient lentement, détruisant tout sur leur passage, et avançaient à travers la toundra pendant que le déversoir rejetait eau et déchets, créant de nouvelles mares. A l'intérieur de la barge, l'or était séparé du limon au moyen de cribles et récupéré dans les conduites qui couraient le long de la machine.

En ces années vingt, pour un visiteur venu des Etats-Unis, la ville ressemblait à « un nid vide[22] », mais pour un habitant de l'Alaska, Nome était un endroit moderne et trépidant d'activité. En 1919, en arrivant du camp de prospecteurs de Candle, situé sur la côte nord de la péninsule Seward, Lula Welch qui accompagnait son mari, le docteur Welch, ressentit une vive émotion :

« Tout était si grand et si lumineux que j'ai cru me trouver à New York ![23] » raconta-t-elle.

C'était la première fois en douze ans que les Welch voyaient des lumières électriques. Ils avaient débarqué du *Victoria* à Nome en 1907 et étaient aussitôt partis pour le camp de Council, à l'intérieur des terres, où le docteur Welch avait racheté le cabinet d'un ami, quelques mois seulement après que la clinique qu'il dirigeait avec Lula eut été détruite par le tremblement de terre de San Francisco. Ils avaient l'intention de ne rester à Council qu'une année, mais ils y avaient passé huit ans. Welch opérait sur une table portative, dans une salle de trois lits, longue de six ou sept mètres et éclairée par une lampe à kérosène. « S'il y avait un malade alité dans la salle, il pouvait suivre l'opération ou se tourner et regarder de l'autre côté[24] », écrivit-il dans une notice biographique. En 1915, le couple s'était installé à Candle, un endroit encore plus retiré et primitif. A Nome, ils eurent l'impression de prendre un nouveau départ, de retrouver le confort et même le luxe. La ville avait son propre hebdomadaire, le *Nome Nugget* ; on y trouvait des boulangeries, deux restaurants, une salle des fêtes, une bibliothèque, le bureau du shérif et le Dream Theatre, « une salle presque aussi vétuste que les vieux films d'avant les années vingt que l'on y projetait[25] ».

A Nome, il y avait également un bijoutier et une couturière. On pouvait faire partie d'un club ou d'un cercle littéraire, prendre des leçons de chant et de danse. La ville assumait avec beaucoup de sérieux son rôle de centre commercial de la région et le bon agencement de ses rues ajoutait encore à son air imposant. Pour un lieu aussi défavorisé par sa situation géographique, on y bénéficiait d'un nombre impressionnant de services.

En hiver, Ed l'Eboueur ramassait les poubelles et les emportait à la décharge de la ville, située en bordure de la mer de Béring et signalée par une ligne de fanions rouges. Les « seaux de miel » déposés sous les appentis étaient ramassés, vidés, puis remis à leur place. Si un habitant avait besoin d'eau, il lui suffisait de suspendre à sa fenêtre un « W * » en carton vert et on remplissait d'eau son bidon de vingt litres. En été, l'eau était amenée par des conduites, depuis des sources naturelles.

Isolée au milieu d'un environnement dévasté, Nome était une ville cosmopolite. Les étrangers et ceux qui avaient habituellement du mal à s'adapter s'y intégraient facilement. Les enfants prenaient des leçons de chant et leurs parents montaient des pièces de théâtre et organisaient des soirées dansantes à l'Eagle Hall et à l'Arctic Brotherhood Hall. C'était un peu comme vivre sur une île ; la communauté était très unie, et l'architecture semblait conçue pour préserver l'intimité. Pour diminuer le coût de la construction et faire des économies de chauffage, les maisons n'avaient que les deux tiers de la taille des habitations ordinaires[26]. L'espace perdu était compensé par un travail du bois très élaboré. Les portes d'entrée étaient en forme d'arche et les intérieurs décorés de minutieuses moulures, de corniches, d'élégants escaliers et d'embrasures de portes ouvragées.

Néanmoins, la vie était très dure. Extraire de l'or était un métier où il fallait affronter le froid et l'humidité, et mener un attelage de chiens, une activité épuisante et dangereuse qui obligeait à rester des semaines entières loin de chez soi. Souvent, les femmes et les enfants devaient travailler pour améliorer les finances familiales. Certaines femmes cuisinaient pour les cantines de Hammon ou lavaient du linge

---

* « W » pour *water*, c'est-à-dire : eau.

pour un restaurant ou une famille plus aisée. Les enfants faisaient quelques petits travaux et corvées dans les environs. Joe Walsh, dont le père travaillait dans les mines d'or, augmentait les revenus familiaux en vendant du lait frais avec un traîneau tiré par son chien Turk. Walsh possédait les deux seules vaches de la ville[27]. Il n'était pas facile de les élever dans ce froid, et Walsh allait les voir chaque nuit dans la cabane abandonnée par des chercheurs d'or qu'il avait transformée en étable, pour s'assurer qu'elles avaient suffisamment de couvertures.

La vie à Nome reposait sur l'esprit de coopération et le civisme, une transformation surprenante au regard de l'histoire récente et sordide de la ville. On aurait pu croire que chaque habitant avait un rôle officieux à jouer, et chacun prenait cette participation très au sérieux. Les chemins étaient entretenus en partie par des volontaires qui s'assuraient que les piquets en bois qui les bordaient étaient bien en place, et la veuve Rattenburg, qui gagnait sa vie en tant que couturière, cousaient les fanions de coton rouge qui indiquaient aux ouvriers de chez Hammon le chemin à prendre pour rentrer chez eux. Les commerçants faisaient toujours ronfler leurs poêles au cas où un voyageur aurait eu besoin de se réchauffer. Quant au docteur Welch, il soignait ses patients qu'ils aient ou non les moyens de le payer.

Plusieurs personnes égarées dans la toundra étant mortes de froid, on avait installé, en haut du clocher de l'église St. Joseph, une croix électrique de deux mètres cinquante de haut qui servait de phare aux voyageurs perdus.

L'endroit était malgré tout peu propice pour bâtir une ville. On aurait eu beaucoup de mal à trouver un seul mètre carré de terre arable ou un arbre protégeant du soleil et du vent. Enterrer les morts était une tâche difficile. A trente centimètres de profondeur, la terre ne dégelait jamais. Il fallait des heures pour creuser une tombe, et quelquefois les corps finissaient par dériver à travers la ville, emportés par les inondations saisonnières. Et pourtant, en dépit de toutes ces difficultés dues à sa situation, Nome fonctionnait comme n'importe quelle autre communauté américaine des années vingt. Il y avait des réunions du conseil d'établissement scolaire orageuses et des querelles intestines de tous ordres.

Les habitants de Nome savaient exactement quelle quantité de charbon commander, et combien de dindes, de boîtes de lait en poudre, d'œufs et de médicaments il leur faudrait pour passer l'hiver. Ils savaient également comment boucher les trous de leurs serrures pour se protéger du blizzard et comment joindre le médecin ou se rendre à l'hôpital si leurs enfants tombaient malades. Cependant, ils éprouvaient un faux sentiment de sécurité car l'isolement de la ville pouvait rapidement transformer une simple crise en une catastrophe. Que le temps change brusquement, qu'un incendie se déclare, qu'un bateau coule, et ils risquaient de se retrouver dans la même situation que s'ils avaient habité la face cachée de la Lune.

2.

Début d'épidémie

> « Seuls. Le dernier bateau a levé l'ancre et nous sommes, selon l'expression consacrée, "livrés à nous-mêmes"... »
>
> *Nome Nugget*

Le docteur Welch se souvenait de chaque année d'après les malades qu'il avait soignés et la façon dont les choses s'étaient passées : certains souvenirs étaient plus marquants et certaines années plus mémorables que d'autres. Un été, il y avait eu une infection attribuée aux moustiques ; une autre année, plusieurs blessures sans gravité dans les camps de chercheurs d'or.

Il se rappelait très bien du cas de Bobby Brown. C'était en 1917 et, à cette époque, Welch vivait à Candle. Brown avait été amené en traîneau à chiens depuis le moulin où il travaillait. Il avait une hémorragie interne et une de ses jambes avait été profondément entaillée. Il s'était blessé pendant son travail, et Welch avait réussi à le maintenir en vie suffisamment longtemps pour qu'il puisse voir sa famille une dernière fois.

Aucun médecin n'aurait pu oublier la pandémie de grippe de 1918-1919, mais fort heureusement Nome n'avait été touchée que vers la fin de l'épidémie. Welch s'était senti inutile et beaucoup de ses patients étaient morts[1].

Cette année, depuis que l'*Alameda* avait levé l'ancre, les angines s'étaient succédé, et il y avait eu le cas étrange de ce jeune Esquimau venu de Holy Cross. On était le 24 décembre, et le matin même, Welch s'était rendu auprès d'une petite métisse mi-esquimaude, mi-norvégienne, Margaret Solvey Eide, âgée de sept ans[2]. Elle souffrait de la gorge et était un peu fiévreuse.

Welch pensait qu'il pouvait s'agir d'une angine folliculaire mais la mère, peut-être à cause d'une superstition propre aux autochtones, ne l'avait pas laissé examiner l'enfant. Son mari avait quitté le Territoire pour un voyage d'affaires.

Welch conseilla à la fillette de rester au lit pendant les fêtes et de se reposer, et il rentra chez lui en traversant la ville. Depuis plusieurs semaines, les vitrines des magasins de Front Street étaient encombrées de patins à glace et de luges, de poupées et de jeux de construction.

Pourtant le docteur Welch n'avait pas l'esprit à la fête. Un très grand nombre d'enfants étaient enrhumés, et il avait fait tellement de visites à domicile que personne à sa place n'aurait été plein d'entrain ni d'énergie. En outre, tout le monde savait que Welch n'avait pas un caractère facile et qu'il était souvent déprimé.

D'autres habitants de Nome étaient d'humeur plus joyeuse. Cette période de l'année était particulière, et le moment le plus important devait être bien sûr le réveillon de Noël, au Eagle Hall. Tous les ans, la plupart des deux cents enfants de la ville s'engouffraient dans l'énorme bâtiment en bois qui avait servi, durant les beaux jours de la ruée vers l'or, de salle de spectacles pour les *minstrel shows* * et de salle de sport pour les matchs de boxe. Nome essayait de célébrer Noël de façon traditionnelle, avec entre autres choses des arbres décorés, ce qui ne représentait pas un mince exploit car on ne trouvait d'arbres à feuillage persistant que près du village de White Mountain, à cent cinquante kilomètres de

* Spectacles animés par des chanteurs et des musiciens blancs déguisés en Noirs. *(N.d.T.)*

Nome, soit deux jours de voyage. Aux yeux d'un étranger, les arbres de White Mountain auraient semblé chétifs et rabougris, mais pour les enfants de Nome et leurs parents, habitués aux buissons bas de la toundra, ils paraissaient immenses. Des volontaires étaient partis en traîneaux à chiens, armés de haches et de scies, et avaient ramené un petit arbre pour l'hôpital, un autre pour l'école, un troisième pour Barracks Square. Ils avaient réservé le plus beau pour l'Eagle Hall où avait lieu la fête communale.

Installé sur le devant de la scène, l'arbre de Noël « scintillait de guirlandes et étincelait de lumières[3] », et des bandes de papier crépon rouge et vert pendaient du balcon en ondulant. Le feu crépitait dans la cheminée, les vitres étaient couvertes de givre et les grandes chaussettes de Noël, pendues au manteau de la cheminée, débordaient de crackers, de sucres d'orge en forme de canne, d'oranges et de pommes, des friandises qu'avait apportées le dernier bateau de l'automne et qu'on avait mises de côté pour l'occasion.

Les jeunes choristes esquimaux descendirent l'allée principale en chantant des chants de Noël dans leur langue, et chacun tenait une bougie à la main ; les autres enfants montèrent sur scène pour reconstituer le tableau de la nativité. Puis on entendit le tintement des clochettes d'un traîneau, et les lourdes portes de l'Eagle Hall s'ouvrirent. Le capitaine des pompiers, Conrad Yenney, en costume de père Noël, fit alors son entrée menant un traîneau noir tiré par deux rennes ombrageux portant pompons rouges et verts, et clochettes d'argent. Les animaux regimbaient et ne tenaient pas en place, et il fallut que quelqu'un les surveille tandis que Yenney sautait du traîneau, bondissait sur scène et distribuait les cadeaux. Une fois sa mission accomplie, il repartit dans la nuit. On servit alors du café et des gâteaux et « tous les habitants de la ville s'amusèrent et bavardèrent[4] ».

A minuit, quand les cloches de l'église St. Joseph sonnèrent, tout le monde se rendit à l'office, marchant dans la neige fraîche, et après la messe, chacun regagna sa maison en empruntant Front Street ou Steadman Avenue. Les rues s'étiraient entre de hautes congères formées par le vent, le piétinement des *mukluks* et le passage incessant des traîneaux. Certaines congères étaient si hautes qu'elles montaient au niveau des appartements situés au-dessus des boutiques.

Une fois rentrée, chaque famille dévora la dinde qui avait été dégelée et mise à tremper plusieurs heures dans de l'eau de Seltz et du sel avant d'être rôtie. Le lendemain, Nome se transforma en un immense terrain de jeu.

Entre la Noël et le jour de l'An, on allait patiner sur la Snake river et la mer de Béring, ou glisser, en luge ou sur ses *mukluks,* sur les rivages escarpés de Front Street. Jean Summers-Wolf, la fille du directeur de Hammon Consolidated Gold Fields, n'oublia jamais le jeu dit du « claquement de fouet * » au cours duquel elle fit un vol plané interminable au-dessus de la glace pour aller atterrir, indemne, dans le trou de pêche d'un Esquimau.

Mais cette année-là, une petite fille ne participa pas aux réjouissances. L'état de santé de Margaret Eide se détériora au fil des jours, et le 28 décembre, Welch apprit que la fillette était morte. Il demanda à la mère la permission de pratiquer une autopsie, mais elle refusa une nouvelle fois de le laisser examiner sa fille. Ce cas inquiétait le docteur Welch. « Mourir d'une angine est extrêmement rare, mais néanmoins cela peut arriver[5] », écrivit-il.

Les festivités n'étaient pas terminées. Comme chaque année, la veille du jour de l'An, le Rebekehas Women's Group donna une fête pour les enfants de Nome à l'Odd Fellows Hall, et les amies de Hazel Modini clôturèrent brillamment la saison en organisant une fête pour le cinquième anniversaire de sa fille ; autant d'événements qui furent dûment rapportés et commentés dans le *Nome Nugget.*

---

* Dans ce jeu, les joueurs se tiennent par la main, sur une ligne, et se mettent à courir tous ensemble jusqu'à ce que le meneur de jeu, qui se trouve en bout de ligne, fasse brusquement demi-tour, entraînant tous les autres joueurs et leur faisant décrire un demi-cercle à toute vitesse. *(N.d.T.)*

Au mois de janvier 1925, il y eut de mauvaises nouvelles : deux autres enfants esquimaux étaient morts sur le Sandspit[6]. Welch commença à craindre le pire.

Puis le mardi 20 janvier, dans l'après-midi, la situation devint alarmante. En faisant ses visites au Maynard Columbus Hospital, Welch examina un petit garçon de trois ans, Billy Barnett, qui avait été admis presque deux semaines auparavant parce qu'il avait la gorge douloureuse, des ganglions, de la fièvre et était très fatigué. Quelques jours après son admission, Billy avait présenté un symptôme inquiétant : d'épaisses lésions grisâtres dans la gorge et sur les fosses nasales[7].

Les ulcères gris et sanglants que Billy avait sur les amygdales et dans la bouche ressemblaient fort à ceux provoqués par une bactérie redoutable qui, depuis des siècles, tuait des enfants et que l'on surnommait souvent, à juste titre, « l'étrangleuse ». Son véritable nom est diphtérie.

La bactérie se développe dans les muqueuses de la gorge et du nez, et libère une puissante toxine qui affaiblit le malade et le rend apathique. Deux à cinq jours plus tard, d'autres symptômes plus graves se manifestent : une légère fièvre et des ulcères rouges apparaissent dans le fond de la gorge et dans la bouche. Au fur et à mesure que la bactérie se développe et libère davantage de toxines, les ulcères deviennent plus épais et finissent par former une croûte dure, une sorte de membrane parcheminée, constituée de cellules mortes, de caillots de sang et de peau morte. La membrane envahit peu à peu la gorge et la bouche, et quand elle a tout recouvert, elle descend dans le larynx et étouffe lentement le malade.

La mort était lente, douloureuse et effrayante. La majorité des victimes étaient de jeunes enfants âgés de un à dix ans, et regarder « l'expression anxieuse, désespérée et pitoyable [d'un enfant] sur le point de suffoquer[8] » affectait profondément les médecins.

« Ce sont les images les plus éprouvantes qui se soient inscrites dans ma mémoire », écrivait un médecin du dix-neuvième siècle après une épidémie dans un village du Michigan où il avait eu à affronter « toutes les complications et séquelles[9] » propres à cette maladie. Avant que le sérum antidiphtérique n'existe, les médecins ne pouvaient procurer que peu de soulagement à leurs patients, seulement leur offrir leur présence et leurs prières.

Le sérum antidiphtérique, fabriqué à partir de sérum provenant de chevaux immunisés, était le seul remède possible. Welch n'en avait que très peu, et il était périmé. Il craignait qu'avec le temps il ne soit devenu instable, et la règle d'or pour tout médecin étant d'éviter de nuire à son patient, il décida ne pas en injecter à Billy *. Dans son esprit, il restait une petite chance que l'enfant ne soit pas atteint de ce mal terrible. « Je ne me sentais pas autorisé à utiliser [le sérum], écrivit-il quelques semaines plus tard dans son rapport médical. Je n'avais aucune idée de l'effet qu'il pouvait produire[10]. » Son infirmière et lui décidèrent également de ne pas divulguer leur diagnostic encore incertain afin d'éviter de semer la panique dans la communauté.

Welch fouilla dans sa pharmacie pour en sortir tous les anciens remèdes qu'utilisaient les médecins avant l'invention du sérum antidiphtérique, en 1891. Il fit prendre à Billy des stimulants pour soutenir son cœur contre une attaque possible des toxines qui circulaient dans ses veines et risquaient de s'en prendre à ses organes vitaux. Il badigeonna la gorge de l'enfant avec du chlorure de fer, un astringent qui se montra efficace pour soigner les lésions. Ce n'était pas des remèdes infaillibles, mais en agissant conjointement avec le système immunitaire du corps de l'enfant, il donnait à Billy une chance de combattre la maladie.

Pendant un temps, le traitement sembla faire de l'effet ; quelques heures seulement après que Welch lui eut badigeonné la gorge, les lésions avaient presque disparu et les joues de Billy avaient retrouvé leurs couleurs. Il dormait

---

* L'idée de Welch selon laquelle le sérum pouvait être instable et inefficace a été contestée. Sa crainte que l'injection de ce sérum puisse affaiblir le garçon était probablement infondée.

mieux et paraissait reprendre des forces d'heure en heure. Welch se rappelait que l'enfant avait presque retrouvé une forme physique normale.

Puis le mardi, aux environs de seize heures, l'état de Billy empira. En examinant son jeune patient, Welch réalisa que ses pires craintes étaient fondées. C'était bien la diphtérie ! Le garçon présentait tous les symptômes de la maladie à un stade avancé : des yeux creux, une expression de désespoir implacable, des lèvres sombres, de la couleur des baies sauvages que les enfants rapportaient de la toundra. Chaque fois que Billy essayait de faire entrer de l'air dans ses poumons, il crachait du sang.

A dix-huit heures, les infirmières rappelèrent le médecin au chevet du jeune malade, et Welch constata que la peau de Billy virait au bleu par manque d'oxygène et que l'enfant avait de plus en plus de mal à respirer. Il était sur le point de perdre connaissance. Sans sérum, Welch ne pouvait rien faire. A ce stade de la maladie, il n'était même pas certain qu'une injection de sérum frais aurait pu sauver l'enfant. Welch n'avait rien d'autre à faire que de rester auprès de lui et de le regarder s'éteindre. Billy leva sur lui des yeux terrorisés. La fin approchant, l'enfant, incapable de respirer, émit un sifflement faible mais aigu, comme celui d'un ballon dont on laisse lentement l'air s'échapper.

C'était fini. Welch prit des dispositions pour qu'on puisse enlever le corps et rentra chez lui. Il ne pouvait pas faire grand-chose d'autre cette nuit, mais le lendemain matin il lui faudrait rédiger un rapport complet aux autorités de la ville. Le cercueil qui renfermait le petit corps de dix-huit kilos mesurait à peine plus de quatre-vingt-dix centimètres de long.

Quand Welch quitta l'hôpital situé sur C Street et Second Avenue, pour descendre Front Street, il se sentit très las ; il était tard et il faisait froid, vingt-cinq degrés au-dessous de zéro ; la plupart des habitants de Nome étaient chez eux, assis près du poêle, avec des piles de livres et de vieux journaux à portée de la main, ou bien ils jouaient aux cartes. Les bardeaux cliquetaient et on entendait les blocs de glace jaillir de la mer. Dans la rue, Eli Nicholi et son cheval faisaient leur tournée nocturne pour vider les « seaux de miel » déposés sous les appentis.

Welch n'était pas le premier médecin à être pris au dépourvu par cette maladie. Ses premières manifestations ressemblaient à celles d'autres maux de gorge, en particulier à celles des angines, et les symptômes variaient selon le stade de la maladie et l'état de santé général de l'enfant. Welch ne pouvait plus se faire d'illusions ni taire la vérité aux habitants de Nome. Dans n'importe quelle petite ville, un début de diphtérie aurait été un terrible événement pour tout médecin, même disposant de sérum frais ; refuser d'admettre la réalité n'était pas une réaction inhabituelle. « En de nombreuses occasions, j'ai dû modifier mon diagnostic et utiliser du sérum antidiphtérique *après avoir tenté de me persuader* qu'il ne s'agissait que d'"angines"[11] », écrivait, en 1896, un médecin de l'Iowa. Pour beaucoup, ce diagnostic était tout simplement trop horrible à admettre.

En 1925, pour diagnostiquer la diphtérie, la plupart des médecins se fiaient à des manifestations extérieures, et s'ils avaient le moindre doute, ils recouraient à une culture bactérienne qui leur permettait d'identifier avec certitude le bacille en forme de bâtonnet de la diphtérie, et de constater la présence de toxines. Welch n'avait que très peu d'expérience de la diphtérie et encore moins des cultures bactériennes. Le Maynard Columbus était sans doute l'hôpital le mieux équipé de la région, mais ses moyens techniques étaient des plus simples et ses ressources pour le moins limitées. On ne pouvait pas se fier au système d'alimentation en électricité et il n'y avait ni laboratoire ni incubateur pour les cultures bactériennes. En outre, Welch n'avait pas fait ce genre de travail depuis plusieurs années. « Je ne me sentais pas vraiment compétent[12] » a-t-il admis lui-même.

Welch était informé par les revues médicales des symptômes de la diphtérie et des épidémies qui se succédaient. Dans les années vingt, en dépit de l'utilisation du sérum antidiphtérique, la maladie continuait de sévir aux Etats-Unis quoique à un rythme plus lent ; elle touchait environ cent cinquante mille personnes chaque année et faisait quinze mille morts.

Avant l'utilisation du sérum, le nombre des victimes était terriblement élevé et la diphtérie était l'une des causes principales de décès aux Etats-Unis ; c'était elle qui faisait le plus de victimes chez les jeunes enfants. En Europe et au Moyen-Orient, cette maladie avait anéanti des communautés entières ; en 1735, une épidémie de « peste de la gorge » se manifesta dans les colonies américaines et dura cinq années fatales. Le nombre de victimes fit craindre l'anéantissement des colonies[13]. Dans certaines villes, près de la moitié des enfants moururent.

Très pieux, les colons avaient beaucoup de mal à expliquer comment et pourquoi ils étaient touchés par la diphtérie. Le mal semblait frapper à l'aveuglette. Personne ne comprenait qu'elle pouvait être transmise par un porteur en bonne santé, et quand vigiles, prières et bonne conduite s'avérèrent impuissantes à sauver les enfants, un pasteur finit par conclure que la mystérieuse peste était l'un des « effets malheureux du péché originel[14] ».

Jonathan Dickinson du Massachusetts, un chef religieux influent, décrivait ainsi les maux que ses patients affrontaient :

> Cela commence souvent par une légère indisposition qui ressemble fort à un refroidissement ordinaire, accompagné d'apathie, d'une fièvre lente et souvent difficile à discerner, d'une légère irritation de la gorge et d'une tuméfaction des amygdales, et parfois d'un écoulement nasal, d'une certaine pâleur, d'un regard terne et abattu. Le patient ne reste pas confiné chez lui et pendant plusieurs jours son état n'inspire pas d'inquiétude jusqu'à ce que la fièvre augmente progressivement, que la gorge

entière et quelquefois le palais et les narines soient recouverts d'une croûte chancreuse... Quand les poumons sont atteints, le patient est d'abord affligé d'une toux sèche et caverneuse, qui se transforme rapidement en ce qui ressemble fort à une crise d'asthme aiguë, et d'une difficulté à respirer contre laquelle le malheureux lutte désespérément jusqu'à ce qu'enfin il soit délivré par une suffocation ou un arrêt brusque de la respiration[15].

Pour ceux qui survivaient, grâce aux bons soins de Dickinson, le chemin de la guérison était épouvantable et leur laissait souvent de graves infections et complications secondaires. Le pasteur écrivait :

> Tous ceux qui ont surmonté cette maladie épouvantable [...] toussent continuellement et expectorent longtemps d'incroyables quantités de peaux dures et blanchâtres. J'ai également vu des toux violentes arracher des poumons de gros morceaux de croûtes de plusieurs centimètres de long et de près de trois centimètres de large[16]...

Durant les deux décennies suivantes, la diphtérie continua de frapper de terreur le cœur des parents et des médecins. La maladie devint endémique dans de nombreuses villes et les épidémies fréquentes. Médecins et chercheurs accordaient toute leur attention à la diphtérie, mais s'ils en connaissaient bien les variantes et les manifestations, ils n'avaient toujours pas trouvé de remède pour la soigner. Dans tout le pays, la seule vue d'un enfant alité ou se rendant chez son médecin parce qu'il avait mal à la gorge pouvait susciter la peur et provoquer la panique.

Les médecins essayèrent tous les traitements possibles, mais la plupart ne servaient qu'à prolonger la souffrance du patient ou à hâter sa mort. Certains médecins injectèrent aux malades du mercure, d'autres badigeonnèrent leur gorge avec du phénol ou l'injectèrent dans la membrane ; quelques-uns essayèrent d'enlever cette membrane avec des forceps, laissant une muqueuse à vif et sanglante sur laquelle la bactérie se développait. Le traitement le plus abominable consistait à aspirer la membrane étrangère pour dégager les bronches d'un enfant qui suffoquait.

Au début des années 1820, les médecins essayèrent un nouveau procédé appelé trachéotomie qui consistait à inciser les muscles du cou pour atteindre la trachée. Cette opération était souvent aussi fatale que la maladie elle-même, et cette pratique fut abandonnée dans les années 1880 quand un médecin de New York, Joseph O'Dwyer, utilisa des tubes fins qui pouvaient être insérés dans la bouche pour atteindre la trachée. L'emploi du tube d'O'Dwyer abaissa le taux de mortalité due à la diphtérie laryngienne, une forme grave de la maladie, de cent pour cent à soixante-quinze pour cent.

Un taux de mortalité réduit de vingt-cinq pour cent ne représentait qu'un faible résultat. Les tubes étaient difficiles à utiliser. De plus, si un enfant pouvait désormais respirer grâce à eux, il risquait toujours un blocage de son système rénal, respiratoire ou pulmonaire, provoqué par les toxines qui continuaient à circuler. Tandis que les médecins poursuivaient leurs travaux, des mères, qui voyaient les atroces souffrances de leurs enfants, écrivirent à Louis Pasteur, à Paris, pour le supplier de trouver un remède. « Vous avez fait tout le bien qu'un homme peut faire sur terre, écrivit l'une d'elles. Si vous le voulez, vous réussirez sûrement à trouver un remède pour guérir cette terrible maladie appelée diphtérie. Nos enfants auxquels nous apprenons votre nom comme celui d'un grand bienfaiteur vous devront la vie[17]. »

Finalement, un chirurgien de l'armée prussienne, Emil Behring, se basant sur les travaux de l'Institut Pasteur, mit au point un « anti-toxique » capable de neutraliser la toxine de la diphtérie. Il fut utilisé pour la première fois en 1891 sur un enfant qui eut la vie sauve.

Welch savait qu'il n'avait aucune chance de venir à bout de cette maladie s'il ne parvenait pas à se procurer du sérum antidiphtérique frais. Elle était hautement contagieuse ; les bactéries étaient résistantes et pouvaient survivre des semaines entières sur un morceau de sucre d'orge, un dessus de comptoir ou une moufle. Un effleurement, et elles passaient d'un corps chaud à un autre ; un seul éternuement ou le simple fait de tousser les projetait dans l'air, et une inhalation risquait de signifier la mort. Les bactéries se tapissaient dans chaque recoin de Nome, attendant qu'un enfant les frôle ; elles pouvaient s'être posées sur un rebord de fenêtre ou dans un livre de classe.

Welch réalisa également que la maladie risquait de se répandre très vite au-delà de la ville et de toucher les villages côtiers[18]. En tant que médecin du service de Santé publique des Etats-Unis et coresponsable de la santé du Territoire, il devait veiller au bien-être de quelque dix mille habitants du nord-ouest de l'Alaska, depuis la côte de l'océan Arctique, au nord, jusqu'au delta du Yukon, au sud.

La plupart des habitants du nord-ouest de l'Alaska étaient des Esquimaux, une population à risque. Ils n'avaient que très peu de défenses naturelles contre les maladies bactériennes ou virales apportées par les marins et les chercheurs d'or, et depuis les premiers contacts avec les Européens, environ un siècle et demi plus tôt, un grand nombre d'entre eux avait été emporté par la rougeole, la tuberculose et la grippe.

Welch avait été témoin de la pandémie de grippe de 1918-1919 qui avait anéanti des camps et des villages entiers de la péninsule Seward. « Les autochtones ne sont absolument pas résistants[19] », affirmait alors Thomas Riggs, le gouverneur de l'Alaska. Cette pandémie avait tué huit pour cent de la population autochtone d'Alaska, et cinquante pour cent des autochtones de Nome. Le système immunitaire des autochtones qui avaient survécu restait très faible.

Par le passé, la ville avait connu des épidémies de variole, de rougeole et de fièvre typhoïde, et à plus d'une occasion les prédécesseurs de Welch avaient dû décider des quarantaines et installer des lieux d'isolement pour surveiller et soigner les Esquimaux malades. Les autochtones avaient une peur légitime et épouvantable de la maladie. Ils croyaient en l'esprit de la mort et si quelqu'un mourait chez eux, ils craignaient que cet esprit ne vienne les chercher à leur tour. Une mort causait souvent une panique parmi les autres membres de la famille qui s'enfuyaient, ce qui permettait à la maladie de se propager.

Welch redoutait que la population autochtone de Nome ne réagisse de cette façon et qu'ainsi les bactéries ne se répandent dans la ville et le long du littoral.

Le lendemain, mercredi 21 janvier, avant l'aube, Welch fut tiré d'un sommeil agité[20]. La fille de Henry Stanley, un Esquimau qui habitait sur le Sandspit, était très malade et réclamait des soins immédiats. La famille vivant à deux kilomètres et demi de Nome, Welch pensa qu'il irait plus vite s'il se rendait à pied au chevet de l'enfant plutôt que d'atteler ses chiens et de faire le trajet en traîneau. Il prit sa trousse médicale, mit sa parka en peau d'écureuil et son anorak en coton blanc à la doublure rouge, dévala l'escalier et sortit.

Le Sandspit était une longue et étroite bande de plage qui se terminait à l'embouchure de la Snake River, à l'ouest de la ville. La plupart des Esquimaux habitaient des maisons d'une seule pièce faites de bois flotté, de mottes de terre, d'os de baleine, de morceaux de fer et de tout ce qui pouvait être récupéré sur la plage. Certaines de ces habitations étaient encore éclairées avec des lampes à huile, et à l'intérieur l'air était lourd et sentait le phoque, le saumon séché, la sueur et les fourrures humides. Welch était habitué à ces odeurs et au fil des ans, il avait appris à accepter et même à admirer la nature « forte et primitive[21] » des habitants. « Ils ignorent peut-être comment se servir d'un couvert de table, mais ils savent aimer et se montrer loyaux », écrivait-il.

Bessie Stanley, une fillette âgée de sept ans, était couchée au fond de la pièce ; elle avait les joues creuses, le regard sombre et interrogateur, et sa poitrine, comme écrasée par un poids invisible, avait du mal à se soulever. Welch prit sa température et la trouva élevée. Des gouttes de sueur coulaient sur sa peau couleur de beurre, formant de petites rigoles à travers la crasse. Welch examina l'enfant, et dès qu'il lui ouvrit la bouche il sentit l'odeur fétide. L'intérieur de la bouche de Bessie était envahi par une membrane épaisse et nauséabonde, et lorsqu'il la toucha, elle se mit à saigner abondamment[22].

Le soir, l'enfant serait morte, et dans l'esprit de Welch il n'y eut plus guère de place pour le doute : il s'agissait bien d'une catastrophique épidémie de diphtérie ; la ville était au bord du gouffre *.

Quand il rentra chez lui, Lula préparait le déjeuner ; Welch s'assit et se cacha le visage dans les mains. Il lui fallut un moment pour reprendre ses esprits et retrouver une attitude professionnelle[23]. Il expliqua à Lula ce qui se passait, prit le téléphone et demanda à l'opérateur de lui passer le maire, George Maynard, le plus vite possible. Il pria Maynard de réunir tous les membres du conseil municipal, sans exception, puis il se rendit à l'hôpital. Il n'y avait pas de temps à perdre.

* Dans les articles du *Nome Nugget*, il est fait référence à un enfant du nom de Richard Stanley, mais les rapports médicaux de Welch indiquent le décès d'une petite fille nommée Bessie Stanley.

3.

Quarantaine

> « Leur pays [celui des autochtones d'Alaska] est envahi par des étrangers, le gibier est massacré et disparaît, il y a de moins en moins de poissons dans les rivières ; ils souffrent de maladies mortelles qui leur étaient inconnues jusqu'ici, et tout cela crée une situation [...] qui va conduire à leur extinction. La justice et l'humanité exigent que l'on agisse dans leur intérêt. »
>
> Message du président Theodore Roosevelt au Congrès, le 7 décembre 1904.

Selon les critères de Nome, c'était un bureau confortable, avec une grande fenêtre en saillie, une rangée de plantes en pots, tendrement soignées par l'infirmière en chef, Emily Morgan, et des étagères garnies de livres de médecine que Welch avait lus et relus. La pièce, orientée au sud, donnait sur la rue. Welch s'asseyait là souvent pour observer les habitants de la ville aller et venir[1].

Il connaissait tous les membres du conseil municipal. Il les avait soignés, eux et leurs familles, et en plusieurs occasions Lula et lui avaient été invités à dîner chez eux. La plupart avaient des enfants et ils ignoraient tout de la situation.

Il y avait là George Maynard, un homme solidement charpenté, éditeur du *Nome Nugget* et maire de la ville ; Mark Summers, le directeur de Hammon Consolidated Gold Fields ; l'avocat Hugh O'Neil ; G.J. Lomen, l'ancien maire de Nome, devenu juge et dont la famille était l'une des plus influentes de la ville.

Compatissant, Summers avait donné congé à ses employés afin qu'ils puissent prendre part au deuil de la famille Barnett et présenter leurs condoléances au père du jeune Billy, qui travaillait pour la société Hammon.

Welch prit une profonde inspiration avant d'expliquer ce qui s'était passé au cours des derniers mois ; il évoqua les nombreux maux de gorge qu'il avait eu à soigner après le départ de l'*Alameda* et la fin du trafic maritime, parla du jeune Esquimau de Holy Cross et de la mort de Margaret Eide. Il en était venu à la conclusion que tous les enfants de Nome étaient exposés. Billy Barnett était mort de la diphtérie et tout indiquait que sur le Sandspit, Bessie Stanley, la jeune Esquimaude, souffrait du même mal et ne tarderait pas à subir le même sort[2]. Welch ne pouvait pas expliquer comment ils avaient contracté cette maladie, mais il lui paraissait évident qu'à présent Nome allait devoir affronter une épidémie.

En effet, vu la nature très contagieuse de la maladie, Welch s'attendait à ce que de nouveaux cas se déclarent dans les prochaines vingt-quatre heures. Le sérum antidiphtérique était le seul remède possible et il n'en avait que pour six patients au mieux. Pour aggraver encore les choses, les quelque quatre-vingt mille unités qui lui restaient étaient vieilles de six ans. Welch en avait commandé de nouvelles au cours de l'été, mais elles ne lui avaient pas été livrées par l'*Alameda* et il n'y aurait pas d'autre bateau avant le printemps.

Le matin même, en dépit de ses craintes quant aux effets du sérum périmé, il avait injecté six mille unités à Bessie Stanley, mais il doutait que cela produise beaucoup d'effet car l'enfant avait été soignée longtemps après l'apparition des premiers symptômes. En cela il avait raison : Bessie mourut quelques heures plus tard.

Welch ajouta que pour combattre efficacement l'épidémie, il aurait besoin d'au moins un million d'unités.

Il n'eut pas besoin d'argumenter pour convaincre ses interlocuteurs. Sept ans seulement auparavant, à l'automne 1918, une souche du virus de la grippe avait été apportée par le *Victoria*, avec les caisses et les provisions.

Durant l'épidémie, le temps s'était littéralement arrêté : l'homme chargé de remonter l'horloge Segerstrom & Heger qui se trouvait devant la bijouterie était mort ou avait pris le dernier bateau, et personne ne s'était donné la peine de la remettre à l'heure. Le juge, le chef des pompiers, le shérif et même le médecin que Welch avait remplacé avaient été contaminés et étaient trop malades pour pouvoir travailler. (L'autre médecin avait quitté la ville à bord du *Victoria*.) La peur de la contamination paralysait ceux qui étaient encore en bonne santé.

« On ne trouvait personne pour aider les malades, écrivait un survivant. Les bien-portants étaient terrorisés et ne faisaient rien[3]. »

Prenant les choses en main, le shérif adjoint de Nome avait réuni des volontaires et les avait envoyés à la chasse aux survivants. Ils avaient enfoncé des portes, sorti des maisons les malades les plus atteints et emporté des marmites remplies de ragoût sur le Sandspit pour nourrir les Esquimaux. Ils s'étaient introduits dans les habitations sombres et y avaient découvert des familles entières mortes. Certaines personnes étaient encore assises sur des chaises ; elles avaient gelé sur place quand le feu s'était éteint. D'autres gisaient nues sur le sol.

On suppose que beaucoup d'entre elles, brûlantes de fièvre, s'étaient dévêtues pour se rafraîchir. Des enfants, certains moribonds, s'étaient allongés entre leurs parents morts pour se réchauffer. En huit jours, cent soixante-deux Esquimaux étaient morts sur le Sandspit, et le silence régnait sur cette communauté autrefois bruyante et pleine de vie. La fumée ne s'échappait plus du tuyau des poêles et plus personne n'avait la force d'entretenir les feux qui auraient réchauffé les habitations.

« Toutes les deux ou trois minutes, des autochtones meurent[4] », signalait une dépêche urgente, envoyée de Nome aux autorités de l'Alaska.

Les équipes de secours durent se battre contre des chiens affamés pour parvenir auprès des vivants et des morts. Personne ne les nourrissant, les chiens s'étaient retournés contre leurs maîtres. On découvrit un Esquimau, chez lui, sans vie, les mains gelées, crispées sur son fusil pointé en direction de la porte. Il était mort de froid en essayant de repousser les chiens.

En quelques semaines seulement, le virus se propagea dans les communautés du nord-ouest de l'Alaska. Se déplaçant en traîneaux à chiens, les équipes de secours se rendaient d'un village à l'autre, cherchant désespérément les survivants. Ils réussirent à sauver une fillette et sa petite sœur, encore un bébé, qui étaient enfermées chez elles depuis plusieurs jours tandis que des chiens affamés, babines retroussées, rôdaient à l'extérieur. La fillette avait survécu en se blottissant contre sa mère morte. De temps à autre, elle tendait le bras à l'extérieur, attrapait une poignée de neige qu'elle faisait fondre dans sa bouche pour donner à boire à sa sœur. On retrouva un autre petit Esquimau, les pieds gelés ; il avait offert ses *mukluks* à sa jeune sœur.

A Pilgrim Hot Springs, à environ quatre-vingts kilomètres au nord de Nome, une mission avait pris des allures de poste de triage des blessés, comme en temps de guerre. « Si vous pouviez me rendre visite, écrivait le missionnaire, vous trouveriez ma maison remplie d'orphelins et de malades. Non loin de là, sous une tente, vous verriez sept corps. A une dizaine de kilomètres, éparpillés dans différents igloos, vous découvririez quarante autres corps. Cela vous horrifie ? L'épreuve était à peine terminée à Nome quand j'appris que mes fidèles étaient atteints à leur tour par la maladie. Je m'empressai d'aller à leur secours. A mon arrivée, vingt-trois étaient déjà morts. Je réunis trente survivants chez moi. Sept sont morts dans mes bras. Les autres sont convalescents. Je n'ai pour m'aider qu'un homme bon, mais vieux et faible. Je ne sais pas comment prendre soin des bébés et des jeunes enfants. Que faire d'autre[5] ? »

La maladie marqua terriblement les survivants dont beaucoup étaient hébergés dans une vieille école de Nome située au coin de Steadman Street et Third Avenue. Là, dans un gymnase, transformé en centre de soins, deux Esquimaux se suicidèrent. Le premier se pendit à un portemanteau, sous les yeux de son compagnon qui passa ensuite le nœud coulant autour de son cou et se pendit à son tour. Le *Nome Nugget* rapporta que le second corps avait été découvert se balançant devant un tableau noir sur lequel les deux hommes avaient écrit, à la craie, qu'ils souhaitaient juste mettre un terme à leur vie rapidement.

Quand l'épidémie prit fin, des volontaires commencèrent à s'occuper des morts. Les corps furent emportés en traîneau et entassés dans des maisons abandonnées où ils restèrent jusqu'au printemps, en attendant que l'on puisse creuser une fosse commune dans le sol dégelé. Les cabanes, les fourrures, les literies et les vêtements furent brûlés par mesure de protection. Les chiens furent abattus et pour la première fois à Nome, le chœur des malamutes ne se fit pas entendre le soir venu.

La grippe avait tué au moins un millier de personnes dans la région de Nome, et plus de deux mille dans tout l'Alaska. Sur les trois cents orphelins qu'on dénombra sur le Territoire, quatre-vingt-dix habitaient Nome, et la plupart d'entre eux étaient des Esquimaux. Ils furent « fauchés comme de l'herbe[6] », dit un missionnaire.

Tous les membres du conseil municipal de Nome, réunis au Maynard Hospital, se rappelaient l'épidémie de grippe et chacun avait gardé un souvenir très vif de ce désastre. Maynard, le maire, demanda aussitôt à Welch de prendre les choses en main, mais le docteur suggéra de créer une commission sanitaire temporaire, pouvant agir librement sans en référer au conseil municipal. L'idée fut approuvée et

Maynard, Welch et Mark Summers en devinrent les membres principaux. Sans que Welch n'eût à le leur demander, ils se mirent d'accord sur un mode d'action : isoler la ville sur le champ. Welch conseilla que les écoles, l'église, le cinéma et les autres lieux publics soient fermés, que les déplacements soient fortement déconseillés et totalement interdits pour les enfants[7].

Un conseiller municipal se rappela qu'une partie de cartes avait lieu au Pioneer Hall et il fut décidé qu'on irait l'interrompre sur-le-champ. Puis pour apprendre la nouvelle à ses concitoyens le moins brutalement possible et éviter tout mouvement de panique, Maynard décida de faire imprimer un avis à la population, détaillant les faits et préparant les habitants à une quarantaine stricte.

La réunion était terminée. Les membres de la commission sanitaire décidèrent de se réunir tous les soirs jusqu'à ce que le danger soit écarté. L'après-midi était bien avancé quand Welch se rendit à la station de radiotélégraphie et demanda à l'opérateur de transmettre deux messages urgents : l'un à l'intention de tous les maires des villes importantes et à toutes les autorités du Territoire, dont le gouverneur, à Juneau, pour leur faire savoir que Nome avait désespérément besoin de sérum antidiphtérique[8].

L'autre était destiné aux collègues de Welch chargés de la production de sérums et de vaccins, au service de Santé publique des Etats-Unis, à Washington.

> Une épidémie de diphtérie est presque inévitable – STOP – J'ai un besoin urgent d'un million d'unités de sérum antidiphtérique – STOP – La poste est le seul mode de transport possible – STOP – J'ai déjà demandé du sérum au directeur du service de Santé des Territoires – STOP[9].

Moins d'une semaine plus tard, les difficultés que connaissait Nome feraient la une de presque tous les journaux d'Amérique.

La quarantaine entra en vigueur presque immédiatement. Le Dream Theatre fut fermé et toutes les réunions suspendues. Welch conseilla à ses bons amis les Walsh de prendre leurs affaires et de partir pour la petite maison isolée qu'ils possédaient à plusieurs kilomètres de Nome, et leur recommanda de ne pas revenir avant d'avoir eu de ses nouvelles[10].

Les écoliers reçurent l'ordre de rentrer chez eux, et Jean Summers-Wolf se souviendra que tous les enfants avaient aussitôt compris qu'il se passait quelque chose de grave. « Je me rappelle avoir retenu ma respiration et être passée en courant devant tous les bâtiments qui affichaient cette grande pancarte rouge : QUARANTAINE. DEFENSE D'ENTRER[11]. »

Maynard acheva de rédiger son avis et fit le nécessaire pour qu'il soit placardé dans toute la ville, puis il gagna son bureau pour s'assurer que son texte paraîtrait dans la prochaine édition du *Nome Nugget.* Il l'avait rédigé avec soin, mais le ton rassurant ne parvenait pas à masquer totalement la gravité des événements.

> Une épidémie de diphtérie s'est déclarée à Nome, mais si toutes les précautions sont prises, il n'y a aucune raison de s'inquiéter. Par contre, si les parents n'empêchent pas leurs enfants d'entrer en contact avec d'autres enfants, l'épidémie pourrait se propager et prendre des proportions importantes... Tous les enfants doivent se laver le visage et les mains plusieurs fois par jour avec un savon doux, comme le Ivory Soap. Se laver avec un savon plus agressif serait pire que ne pas se laver du tout car il provoquerait sur le visage et les mains des gerçures et des crevasses qui risqueraient de favoriser le développement du germe de la diphtérie... Les autorités feront tout leur possible pour empêcher les personnes atteintes par la maladie de quitter Nome et de contaminer ainsi les camps des environs[12].

Malgré tous ses efforts pour empêcher la maladie de se propager, la commission sanitaire avait agi trop tard. Peu après la mort de Bessie Stanley, des membranes s'étaient développées dans la gorge de Dora et de Mary[13], ses sœurs, et les parents semblaient également atteints. Welch les soigna tous « énergiquement avec le sérum dont il disposait ».

Le samedi 24 janvier, quatrième jour de la crise, le nombre des victimes s'élevait déjà à quatre, au bas mot, et il n'y avait toujours aucune nouvelle de Fairbanks, Anchorage ou Juneau, les principales villes d'Alaska, ni de Washington.

A présent, dans le bureau de Welch, le téléphone n'arrêtait pas de sonner ; des parents appelaient pour un enfant malade ou quelqu'un s'inquiétait pour une personne proche : Lars Rynning, le jeune directeur d'école, expliqua qu'il avait un peu de fièvre et qu'une petite ulcération s'était formée dans sa gorge et le faisait souffrir. Sa femme aussi avait mal à la gorge, et tous deux s'inquiétaient des effets que cela pourrait avoir sur leur fils âgé de deux mois.

Welch se rendit chez eux, ausculta l'enfant et leur expliqua qu'autant qu'il puisse le dire, leur fils était en bonne santé. Le lait maternel contenait une substance naturelle qui immunisait les bébés contre la diphtérie, et les très jeunes enfants avaient quatre-vingt-dix pour cent de chance de résister à la maladie sans médicament. Welch était convaincu que les Rynning avaient été exposés au virus, et pour protéger l'enfant il mit les parents en quarantaine. Il décida par contre de ne pas leur injecter le précieux sérum. Ils étaient jeunes et solides, et il pensait qu'ils avaient plus de chances de survivre que la plupart des autres personnes atteintes. Le sérum devait être réservé aux cas les plus graves, et il y en aurait beaucoup[14].

Par contre, un autre aspect du cas Lars Rynning préoccupait Welch : Rynning n'était pas simplement le directeur de l'école, il enseignait également et il existait de fortes probabilités qu'il ait été en contact avec la plupart des enfants d'âge scolaire de Nome.

Welch était débordé et déjà épuisé ; et il n'y avait personne pour le remplacer. Le médecin le plus proche se trouvait à six cent quarante kilomètres, soit dix jours de voyage en traîneau à chiens. « Mes infirmières sont les seuls confrères sur lesquels je puisse compter[15] », écrivit-il dans son rapport médical.

Emily Morgan était sans aucun doute l'infirmière la plus remarquable et la plus compétente de l'hôpital, et elle avait déjà fait ses preuves. Elle avait une longue carrière derrière elle. Pendant les trois dernières années de la Grande Guerre, elle avait servi dans la Croix-Rouge et avait été affectée dans un hôpital de campagne en France, sur le front de l'ouest, où elle accueillait blessés et mourants au milieu du chaos des bombardements. A la fin de la guerre, elle était rentrée chez elle, à Wichita (Kansas) pour continuer à exercer son métier.

Emily Morgan avait quarante-sept ans lorsqu'elle était arrivée à Nome, l'automne précédent. Elle venait d'Unalaska, dans la chaîne des Aléoutiennes, où elle avait prodigué ses soins à la communauté autochtone. Elle mesurait une trentaine de centimètres de plus que Welch ; sa jovialité et sa joie de vivre contrastaient agréablement avec le caractère taciturne de son patron. Elle possédait également une expérience directe de la diphtérie. : elle avait été contaminée à Wichita et était restée alitée trois semaines. Elle connaissait donc toutes les phases de cette terrible maladie.

Pour Emily Morgan, le moment était venu de se mettre au travail. Sur la proposition de Welch, la commission sanitaire la nomma « infirmière de la quarantaine » et, vêtue de son gros pull-over en laine, de sa parka doublée de fourrure, et chaussée de bottes en peau qui lui montaient jusqu'aux genoux, elle fut chargée de soigner les cas les plus graves. Très vite, elle se trouva dans l'obligation d'accrocher de plus en plus de pancartes de quarantaine sur les portes d'entrée ; rouges et noires, elles se détachaient nettement sur le blanc de la neige.

L'attention d'Emily Morgan se porta particulièrement sur le Sandspit où des équipes d'enseignants et de volontaires venaient distribuer de la nourriture, du combustible et de l'eau. Emily avait appris à travailler dans les environnements les plus rudimentaires et les plus insalubres, et elle ne craignait pas de vivre à la dure, dans le froid. Mais à Nome les conditions étaient particulièrement difficiles. Au Kansas, disait-elle, « nous avions un grand nombre de médecins et d'hôpitaux[16] », mais ici, Welch ne pouvait l'aider qu'occasionnellement et elle devait souvent travailler seule.

Elle emportait partout avec elle sa sacoche qui contenait un thermomètre, des abaisse-langue, plusieurs doses de sérum, une lampe de poche et quelques friandises pour amadouer les enfants. Elle allait régulièrement voir ses patients et s'assurait que le sérum faisait effet, mais souvent elle ne pouvait leur offrir que sa sympathie.

Un jour, au cours de ses visites[17], elle décida de se rendre auprès d'une famille esquimaude car l'état de santé de l'un des cinq enfants, la petite Mary, l'inquiétait. Les amygdales de la fillette étaient couvertes de la membrane la plus noire qu'Emily ait vue. Quand elle approcha de la maison, un jeune garçon vint vers elle en courant. « Tu arrives trop tard, lui dit-il. Mary est partie au ciel. »

A l'intérieur, Emily trouva le père occupé à fabriquer un cercueil avec des planches grossières, sous les yeux de ses deux autres filles. Impuissante à soulager sa peine, elle s'agenouilla à côté de lui et « l'aida du mieux qu'elle put à terminer cette boîte rudimentaire ». Lorsqu'ils eurent fini, le père étala au fond la parka de sa fille, allongea l'enfant dessus, cloua le couvercle et alla enfouir le cercueil dans une congère proche. Le véritable enterrement devrait attendre le printemps, quand le sol aurait dégelé.

Emily Morgan rendait visite à toutes les familles, l'une après l'autre. Un jour, elle fut appelée auprès d'une fillette nommée Vivian Blackjack. En arrivant, elle trouva les parents assis au milieu de la pièce, les jambes croisées, qui mangeaient du poisson séché, trempé dans de l'huile de phoque tandis que leur fille était allongée sur sa couchette, enfouie sous les couvertures.

« Ses yeux noirs et vifs me fixaient avec méfiance ; elle serrait les lèvres. En voyant son visage rouge, je sus qu'elle avait de la fièvre. » Emily essaya de lui ouvrir la bouche, mais l'enfant résista.

« Je lui souris et, à voix basse, je dis à la mère que je ne l'obligerais pas à me montrer sa gorge. Mais avec quarante de fièvre, il fallait absolument faire quelque chose... C'est alors que [Vivian] dit d'une voix plaintive : "Maman, prions."

Agenouillée à côté de la couchette, Emily pria avec la mère et l'enfant. Quand Vivian, « me regardant droit dans les yeux ouvrit la bouche, je vis dans sa gorge tous les signes de la diphtérie ».

Emily fit à l'enfant une injection de sérum et son état s'améliora. Cependant, Morgan et Welch estimaient qu'avec les proportions que prenait l'épidémie, leur stock de sérum ne durerait pas la semaine. Sans sérum frais, beaucoup de malades mourraient.

Le samedi, tard dans l'après-midi, Emily Morgan et le docteur Welch exposèrent la situation à la commission sanitaire. A eux deux, expliquèrent-ils, ils totalisaient une vingtaine de cas confirmés et au moins une cinquantaine de personnes à risque[18].

Les membres de la commission sanitaire étaient au courant du message désespéré que Welch avait envoyé à Washington, et s'ils ne pouvaient rien faire pour aider le gouvernement à trouver du sérum, ils avaient cependant un problème à régler : celui de son transport jusqu'à Nome. La mer de Béring était gelée et un voyage par mer depuis Seattle était donc exclu. Restait la voie de terre. Le courrier venu des Etats-Unis arrivait par bateau au port libre de glace de Seward, au sud-est, puis il était transporté par la seule voie de chemin de fer importante d'Alaska jusqu'à Nenana, à près de sept cents kilomètres de Seward. Depuis Nenana, il fallait environ vingt-cinq jours aux équipes postales pour couvrir en traîneaux à chiens le millier de kilomètres qui les séparait de Nome[19]. Le trajet se faisait en plusieurs étapes, les mushers se relayant et se reposant la nuit. La commission devait donc réfléchir à une solution plus rapide.

Mark Summers avait un plan[20], une livraison express. La

totalité du trajet serait parcourue par deux attelages de chiens : un musher pourrait partir de Nenana et se diriger vers l'ouest tandis qu'un autre musher, parti de Nome, se dirigerait vers l'est. Ils se rencontreraient à mi-chemin, sur la piste, à Nulato. Summers connaissait l'homme qui pourrait faire la course de Nome jusqu'à Nulato, puis revenir à Nome : Leonhard Seppala. D'origine norvégienne, Seppala était le principal musher de Hammon. Il supervisait les cent quatre-vingts kilomètres de canalisations qui alimentaient en eau les exploitations minières de la société, assurait le transport des hommes et des approvisionnements, et conduisait vers les autres villes d'Alaska les employés de la société en déplacement professionnel. Infatigable et sérieux dans son travail, il était sans aucun doute le musher le plus rapide du Territoire.

Les exploits de Seppala étaient légendaires et lui avaient valu le surnom de « Roi de la Piste[21] ». Il avait gagné la plupart des courses organisées à Nome et dans l'Intérieur, et avec Togo, son chien de tête préféré, il avait battu plusieurs records sur de longs parcours. Il connaissait chaque tournant de la piste qui reliait Nome à Nenana, et avait une fois rejoint Fairbanks – la plus grande ville de l'Intérieur qui se trouvait à cent dix kilomètres au nord-est de Nenana – en treize jours et demi, son traîneau alourdi par le poids d'un passager. Couvrant en moyenne une distance de cent trente kilomètres par jour, il ne lui avait fallu que quatre jours pour atteindre Nulato, situé à mi-chemin entre Nenana et Nome.

Ayant écouté attentivement la proposition de Summers, la commission sanitaire l'approuva à l'unanimité. Cependant, Maynard suggéra qu'il existait peut-être une autre solution : faire transporter le sérum par avion.

Le maire était depuis longtemps un ardent défenseur du transport aérien[22]. C'était une industrie encore jeune en Alaska, mais il était convaincu que l'avion mettrait fin au terrible isolement de nombreuses villes et leur permettraient de se développer.

Faire venir le sérum par avion serait certainement plus

rapide, mais les membres de la commission sanitaire se montrèrent franchement sceptiques : en hiver les vols étaient extrêmement dangereux et les cockpits étant grands ouverts, un voyage dans le froid et le vent serait terriblement dur.

L'année précédente, un ancien pilote de l'armée avait été le premier à voler en Alaska l'hiver. Les vols expérimentaux, destinés à transporter le courrier entre Fairbanks et McGrath, avaient été considérés comme de grands succès et avaient prouvé qu'il était possible de survoler le Territoire en hiver. Mais ces vols avaient été relativement courts et avaient eu lieu par un temps beaucoup plus clément.

Le soir même, Summers rendit visite à son employé pour lui demander de se préparer à faire la course de sa vie. Il lui apprit que si la commission envisageait un secours aérien, la plupart des membres pensaient que le sort de Nome était entre ses mains. De son côté, Maynard contacta le seul homme ayant suffisamment de pouvoir et d'influence politique pour permettre un sauvetage par avion : il envoya un télégramme à Dan Sutherland, le délégué de l'Alaska auprès du Congrès. Au cours des trois années précédentes, Sutherland avait travaillé dur pour tenter de développer le transport aérien en Alaska et il avait joué un rôle important dans l'organisation des vols postaux expérimentaux.

> Grave épidémie de diphtérie s'est déclarée – STOP – N'avons pas de sérum frais – STOP – Voyez le Surgeon General * et demandez-lui d'expédier immédiatement un million d'unités de sérum à Nome... Si possible l'avion gagnerait du temps[23].

Assis dans son bureau de Washington, non loin du Congrès, Sutherland lut le télégramme du maire de Nome et y vit aussitôt une formidable opportunité de plaider à nouveau la cause du transport aérien.

Il était temps d'envoyer les oiseaux voler là-haut, dans le ciel d'Alaska.

---

* L'équivalent du ministre de la Santé. (*N.d.T.*)

4.

« Fermé pour cause de course de chiens »

> « Un homme peut toujours se lier d'amitié avec un chien, mais il faut beaucoup de temps, une confiance, une tolérance et une estime mutuelles pour en faire un partenaire. Tous les chiens ne sont pas faits pour devenir les partenaires d'un homme, et je pense que tous les hommes ne sont pas faits pour devenir les partenaires d'un chien. »
>
> L'archidiacre Hudson Stuck

Agé de quarante-sept ans, Leonhard Seppala[1] aurait dû ralentir ses activités, mais il était aussi solide que le jour de l'été 1900 où il était arrivé à Nome pour chercher de l'or. Après un quart de siècle passé à vivre et à travailler dans le froid, il était aussi souple et élégant qu'un gymnaste. Mesurant un mètre soixante-trois et pesant soixante-six kilos, le Roi de la Piste n'avait pas vraiment le physique de l'emploi. Il avait un visage jeune et énergique, d'épais cheveux châtain clair, ondulés comme ceux d'un enfant et qui semblaient perpétuellement rejetés en arrière par le vent du nord.

C'était un athlète né, un homme d'une force et d'une endurance hors du commun, et il n'aurait eu aucun mal à se mesurer à des sportifs professionnels. Alors que beaucoup de mushers considéraient qu'une course de cinquante kilomètres dans une journée était une dure épreuve, Seppala en couvrait souvent quatre-vingts, parfois même le double quand le temps le permettait, et il passait fréquemment douze heures sur la piste. En un seul hiver, il avait parcouru plus de onze mille kilomètres en traîneau.

L'été, alors que la plupart des chiens étaient désœuvrés, Seppala attelait les siens à un petit chariot qu'il appelait la « Pupmobile * » et il partait faire son travail. Il longeait une voie ferrée désaffectée et inspectait un vaste réseau de canalisations qui fournissaient l'eau servant à dégeler la terre devant les dragues. Il ne quittait pas ses chiens de l'année.

Ses amis l'appelait « Sepp », un surnom qui convenait bien à cet immigrant norvégien plein d'entrain. Il aimait épater les gens[2], s'amusait parfois à faire un double saut périlleux arrière terminé par une culbute, et descendait même Front Street sur les mains, le dos arqué, ses *mukluks* frôlant sa tête échevelée, pour le plus grand plaisir des enfants qui riaient et applaudissaient.

Seules les rides que le froid, le vent et le soleil avaient creusées dans son visage marquaient un changement visible après toutes ces années. Quand il souriait, ce qu'il faisait souvent, ces rides devenaient plus profondes et formaient des sillons sous ses pommettes et près de sa bouche, et rayonnaient autour de ses yeux.

Cette année-là, il y avait eu relativement peu de neige et ses chiens n'étaient pas au mieux de leur forme. Depuis que Mark Summers avait sollicité son aide pour le transport du sérum, Seppala s'entraînait avec son attelage dans les collines dénudées qui s'étendaient jusqu'aux Sawtooth Mountains. Le plan de Summers prévoyait que Seppala parcourt près de cinq cents kilomètres jusqu'à Nulato, qui se trouvait presque à mi-chemin entre Nome et Nenana ; une très longue route. L'enjeu était tellement important que Seppala avait d'abord hésité à accepter cette mission[3]. Ce n'était pourtant pas dans son caractère, lui qui était habituellement sûr de lui.

---

* *Pup* signifie chiot. *(N.d.T.)*

Il avait décidé de s'entraîner avec vingt des trente-six huskies du chenil ; un attelage relativement long pour un chargement aussi léger. Mais les chiens pouvaient avoir mal aux pattes pendant ce long parcours jusqu'à Nulato et certains risquaient même d'être épuisés. A l'aller, Seppala projetait de laisser au passage plusieurs chiens dans les villages qu'il rencontrerait le long de la piste, afin de disposer de chiens frais pour le voyage de retour.

La piste qui reliait Nome à Nulato était l'une des plus dangereuses d'Alaska. La plus grande partie longeait le littoral nord du Norton Sound, balayé par les vents et le blizzard, et les soixante-dix kilomètres les plus périlleux coupaient à travers le Sound. Selon la façon dont la mer avait gelé, ce raccourci pouvait se présenter comme un long ruban de glace aveuglante – un éclat dû au polissage produit par le sable et le vent – ou un parcours d'obstacles encombré d'énormes blocs de glace, ponctué de crevasses et parsemé de minuscules lances de glace qui pouvaient lacérer les pattes des chiens.

Cependant, en empruntant le raccourci, le plus gros risque était de s'éloigner du rivage : sans prévenir, la glace pouvait craquer et entraîner vers le large tout l'attelage qui tournoierait silencieusement dans le sens contraire des aiguilles d'une montre.

Sur la piste comme au chenil, les chiens réclamaient une attention constante, et Seppala leur consacrait beaucoup de temps et d'argent. Il les avait tous élevés depuis qu'ils étaient des chiots et il les connaissait aussi bien qu'il connaissait sa femme et sa fille. Il les nourrissait, les soignait et mangeait parfois avec eux, mordant dans un saumon séché pour en arracher de gros morceaux.

En 1954, sa femme, Constance, âgée de cinquante-deux ans, déclara à un journaliste : « Les chiens passaient toujours en premier... Il régnait souvent un désordre incroyable dans notre salle de séjour ; elle était envahie par les *mukluks*, les harnais, les traîneaux, les lignes, les cordes, qui avaient besoin d'être épissés, réparés ou entretenus[4]. »

Pour tous les mushers d'Alaska, nourrir les chiens était une préoccupation constante. Leur régime devait être suffisamment riche en protéines et en matières grasses pour les garder en bonne santé et plein d'entrain l'hiver, et il fallait stocker d'énormes quantités de nourriture. Le saumon était l'aliment le plus courant. Les mushers construisaient des nasses en bois et fil de fer qu'ils posaient dans les cours d'eau au moment de la remontée des saumons *. Puis ils découpaient les poissons et les suspendaient à des râteliers pour les faire sécher. Ce travail pouvait durer tout l'été car chaque année les mushers devaient stocker près de deux tonnes et demie de ces poissons riches en vitamines.

La santé des chiens et leur comportement devaient être surveillés quotidiennement, qu'ils travaillent ou non ; un virus non décelé pouvait facilement se propager et anéantir tout un chenil. Sur les pistes, les pattes de chacun des chiens devaient être examinées et soignées si nécessaire, et il fallait tenir compte de la forme et du comportement de chaque animal. Un trait de caractère pouvait être très précieux sur certaines pistes et s'avérer dangereux sur d'autres. Un bon musher devait faire passer les besoins de ses chiens avant les siens.

Mener un traîneau était la partie la plus agréable du travail d'un musher. Après dix heures de piste, les chiens avaient avant tout besoin de manger, et préparer leur nourriture prenait deux ou trois heures. Le musher commençait par couper du bois et par faire des trous dans la glace pour puiser de l'eau qu'il rapportait au campement seau par seau – quatre litres pour chaque chien. S'il n'y avait pas d'eau, il lui fallait faire fondre de la neige dans un récipient, et quatre litres de neige ne produisaient qu'un litre d'eau.

Le long de la côte, le musher nourrissait ses chiens avec

* Nombre de mushers utilisaient une roue à poisson composée de deux nasses attachées à chaque extrémité d'une longue pièce de bois. Le courant faisait tourner la roue et les deux nasses ramassaient les poissons qui remontaient la rivière et les laissaient tomber dans une glissière qui aboutissait à un réservoir. L'axe autour duquel tournait la roue était maintenu en place par deux piquets plantés dans le lit de la rivière.

du saumon séché, arêtes comprises, et s'il trouvait suffisamment de bois, il préparait une épaisse soupe de poissons (certains mushers préféraient la viande de castor, également très riche en graisse) avec du riz ou des flocons d'avoine. Lorsqu'ils étaient sur la piste, Seppala donnait quotidiennement à chacun de ses chiens une livre de saumon séché et cent cinquante grammes de blanc de phoque.

Quand les chiens avaient été nourris, il fallait masser leurs muscles endoloris et couper des branches d'épicéa pour leur faire une couche. Le contact et l'odeur de ces branches les réconfortaient, et leur bien-être était un facteur important durant les longues courses. Un animal fatigué et découragé pouvait transformer un simple trajet en une véritable course d'obstacles. Les chiens paraissaient apprécier toutes ces attentions, ils retrouvaient leur calme et se détendaient. Venait ensuite un rituel que les mushers appelaient le « hurlement de remerciement ».

Un premier chien commençait à pousser un hurlement aigu, un second l'imitait, puis un troisième... Très vite, tous les chiens, le nez en l'air, se joignaient à la cacophonie qui prenait fin aussi soudainement qu'elle avait commencé. Les chiens se mettaient alors à tourner sur eux-mêmes, décrivant des cercles de plus en plus petits, et piétinaient leur couche. Puis ils s'installaient confortablement, roulés en boule, le nez sous la queue, et s'endormaient. Alors le musher pouvait enfin s'occuper de lui.

Seppala avait aimé ce travail dès l'instant où il était monté à l'arrière d'un traîneau, durant son premier hiver à Nome. Il avait alors une vingtaine d'années et Jafet Lindeberg, l'un des « trois Suédois chanceux », l'avait attiré en Alaska en lui offrant de travailler dans sa société minière. Il l'avait envoyé vérifier des bruits qui couraient sur l'existence d'un gisement d'or, à cent cinquante kilomètres au nord-est de la ville. Seppala se rappelait parfaitement cette première course : il avait été fasciné par le balancement du traîneau et la sensation des patins glissant sur la neige.

Il fallait beaucoup de force pour négocier des virages serrés avec un traîneau très lourd et compenser l'inclinaison d'une piste, et une grande endurance pour pédaler en terrain plat ou courir derrière le traîneau, kilomètre après kilomètre, grimper des côtes, traverser des terrains bosselés et parcourir la toundra.

C'était un travail épuisant et éreintant, mais qui permettait parfois de rêver. Pendant des kilomètres, le musher ne rencontrait pas d'autres êtres humains. Il s'intégrait totalement au paysage, et tandis qu'il pédalait au rythme du pas de ses chiens, il devenait un prolongement de son attelage.

Dans cette immensité silencieuse, Seppala pouvait entendre le trottinement des pattes de ses chiens sur la neige croûtée et leur halètement régulier alors qu'ils avançaient dans le froid. Il y avait quelque chose de rassurant dans le bruit de ce traîneau en mouvement : le craquement du bois qui rappelait celui du gréement d'un schooner en pleine course, le frottement des traits en cuir brut, le crissement des patins sur la neige. Le paysage s'étendait à l'infini, comme un océan vide, et quand le temps le permettait, le traîneau glissait facilement sur la houle de la piste. Derrière lui, il ne laissait dans la neige que deux lignes parallèles et les nuages produits par le souffle des chiens qui flottaient un moment au-dessus de la piste.

« Les patins en bouleau de mon traîneau ont laissé des empreintes si profondes dans mon souvenir que je peux les voir aujourd'hui encore. Tout ce que [les chiens] demandaient après une journée épuisante, c'était d'être nourris[5] », disait Seppala en parlant de son premier attelage.

La première règle de survie consistait à ne jamais lâcher son attelage car, sans les chiens, la mort était assurée.

Tandis qu'il préparait son voyage à Nulato, Seppala était de plus en plus tendu. Cette course l'inquiétait, et ses chiens le sentaient. « Chaque fois que le téléphone sonnait, les chiens l'entendaient depuis le chenil et se mettaient tous à hurler[6]... », racontait-il.

Seppala était l'un des rares mushers d'Alaska à ne faire

confiance presque exclusivement qu'aux huskies de Sibérie. D'après lui, aucun autre chien ne les égalait tant sur le plan de la rapidité que de l'endurance. Peut-être voyait-il en eux un reflet de sa propre personnalité : ils étaient aussi déterminés que lui, possédaient le même esprit de compétition, et étaient plus petits et plus légers que leurs semblables. Ces chiens pouvaient se montrer joueurs et amusants ; ils étaient également robustes et opiniâtres. Un habitant de Nome se souvenait d'avoir vu Seppala entraîner son attelage : il se tenait sur les patins du traîneau et pédalait tout en jetant des boules de neige à ses chiens, et l'instant d'après il courait à leurs côtés « comme un renne[7] ». Seppala et ses chiens avaient la même couleur d'yeux, le blanc bleuté perçant des glaciers. Son regard pouvait avoir quelque chose de troublant.

Le husky de Sibérie était originaire de la région située à l'est de la Lena où, pendant plusieurs siècles, des chiens avaient été utilisés pour chasser les animaux à fourrure, les phoques et les ours *. A la fin du dix-septième siècle, quand les Russes avaient colonisé la région, se déplacer en traîneau à chiens était devenu très recherché. Les autochtones devaient s'acquitter d'un impôt auprès des Russes qui acceptaient souvent des déplacements en traîneau en guise de paiement. On faisait appel aux conducteurs de traîneaux pour emmener les fonctionnaires jusqu'aux villes fortifiées et aux postes avancés, et pour transporter des marchandises jusqu'aux communautés éloignées. Les échanges commerciaux commençaient également à jouer un rôle important dans la vie économique de la région, et des villageois parcouraient parfois plus de mille cinq cents kilomètres avec des traîneaux lourdement chargés pour troquer leurs marchandises.

* Le mot « husky » est un terme générique pour toutes les races de chiens possédant deux couches de poils et des oreilles portées droites, et l'American Kennel Club l'attribua aux huskies de Sibérie lorsqu'il reconnut officiellement cette race. D'après le *Dictionary of Alaskan English* de Russ Tabbert, le mot « husky » « est apparu au XIXe siècle et serait une contraction du mot "eskimo" utilisé par les anglophones pour désigner les Esquimaux du Canada. Les chiens des Esquimaux furent donc appelés "husky dogs" qui fut raccourci en "husky" » (p. 204).

En franchissant les montagnes et les rivières, en traversant la toundra, et ce pendant plusieurs décennies, les chiens étaient devenus plus robustes et plus rapides. Plusieurs groupes autochtones pratiquaient une reproduction sélective : ils castraient les mâles les moins performants et ne permettaient qu'aux chiens les plus rapides, les plus forts et les plus courageux de couvrir les femelles. A la fin du dix-neuvième siècle, le husky de Sibérie était devenu un chien robuste, élevé et bâti pour courir sur de longues distances.

Il était deux fois plus rapide et pouvait parcourir deux fois plus de chemin que ses cousins de l'autre côté de la mer de Béring. En 1869, dans la région du fleuve Kolyma (Sibérie orientale), à l'occasion d'une course entre un marchand et un officier russe, l'un des deux attelages couvrit deux cent quarante kilomètres en quinze heures [soit seize kilomètres à l'heure] ; l'autre mit seize heures pour parcourir la même distance [soit quinze kilomètres à l'heure]. Les attelages de malamutes de Nome, qu'on utilisait avant tout pour transporter de lourdes charges, parcouraient rarement plus de huit kilomètres en une heure.

Les chiens de Sibérie orientale attirèrent l'attention de Waldemar Bogoras, un anthropologue qui se trouvait dans la région au début du vingtième siècle. Bogoras décrivit le dressage et la discipline que les Esquimaux imposaient à leurs chiens. L'entraînement commençait dès que le chiot avait deux mois et on attachait souvent les petits d'une même portée derrière leur mère pour qu'ils commencent à apprendre les ordres. En Sibérie orientale, les attelages étaient composés de quatorze chiens attelés par paire de chaque côté de la ligne centrale. Bogoras nota qu'un attelage composé de chiens robustes et reposés pouvait parcourir huit cents kilomètres en dix jours. Après seulement deux jours de repos, ils étaient capables de reprendre la piste avec la même énergie et se contentaient d'une ration quotidienne composée « d'un morceau de blanc de baleine mesurant à peine cinq centimètres en tous sens, et de quelques lambeaux de viande de morse putride ou de peau de baleine[8] ».

« Ces chiens sont pratiquement infatigables », affirmait Bogoras.

Quand ils ne travaillaient pas, ils étaient à peine nourris. Au printemps, lorsque la pêche était moins abondante, on les laissait en liberté pour qu'ils aillent fouiller un peu partout à la recherche de nourriture et qu'ils chassent, ce qui encourageait leur nature sauvage. Ils attrapaient des souris et des sousliks, flairaient et dévoraient des saumons morts, sur les rivages sud de la mer de Béring. Seuls les plus robustes et ceux dont le métabolisme était le plus lent survivaient.

Les huskies, comme beaucoup d'autres races nordiques de chiens de traîneau, malamutes d'Alaska et chiens esquimaux du Groenland par exemple, réussissent à survivre dans le froid grâce à un extraordinaire ensemble de caractéristiques physiques. Leur robe est composée de deux couches de poils, l'une faite de longs poils rudes et très épais qui protègent leur peau de l'eau, de la neige et du soleil, et un sous-poil doux, dense et duveteux qui leur tient chaud. Le sous-poil rappelle le duvet qui garnit les parkas, et les chiens le perdent l'été. Les chiens de traîneau ont une incroyable capacité à retenir la chaleur : ne transpirant que des pelotes plantaires, le risque de voir la chaleur de leur corps rayonner à travers leur peau ou leur épaisse fourrure est quasi nul. Leur queue est bien fourrée et touffue, et ils y enfouissent leur nez quand ils dorment pour se protéger du froid. (Leur queue protège également la région de l'aine, un des rares endroits à être presque totalement dépourvue de poils.)

Leurs yeux sont fendus en oblique et donc moins exposés au vent et à la neige, et l'intérieur de leurs oreilles, attachées haut et portées droites, est recouvert d'une fourrure douce pour minimiser la perte de chaleur. Leurs pieds sont légèrement ovales, compacts et fourrés entre les doigts, et les soles sont résistantes et très rembourrées pour éviter l'accumulation de glace qui pourrait les lacérer et provoquer de graves lésions. Ces chiens peuvent supporter des températures de moins soixante degrés.

Il est difficile de dire avec précision quand le premier chien de Sibérie est arrivé en Amérique du Nord. Le commerce entre les autochtones de Sibérie et d'Alaska n'était pas rare et il est fort probable que les chiens aient fait partie de leurs échanges. On pense cependant que ces chiens ont traversé pour la première fois le détroit de Béring en 1908, pour participer à une course ; et cette course était la All Alaska Sweepstakes. William Goosak, un négociant en fourrure de Nome, ayant entendu dire que les chiens de la région de l'estuaire du fleuve Anadyr, sur l'autre rive de la mer de Béring, étaient capables de courir à une vitesse de quinze kilomètres à l'heure, et ce pendant onze heures d'affilée[9], traversa le détroit de Béring et ramena un attelage de chiens pour le faire participer à la course de 1909. A Nome, ces chiens furent très vite l'objet de railleries. Comparés aux malamutes, ils étaient chétifs – presque deux fois plus petits – et ressemblaient davantage à des renards qu'à des loups * Ils étaient dociles, voire timides, et on les surnomma en riant « rats de Sibérie[10] ». Pourtant, une fois harnachés, ils produisaient une impression différente. Bien que petits, ils étaient presque tous de la même taille et avaient une démarche aisée et régulière. Par contre, les malamutes de Nome ayant des origines variées, il était difficile de constituer un attelage de chiens de la même taille et qui aient donc la même foulée. A leur vitesse maximale, ils n'étaient donc plus aussi efficaces. Convaincu que ses huskies pouvaient gagner la course, Goosak engagea un musher. Pourtant Goosak était le seul à faire confiance à ses chiens. En 1909, les pronostics étaient tellement en sa défaveur que s'il avait gagné la course, il aurait fait sauter la banque de Nome[11]. Son attelage ne se montra

* La taille relativement petite du husky de Sibérie en fait un excellent chien de trait capable de soutenir des vitesses rapides. Les terre-neuve et les malamutes sont trop gros pour tirer des traîneaux à vive allure sur de longues distances. Les gros chiens ont proportionnellement moins de masse musculaire et osseuse que les petits chiens et se fatiguent plus vite sur de longues distances.

pas à la hauteur de ceux des douze autres participants, un échec dû en grande partie à son musher. Il ne s'était pas montré très habile et avait mal choisi les moments pour marcher au pas, se reposer ou nourrir les chiens. Quand l'attelage franchit la ligne d'arrivée, quelques spectateurs remarquèrent cependant que les « rats de Sibérie » paraissaient aussi frais qu'au début de la course. Certains d'entre eux trottèrent même vers des personnes qu'ils reconnaissaient dans la foule, la queue bien haute et l'air très excité.

Parmi ces spectateurs favorablement impressionnés, il y avait un riche aristocrate écossais : Fox Maule Ramsay. Au mois de juin, dès que la navigation devint possible, il traversa le détroit de Béring et revint avec une soixantaine de huskies de Sibérie « hurlant par tous les hublots[12] ». Les chiens venaient de Markovo, un centre de traite situé dans la moyenne vallée du fleuve Anadyr, au nord-est de la Sibérie.

En avril 1910, Ramsay engagea trois attelages dans la troisième édition de la All Alaska Sweepstakes. Un musher finlandais bien connu, appelé « Iron Man * » Johnson, conduisait l'un d'eux, et bien peu de gens lui accordaient la moindre chance contre Scotty Allan, le musher le plus célèbre de Nome. Johnson leur prouva qu'ils avaient tort. Il passa la ligne d'arrivée bien avant les sept autres concurrents, établissant un record qui n'est toujours pas battu : soixante-quatorze heures, quatorze minutes et trente-sept secondes. A plus de cent cinquante kilomètres de l'arrivée, Johnson avait été atteint de cécité des neiges et avait dû s'en remettre à Kolyma, son chien de tête aux yeux bleus, pour lui faire traverser la vallée de la Mort. A un certain moment de la course, il s'était senti tellement épuisé qu'il s'était attaché à son traîneau. Lorsque la reine de la course vint lui passer le ruban de la victoire autour du cou, le musher à la forte carrure descendit tant bien que mal de son traîneau et fondit en larmes. Attribuant tout le mérite de la victoire à ses chiens,

* *Iron Man* signifie l'Homme de Fer. *(N.d.T.)*

il mit le ruban autour du cou de Kolyma et cria : « Ce n'est pas moi qui ai gagné cette course. C'est ce chien de tête[13] ! »

Malgré cette performance, de nombreuses personnes restèrent sceptiques quant aux qualités de ces chiens. Les malamutes de Scotty Allan remportèrent la victoire en 1911 et 1912, battant de nombreux attelages de huskies, mais Seppala continuait à faire confiance à ces chiens dont la petite taille et la musculature compacte lui rappelaient ses propres caractéristiques physiques.

« Leur endurance et leur volonté à donner tout ce qu'ils ont en matière de puissance et de vitesse quand on les sollicite semblent presque sans limite. Aucun autre type de chiens que je connaisse ne peut, comme eux, soutenir l'allure qu'ils atteignent une fois lancés[14] », disait Seppala.

Ces chiens avaient simplement besoin d'un bon musher.

L'année suivante, Seppala eut la chance de se voir confier son premier attelage de huskies ; son employeur et ami Jafet Lindeberg était à l'origine de cette bonne fortune. En 1913, celui-ci avait acheté des huskies de Sibérie pour les offrir à l'explorateur Roald Amundsen qui projetait une expédition au pôle Nord. Lindeberg demanda à Seppala de les entraîner et ce dernier fut très heureux d'accepter. « Je suis littéralement tombé amoureux d'eux dès le début. Et j'ai eu beaucoup de mal à attendre que la neige soit propice à leur entraînement[15]. » Quelques semaines seulement après l'arrivée des chiots, Amundsen annula son expédition, et Lindeberg donna les chiens à Seppala.

En 1913, Seppala avait déjà acquis la réputation d'être un bon musher. Tandis qu'il commençait à entraîner ses jeunes chiens, il attira l'attention de Scotty Allan qui l'encouragea à participer à la course de 1914. Seppala avait suivi toutes les courses depuis qu'elles existaient, et chaque soir, après son travail, il se rendait au Board of Trade Saloon pour encourager ses favoris. Il avait toujours admiré Allan de loin et avait observé comment il s'y prenait avec ses chiens.

Seppala hésita pendant plusieurs semaines à participer à la course. Ses chiens étaient jeunes et n'avaient que peu d'expérience des conditions difficiles. Le seul vétéran de l'attelage était le chien de tête, Suggen, un animal robuste, croisement de husky de Sibérie et de malamute. Seppala était également préoccupé par la question de sa propre endurance : il n'était pas sûr d'être prêt à mener son attelage pendant quatre jours en dormant très peu et en supportant la tension de la compétition. Le vent, le froid et la longueur de la course étaient de telles épreuves qu'un musher sur trois abandonnait ou passait la ligne d'arrivée mal en point ou « fou à lier[16] ».

« C'était vraiment une région que le diable en personne tenait sous son emprise[17] », déclara une fois Seppala.

Les messages relatant la course, qui parvenaient au Board of Trade, avaient de quoi donner le frisson à tout candidat[18]. « A cinq kilomètres de Solomon. Une corde attachée autour de la taille, il tire son attelage face au blizzard », disait l'un d'entre eux en parlant de Coke Hill, un concurrent qui avait donné du fil à retordre à Allan, en 1911. Très peu de mushers avaient le temps de manger. « Iron Man »Johnson affirma n'avoir avalé que deux œufs durs durant les quatre jours de la course de 1910. Pour aider leurs chiens pendant ce parcours de six cent cinquante kilomètres, les mushers couraient souvent derrière le traîneau. Grimper des côtes, traverser des terrains glacés et accidentés en mangeant très peu épuisait la plupart d'entre eux et beaucoup étaient sujets à des hallucinations *.

L'un des concurrents de la All Alaska Sweepstakes raconta avoir vu un attelage fantôme de chevaux noirs courir devant ses chiens. Il leur avait crié de dégager la piste et avait continué à le faire jusqu'au moment où il avait franchi la ligne d'arrivée. Durant la course de 1910, après être tombé d'un

* Bien que la piste et les conditions climatiques varient tellement qu'aucune course ne ressemble à une autre, il est intéressant de noter qu'en 1983, quand Rick Swenson, cinq fois vainqueur de l'Iditarod, refit cette course pour fêter les soixante-quinze ans de sa création, il arriva en tête, mais dix heures trop tard pour battre le record établi en 1910 par Johnson. Swenson ne détenait que le sixième meilleur temps de toute l'histoire de la All Alaska Sweepstakes – *Dogs of the North* (Anchorage, Alaska Geographic Society, 1987).

escarpement haut d'une soixantaine de mètres, Allan s'imagina voir une lanterne sautiller devant ses chiens, et cette vision l'avait accompagné jusqu'à ce qu'il soit à environ six kilomètres de Nome. Ensuite il s'était évanoui. « On m'a dit qu'à mon arrivée, cinq de mes chiens étaient attelés, deux étaient sur le traîneau * et trois attachés derrière, a raconté Allan. Je ne me souviens pas d'avoir attaché ces trois chiens à l'arrière du traîneau[19]. »

A quelques semaines seulement de la course, Seppala décida d'y participer. C'était une décision irréfléchie et qui faillit lui être fatale. Ni Suggen ni lui ne connaissait la piste.

Au départ de la course de 1914, Seppala se trouva opposé à des concurrents expérimentés dont Scotty Allan, « Iron Man » Johnson, et un autre musher bien connu, Fred Ayer. Seppala se sentait très nerveux[20]. Le temps était calme et pendant les soixante premiers kilomètres, la course se déroula sans incident. Puis soudain le blizzard se mit à souffler. Pour Seppala, le moment ne pouvait pas être plus mal choisi. Il se trouvait au sommet de Topkok Mountain, et les chiens, poussés par un fort vent arrière, semblaient avoir perdu la piste.

« J'ai eu le sentiment que si nous n'arrivions pas très vite au relais de Topkok, nous courions le risque de tomber d'une des falaises qui surplombaient le rivage[21] », se rappelait Seppala. Soudain, durant une courte accalmie de la tempête, les nuages se déchirèrent et Seppala constata que ses pires craintes étaient sur le point de devenir réalité.

---

* Mettre un chien blessé sur le traîneau était une pratique courante chez ceux qui faisaient du transport de marchandises, et elle devint une règle dans la course. Le règlement interdisait tout traitement cruel. Si un musher enfreignait la règle, il était disqualifié. Pour tout bon musher, il paraissait évident que les chiens bien soignés travaillaient mieux que ceux qui étaient maltraités ou craintifs. Pourtant certains mushers maltraitaient leurs chiens par ignorance ou pure cruauté, et les courses aidèrent à améliorer la condition générale, les soins, la reproduction et la formation des chiens de traîneau.

La mer de Béring s'étendait deux cents mètres plus bas, et le bord de la falaise n'était qu'à quelques dizaines de mètres. Seppala sauta sur le frein du traîneau, mais les griffes de métal dérapèrent sur la neige dure. Il attrapa une barre de fer qu'il gardait pour les cas d'urgence, l'introduisit dans un trou de la planchette de frein et appuya dessus de tout son poids. Le traîneau s'arrêta. Les chiens se trouvaient à présent en bas d'une pente glacée, à quelques mètres seulement du bord de la falaise, et ils tiraient pour continuer à avancer. Appuyant toujours sur sa barre de fer et malgré le bruit du vent, Seppala ordonna calmement à Suggen de faire demi-tour. Suggen grogna à l'adresse des jeunes chiens qui se montrèrent peu disposés à tourner et à affronter le vent de face. Seppala envisagea un moment de les abandonner et de remonter seul la pente, mais il déclara plus tard à un journaliste : « Plus j'y pensais et moins je pouvais me résoudre à abandonner mes chiens à un sort aussi tragique[22]. »

Seppala encouragea son chien de tête à obliger l'attelage à faire demi-tour, et Suggen se montra à la hauteur de la tâche. Il grogna de nouveau et amorça le demi-tour. Timidement d'abord, puis de plus en plus confiants, les jeunes chiens le suivirent un par un. Suggen tirait de toutes ses forces, le ventre frôlant le sol, tandis que tout l'attelage peinait pour grimper la pente. La neige croûtée craquait et se fendait sous les pattes des chiens.

« Je ne sais pas ce que [Suggen] leur a dit, mais ça a marché. Je n'ai jamais pu décider si oui ou non les chiens pensaient, mais de temps à autre, des incidents comme celui-ci me laissent songeur[23] », déclara Seppala.

Seppala se retira de la course. Il avait honte de lui mais il avait appris une ou deux choses sur les chiens de traîneau et sur la compétition. La piste et le climat étaient trop durs pour des chiens jeunes et inexpérimentés, et il était déloyal de les avoir mis dans cette situation.

Ils avaient souffert : certains avaient les pelotes lacérées et des griffes cassées, et d'autres les flancs gelés. Tous étaient épuisés. Seppala jura que plus jamais il ne les tromperait, et il savait qu'en réponse à sa loyauté ils lui accorderaient « leur confiance de chien[24] », une confiance qui pourrait lui sauver la vie.

Durant la fin du printemps et l'été, Seppala soigna ses chiens, et à l'automne il recommença à les entraîner pour la course de 1915. Peu à peu ils recouvrèrent la santé et retrouvèrent leur confiance. Quelques semaines avant la course, Seppala les emmena sur la piste et cacha de la viande hachée dans des bidons de kérosène qu'il avait installés à des endroits stratégiques, tout le long du parcours. Il soumit ses chiens à un régime riche en protéines, à base de viande de bœuf et de mouton ; son frère, Asle, lui construisit un traîneau de course avec des patins extrêmement longs de façon qu'il puisse mieux le contrôler dans les virages, et Seppala confectionna à ses chiens de nouveaux harnais de course. La veille du départ, tous ses préparatifs terminés, il était tellement excité qu'il se sentait « comme un fusil chargé près à tirer d'une seconde à l'autre[25] ».

Cette nuit-là, il eut du mal à dormir. Malgré tous ses efforts, il était inquiet. Il lui fallait encore compter sur la chance, être au bon endroit au moment voulu, quand le temps changerait. Et puis il y avait son principal adversaire, Allan, qui avait déjà remporté trois fois la course.

Le 14 avril au matin, tous les concurrents étaient sur la ligne de départ prêts à disputer la huitième All Alaska Sweepstakes. Lorsque le drapeau s'abaissa, tous les attelages bondirent en avant tandis que celui de Seppala prenait un départ plutôt paresseux. Cette lenteur fut immédiatement rapportée à tous les parieurs réunis au Board of Trade. Pourtant Seppala n'était pas inquiet. Il connaissait bien ses chiens ; ils prenaient leur temps pour s'échauffer mais finissaient toujours très fort, et lui-même ne voulait pas se fatiguer trop vite. Après environ cent kilomètres de course, il retrouva plusieurs mushers qui s'étaient arrêtés au relais de Timber pour se reposer. (Ces arrêts n'étaient pas obligatoires ; c'était aux mushers de déci-

Embarquement des passagers sur le dernier bateau à quitter Nome avant que la glace ne se referme et ne retienne la ville prisonnière pendant sept mois.
(Avec l'aimable autorisation de Terrence Cole)

La foule sur Front Street, aux beaux jours de la ruée vers l'or, durant l'été 1900.
(Avec l'aimable autorisation de Terrence Cole)

Front Street presque désertée après l'annonce de l'épidémie.
(Collection des auteurs)

L'aviateur Carl Ben Eielson en février 1924, après le premier vol postal en Alaska, un exploit qui pour beaucoup annonçait la disparition des traîneaux à chiens. (Museum of History and Art, Anchorage / B72.88.44)

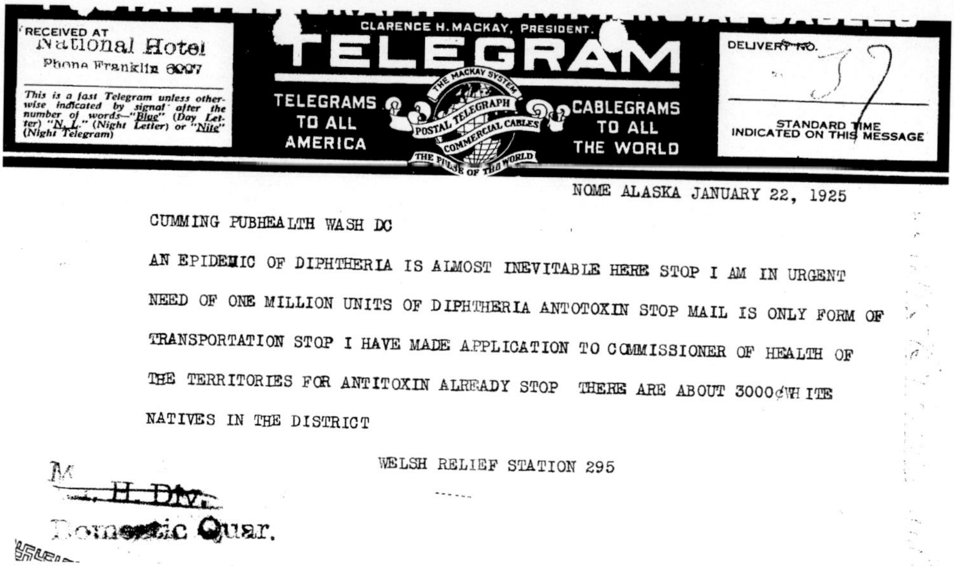

RECEIVED AT
National Hotel
Phone Franklin 6007

This is a fast Telegram unless otherwise indicated by signal after the number of words—"Blue" (Day Letter) "N.L." (Night Letter) or "Nite" (Night Telegram)

CLARENCE H. MACKAY, PRESIDENT.

TELEGRAM

TELEGRAMS TO ALL AMERICA

THE MACKAY SYSTEM POSTAL TELEGRAPH COMMERCIAL CABLES THE PULSE OF THE WORLD

CABLEGRAMS TO ALL THE WORLD

DELIVERY NO.

STANDARD TIME INDICATED ON THIS MESSAGE

NOME ALASKA JANUARY 22, 1925

CUMMING PUBHEALTH WASH DC

AN EPIDEMIC OF DIPHTHERIA IS ALMOST INEVITABLE HERE STOP I AM IN URGENT NEED OF ONE MILLION UNITS OF DIPHTHERIA ANTOTOXIN STOP MAIL IS ONLY FORM OF TRANSPORTATION STOP I HAVE MADE APPLICATION TO COMMISSIONER OF HEALTH OF THE TERRITORIES FOR ANTITOXIN ALREADY STOP THERE ARE ABOUT 3000 WHITE NATIVES IN THE DISTRICT

WELSH RELIEF STATION 295

H. DIV.

Domestic Quar.

NOME, ALASKA, 22 JANVIER 1925
DR WELCH AU SERVICE DE SANTÉ PUBLIQUE DE WASHINGTON
UNE ÉPIDÉMIE DE DIPHTÉRIE EST PRESQUE INÉVITABLE - STOP - J'AI UN BESOIN URGENT D'UN MILLION D'UNITÉS DE SÉRUM ANTIDIPHTÉRIQUE - STOP - LA POSTE EST LE SEUL MODE DE TRANSPORT POSSIBLE - STOP - J'AI DÉJÀ DEMANDÉ DU SÉRUM AU DIRECTEUR DU SERVICE DE SANTÉ DES TERRITOIRES - STOP...

Le télégramme qui apprit au monde que Nome, prisonnière de la glace, était touchée par une épidémie de diphtérie.
(Rapport du U.S. Public Health, Archives nationales, RG 90)

Deux vétérans de la piste : Leonhard Seppala et Togo, son fidèle chien de tête.
(Carrie M. McLain Memorial Museum, Nome, Alaska)

Chasseur esquimau harponnant un phoque. Les autochtones d'Alaska parvenaient à survivre grâce à d'ingénieuses adaptations.
(Glenbow Archives / collection Lomen / NC-1-48)

Illustration du voyage d'un explorateur du dix-neuvième siècle en pays athapascan, le long du Yukon, la grande route traversant l'intérieur de l'Alaska.

L'appel de la nature sauvage. Un attelage de chiens hurlant, prêts à prendre le départ. (Museum of History and Art, Anchorage / B72.88.44)

Weather Forecast.

CLEVELAND PLAIN DEALER

ALL OHIO EDITION

108 PAGES — CLEVELAND, SUNDAY MORNING, FEBRUARY 1, 1925 — PRICE TEN CENTS

NOME TAKES HOPE AS DOGS DRAW NEAR

SHERIFF AT HERRIN AND POLICE CHIEF ASK MARTIAL LAW

Declare Trouble Threatens and that 500 Permits to Carry Arms Have Been Issued.

KLUXER WARNS AGAINST FIRING OF PATROLMAN

Coroner's Jury Finds Young and Thomas Killed Each Other.

BOSTON'S MISTAKES SO GRAVE THAT ALL MAY NOT BE RIGHTED

Capital of New England Failed to See How Fast She was Growing, Ignored Broad Government; Present Controls Clash Hopelessly.

Plain Dealer Will Welcome Your Ideas on Traffic Problem

CAREER OF NURMI, ACE OF RUNNERS, ONE OF ROMANCE

Starts Athletic Adventures in Finland by Beating "Old Uns" in Near to Mile Race.

IS THIN LIMBED KID OF 10 WITH HEAVY SHOES

So Paavo Embarks on Athletic Life Without Parallel in History.

MUSHER AND TEAM OF 20 SET RECORDS

Take Short Cut as Alaskan City Prays for Arrival of Anti-Toxin in Time to Check Epidemic.

FLYER ALSO PREPARES FOR ERRAND OF MERCY

Wife Begs to Risk Life With

Seattle Post-Intelligencer

VOL. LXXXVII., NO. 82. — SEATTLE, SUNDAY, FEBRUARY 1, 1925 — EIGHTY-SIX PAGES — DAILY 5c — SUNDAY 10c

DOGS WINNING RACE WITH DEATH TO NOME

FORD IS WILLING TO HELP U. S. DEVELOP SHOALS; CASHIER IDENTIFIES TWO BOTHELL BANK BANDITS

VICTIM PICKS OUT SUSPECTS AS ROBBERS

Charlie And Jack Lead Cupid Merry Chase In Calif.

3 NATIONS JOIN FIGHT AGAINST BAN ON OPIUM

SEPPALA TAKES ICE ROUTE TO STRICKEN CITY

Nitrate Plant Is Need of Nation, Mr. Hearst Is Told

TURCO-GREEK WAR IN CLERIC CASE LOOMS

Huskies Speed Through Arctic Winds Over Norton Sound On Errand of Mercy

Situation Critical in Far North Town as All Eyes Watch For Precious Serum

À travers tout le pays, les gros titres des journaux racontent le drame qui se joue tandis que les mushers et leurs chiens traversent l'immensité glacée de l'Alaska.
(Avec l'aimable autorisation du *Cleveland Plain Dealer* et du *Seattle Post-Intelligencer*)

Un attelage de chiens traversant le si redouté Norton Sound.
(Photo de Jeff Shultz ; reproduction autorisée)

Leonhard Seppala campe pour la nuit au bord d'un lac gelé.
(Avec l'aimable autorisation de Bill Hanks et Sigrid Seppala-Hanks)

Gunnar Kaasen, avec Balto en tête de l'attelage, descendant Front Street, le 2 février 1925. Il s'agit d'une reconstitution de leur arrivée, mise en scène pour les photographes de presse. (Collection des auteurs)

Les chiens ont fait leur temps. Une photo de l'avion de Carl Ben Eielson, datant de 1924, avec cette légende : « Service postal en Alaska : hier et aujourd'hui. » (Museum of History and Art, Anchorage / B72.88.45)

Gunnar Kaasen et Balto, à la cérémonie d'inauguration de la statue de Balto à Central Park, à New York, le 16 décembre 1925. Sur le socle de la statue, on peut lire : « Dédié au caractère indomptable des chiens de traîneau... ENDURANCE FIDÉLITÉ INTELLIGENCE. »
(Avec l'aimable autorisation de Brown Brothers)

der quand et où ils voulaient faire halte.) Il prit juste le temps d'engloutir un bol de soupe et un sandwich.

Quelques heures plus tard, il rejoignit Allan qui avait fait un bref arrêt dans un relais, à environ cent soixante kilomètres du départ. Seppala dépassa l'Ecossais et s'arrêta quinze kilomètres plus loin, à l'un des endroits où il avait caché de la viande hachée pour ses chiens. Peu après, Allan le rattrapa et leur jeu du chat et de la souris commença vraiment.

Le second jour de la course, l'attelage de Seppala adopta un train régulier et rapide, mais le musher savait que ses chiens avaient encore beaucoup d'énergie à brûler. A un moment, ils reniflèrent l'odeur d'un renne et, redoublant de vitesse, s'élancèrent dans un long galop soutenu, l'un des plus rapides dont Seppala devait être le témoin durant toute sa carrière.

Au deux centième kilomètre, dans un autre relais, Seppala se joignit à son adversaire pour manger un bol de soupe. Au moment où il allait partir, un spectateur vint vers lui et lui conseilla de prendre un peu de repos, mais Seppala répondit qu'il était là pour battre l'Ecossais et qu'il devait repartir sur-le-champ. Au moment où il sortit, Allan le regarda par-dessus son bol de soupe et lui sourit énigmatiquement. « J'avais à faire à forte partie, et nous le savions tous les deux[26]. »

Pendant les cinquante kilomètres suivants, Seppala resta en tête sans même apercevoir son adversaire puis, tandis qu'il atteignait le sommet de la Continental Divide, « il vit derrière lui un attelage avancer en serpentant sur la piste tortueuse, tel un grand reptile[27] ». La course était loin d'être terminée. Cinquante kilomètres plus loin, Seppala atteignit Candle, l'endroit où il devait faire demi-tour et où il espérait prendre un peu de repos. Alors que les juges procédaient à leur inspection, l'un de ses chiens se détacha et Seppala savait que s'il ne le rattrapait pas il serait disqualifié. Il courut après et finit par le ramener vers la foule hurlante. L'animal, paniqué et désorienté, mordit la main de Seppala qui parvint malgré tout à l'attraper.

La nouvelle de cette blessure se répandit très vite dans tout Nome : Seppala allait devoir mener son attelage d'une seule main pendant les trois cents derniers kilomètres, et sa cote dégringola. Il avait perdu un temps précieux et, à cinquante kilomètres de Candle, Allan le dépassa à grande vitesse.

La démonstration de force de l'Ecossais pouvait n'être que du bluff. Allan avait l'habitude de déstabiliser ses adversaires en leur faisant croire que ses chiens étaient au mieux de leur forme, mais Seppala ne fut pas dupe. Tandis qu'Allan grimpait la Continental Divide, Seppala remarqua que l'un de ses chiens paraissait fatigué et qu'un autre courait derrière le traîneau. Faisant croire que son attelage était épuisé, Seppala laissa Allan prendre de l'avance. Puis, quand Allan fut trop loin pour le voir, il accéléra l'allure.

Pendant la plus grande partie du troisième jour, Seppala suivit les traces d'Allan, restant à une bonne demi-heure derrière lui. Dans une course de fond comme celle-ci, les concurrents essayaient de perturber le programme de repos de leurs adversaires dans l'espoir de les épuiser. Seppala était bien décidé à pousser Allan à commettre une faute, mais il était également déterminé à mener sa course comme il l'entendait. A un certain moment, il s'arrêta dans un relais et laissa ses jeunes chiens se reposer. Calmes et détendus, ils se dorèrent au soleil. Pour eux, la journée était terminée. Seppala eut beaucoup de mal à les faire se lever. Seul le chien de tête ne demandait qu'à repartir. Au relais, un spectateur interpréta mal ce bref moment de détente et avertit les parieurs de Nome que « tous les chiens de Seppala étaient morts de fatigue et qu'il avait du mal à les faire reprendre la course[28] ».

Puis il misa cent dollars sur Allan.

Seppala reprit la piste, sur les traces d'Allan. Les deux mushers traversèrent sans difficulté la vallée de la Mort puis, vers la fin de la troisième journée, Seppala s'arrêta à Boston, à environ cent soixante-dix kilomètres de l'arrivée. Allan, qui depuis le franchissement de la Continental Divide avait réussi à conserver son avance, l'avait précédé d'une demi-heure. Tandis que leurs chiens se reposaient à l'extérieur, les deux adversaires s'assirent chacun à un bout de la même table. Seppala dit à Allan que ses chiens étaient fatigués mais qu'il allait poursuivre sa route jusqu'à Council, à une quarantaine de kilomètres. Là, il comptait s'arrêter un long moment. Allan répliqua que ses chiens étaient en excellente forme. Il n'avait besoin que de quelques heures de repos à Boston avant de foncer sur Nome. Il pensait franchir la ligne d'arrivée le lendemain, avant midi.

Seppala doutait qu'Allan puisse faire ce qu'il prétendait. Il avait parcouru cinquante kilomètres de plus que lui ce jour-là et il allait lui falloir se reposer un long moment. Il restait encore cent soixante-dix kilomètres à couvrir avant l'arrivée. Allan regarda Seppala remonter sur son traîneau. Une fois encore, les jeunes chiens du Norvégien qui goûtaient le plaisir de se reposer au soleil rechignèrent à repartir. « Ils tirèrent le traîneau à contrecœur et quittèrent lentement Boston, se rappelait Seppala. Ils semblaient manifestement fatigués et ne paraissaient pas capables de faire beaucoup de kilomètres supplémentaires ; mais je comptais sur leur caractère que je connaissais si bien[29]. »

Effectivement, peu après un lapin bondit sur la piste et les chiens partirent à toute vitesse, et bientôt ils tirèrent le traîneau comme s'ils venaient tout juste de commencer la course. Ils conservèrent cette allure jusqu'à Council, le relais où Seppala avait prévu de s'arrêter. Là, Seppala apprit qu'Allan avait quitté Boston après s'être reposé quatre heures seulement alors qu'il avait l'habitude d'y rester six heures. L'issue de la course semblait l'inquiéter.

Seppala se coucha, prévoyant de prendre six longues heures de repos. Les chiens en avaient besoin eux aussi pour courir les derniers cent trente kilomètres qui les séparaient de Nome. A dix heures trente, après seulement trois heures d'un sommeil léger, Seppala fut réveillé par le bruit des chiens d'Allan qui venait d'arriver au relais. L'Ecossais ne s'arrêta que quelques minutes avant de repartir. Seppala paniqua, rassembla ses affaires et commença à harnacher ses chiens. Trois étaient déjà accrochés à la ligne centrale quand Allan revint, trente minutes plus tard. Le musher affirma que dans la nuit, son chien de tête avait perdu son chemin. Seppala se demanda s'il s'agissait d'une ruse d'Allan pour perturber son repos et lui faire reprendre la piste. Mais il se souvint de la promesse qu'il s'était faite de mener la course comme il l'entendait, et il retourna se coucher avec ses chiens.

Deux heures plus tard, il se réveilla et attela tranquillement ses chiens. Des observateurs qui travaillaient pour le compte d'Allan prévinrent l'Ecossais. Seppala avait quitté Council depuis vingt minutes quand Allan se lança à sa poursuite. Lorsque Seppala atteignit le relais de Timber, une trentaine de kilomètres plus loin, Allan n'avait plus que quatre minutes de retard. Seppala accéléra l'allure. Il rejoignit la côte et grimpa Topkok Mountain. Arrivé au sommet, il regarda derrière lui mais ne vit personne. Un épais brouillard enveloppait la montagne. Il ne restait plus que quatre-vingts kilomètres à courir et ordinairement c'était à ce moment-là qu'Allan faisait une pointe de vitesse et gagnait la course. Seppala commença à descendre le flanc de la montagne noyé dans le brouillard, balayé par le vent, et lutta pour garder son traîneau en équilibre sur ce terrain accidenté. Quand il parvint au pied de Topkok Mountain, le brouillard se leva et l'attelage se retrouva courant au soleil. Seppala regarda par-dessus son épaule s'attendant à voir « Scotty au pied de Topkok Mountain, sortir du brouillard et arriver à toute vitesse. Mais il n'y avait personne[30] ».

Seppala parcourut encore une trentaine de kilomètres avant d'atteindre le poste de contrôle de Port Safety où il s'arrêta le temps de demander aux spectateurs s'ils savaient où se trouvait Allan. Ils lui apprirent qu'il venait seulement de se présenter au poste de contrôle de Solomon, une vingtaine de kilomètres en arrière. L'écart qui les séparait à présent était de quarante-cinq minutes. Un peu après quinze heures, Seppala parvint à Fort Davis et le canon tonna à son passage. Quelques minutes plus tard, il franchissait la ligne d'arrivée. Il était fatigué et grelottait de froid. Allan n'arriva que deux heures plus tard.

La réputation de Seppala était désormais bien établie.

Pendant les deux années qui suivirent, Seppala domina la All Alaska Sweepstakes et les autres courses locales. Les gens étaient surtout étonnés par son aptitude à tirer le meilleur de ses chiens. Cette faculté était presque inquiétante, expliquait l'un de ses adversaires. « C'est un surhomme ! Il m'a dépassé au moins une fois chaque jour de la course, et pourtant je ne traînais pas. Je ne le voyais pas mener son attelage. Il se contentait de claquer la langue de temps à autre, et ses chiens tiraient alors sur leurs traits comme je n'ai jamais vu d'autres chiens le faire.

« Avec ce claquement de langue, il émanait de lui quelque chose qu'il communiquait à ses chiens. On entend parler d'hommes qui possèdent un pouvoir surnaturel sur leurs semblables – je crois qu'on appelle cela de l'hypnotisme. Je pense que cela doit marcher également sur les chiens. Et si quelqu'un possède ce pouvoir, c'est sûrement Seppala[31]. »

En plus de se préparer pour les courses, Seppala continuait à transporter à travers tout l'Alaska des fonctionnaires américains, des employés de chez Hammon, et occasionnellement des victimes d'accidents. En une occasion, il aida même la police à pourchasser un criminel.

Seppala devint une célébrité dans les relais, ces cabanes en rondins qui avaient été construites le long de la piste et offraient un hébergement aux voyageurs. Les clients admiratifs l'aidaient à harnacher ses chiens et se mettaient en ligne au bord de la piste pour assister à son départ.

« Je suis très fier de mes trophées, a dit une fois Seppala, mais ce qui compte davantage pour moi, c'est la satisfaction de savoir que mes chiens et moi avons honnêtement fait de notre mieux pour nous mettre au service des autres hommes, quelles que soient leur race, leurs croyances, la couleur de leur peau, à l'époque de l'Alaska des pionniers. Les choses étaient souvent difficiles – mes chiens avaient parfois plus de courage que moi – et plusieurs fois j'ai failli abandonner, mais j'ai eu honte à cause du grand cœur combatif des huskies[32]. »

Les dernières courses avaient eu lieu près d'une dizaine d'années auparavant, Seppala avait plusieurs milliers de kilomètres de piste à son actif, et son chien de tête préféré s'appelait Togo. C'était un husky noir et gris, âgé de douze ans. Leur relation était basée sur l'amitié autant que sur le besoin qu'ils avaient l'un de l'autre. « Ils étaient inséparables, racontait un ami de Seppala. On ne pouvait pas parler de l'un sans y associer le nom de l'autre[33]. » Le soir, ils jouaient souvent ensemble et le jeu favori de Seppala consistait à essayer d'attraper les pattes de Togo tandis que le chien sautillait. Lorsque Seppala était fatigué, il lui arrivait souvent de s'asseoir près du feu, le chien couché à ses côtés.

Togo paraissait toujours savoir ce qu'il fallait faire. Une fois, avant le départ d'une course de douze kilomètres, Seppala avait attaché le chien au traîneau d'une jeune fille dont c'était la première expérience, et il avait murmuré à l'oreille de Togo : « Vas-y. Je t'attendrai ici[34]. »

Togo avait fait la course à toute vitesse et, à la fin, il s'était dirigé droit sur Seppala qui l'attendait, agenouillé près de la ligne d'arrivée. Tandis qu'ils roulaient tous les deux dans la neige, quelques spectateurs ne purent s'empêcher d'avoir les larmes aux yeux.

Alors que Seppala entraînait ses chiens dans les Sawtooth Mountains, il était heureux d'avoir Togo avec lui pour ce voyage jusqu'à Nulato, aller et retour. Togo l'avait accompagné dans tous ses déplacements importants, et ensemble ils avaient parcouru près de quatre-vingt-dix mille kilomètres de piste. Ils s'étaient plusieurs fois sauvé mutuellement la vie en traversant le Norton Sound gelé. Malgré l'âge avancé de Togo, Seppala avait le sentiment que tant qu'ils seraient ensemble, il voyagerait « en sécurité[35] ».

Cette fois, il n'y aurait pas de prix à gagner, pas de records à battre, mais des vies à sauver.

5.

Machines volantes

> « La diphtérie fait rage à Nome ; pas de sérum ; on pense avoir recours à l'avion plutôt qu'au traîneau à chiens qui demanderait un voyage de cinquante jours »
>
> *The New York Times*, 28 janvier 1925

Le 26 janvier, six jours après le début de l'épidémie, à plus de mille kilomètres de Nome, un lundi matin terriblement froid, un messager du bureau des Transmissions de Fairbanks frappa à la porte de la maison de William Fentress Thompson, située sur la Huitième Avenue, entre les rues Lacey et Noble. Thompson, le directeur et rédacteur en chef du *Fairbanks Daily News-Miner*, sortait à peine de son lit quand il reçut ce message :

> Un aviateur de Fairbanks peut-il tenir un avion prêt d'ici quarante-huit heures pour transporter du sérum à Nome où sévit une épidémie de diphtérie ? Réponse rapide souhaitée. Dan Sutherland, délégué de l'Alaska au Congrès[1].

Thompson s'habilla rapidement. C'était la première fois qu'il entendait parler de cette épidémie et son esprit se mit à tourner très vite afin de trouver un titre pour l'édition du soir de son journal. Thompson, âgé d'une soixantaine d'années, avait été journaliste pendant la plus grande partie de sa vie et il était habitué à prendre des risques. C'était un homme à la mine sévère, au visage anguleux, mais son regard révélait sa véritable personnalité. Derrière ses lunettes rondes, ses yeux en amande avaient la même lueur malicieuse que celle d'un enfant plongeant la main dans une boîte de gâteaux. La controverse ne lui faisait pas peur et il mettait un point d'honneur à camper sur ses positions, un trait de caractère qui lui avait valu pas mal de critiques et le surnom de « Wrong Font * », un jeu de mots associant les initiales de ses prénoms, et l'expression par laquelle les imprimeurs signalaient un caractère incorrect. Tout au long de sa carrière, Thompson avait vu des villes jaillir de terre, au Yukon et en Alaska, au moment de la ruée vers l'or, puis mourir peu à peu, quand l'or se faisait rare dans les rivières et les ruisseaux, et que les mineurs s'en allaient. Au cours des dix dernières années, il avait vu Fairbanks, sa ville, menacée de subir le même sort – et il refusait de l'accepter.

Bâtie sur les rives de la Chena, un affluent de la Tanana, Fairbanks avait été « la ville des cabanes en rondins la plus grande du monde » dans les années qui avaient suivi la ruée vers l'or, en 1902. Ville très animée et important carrefour situé au centre du Territoire, elle reliait les villages de l'Intérieur aux ports libres de glace du sud de l'Alaska. Lorsque les gisements avaient commencé à s'épuiser, les villages de l'Intérieur s'étaient vidés et le chiffre de population de Fairbanks avait diminué. La Première Guerre mondiale avait aggravé les problèmes et, en 1925, la ville luttait depuis plusieurs années pour éviter un désastre économique. Il en allait de même pour Thompson. Le nombre de ses lecteurs avait été divisé par deux, et désormais, il assumait seul les rôles de journaliste, rédacteur en chef et directeur du *News-Miner*. Il se faisait un devoir non seulement d'informer ses lecteurs mais également de revigorer les « esprits abattus[2] ». Pour

* « Fonte incorrecte ». Fonte : terme de typographie, ensemble de caractères d'un même type. *(N.d.T.)*

« Wrong Font » aucun sujet n'était trop sacré ni trop politique, et il ne craignait pas les articles à sensation. Il avait une fois exprimé sa déception devant le manque de malice des enfants de Fairbanks, le soir d'Halloween, et lorsque la fille de Ghirardelli, le chocolatier, était morte, il n'avait pas hésité à titrer : « Il a perdu sa crotte en chocolat[3]. »

Il pratiquait une sorte de journalisme dynamisant. Il recherchait et encourageait tous les projets qui pouvaient rapporter de l'argent à sa ville – que la communauté soit d'accord ou non. Il avait par exemple contribué à la construction d'une minoterie et d'une banque destinée à financer le développement de l'agriculture dans la vallée de la Tanana, mais s'était rebellé contre la décision du conseil municipal de démolir le quartier des prostituées. Durant les premiers temps de la prohibition, on prétendait qu'il avait reçu de l'argent des trafiquants d'alcool pour vanter le plaisir de boire dans les colonnes de son journal. Certes, Thompson aimait bien boire un verre, son enthousiasme était communicatif – et les bars et les boutiques où l'on vendait de l'alcool rapportaient de l'argent.

En 1925, son travail et son mode de vie avaient ébranlé ses forces. L'année précédente, sa santé étant chancelante, il avait consulté un médecin en dehors du Territoire. Thompson avait travaillé dur et parié gros sur un projet important qui, espérait-il, aiderait à les sauver, lui et sa ville : la Fairbanks Airplane Corporation. Relisant le télégramme de Dan Sutherland, délégué de l'Alaska, il réalisa qu'un sauvetage aérien réussi donnerait de l'essor à la compagnie aérienne naissante et stimulerait les affaires à Fairbanks. Cependant, Thompson n'était pas uniquement guidé par l'opportunisme. Il désirait sincèrement aider la population de Nome, et s'il parvenait à organiser une mission de secours, il rendrait également service à tout l'Alaska.

Le télégramme de Sutherland à la main, il arpenta son bureau un moment. Dehors, il faisait quarante-cinq degrés au-dessous de zéro et il y avait très peu de monde dans la rue. Il relut le télégramme tout en réfléchissant aux nouvelles qu'il venait d'apprendre et à ce qu'elles impliquaient. Il décida que ce serait sa dernière grande campagne.

Durant les trois dernières années, Thompson avait été obsédé par la création d'une compagnie aérienne arctique. Depuis la fin de la Première Guerre mondiale, le Territoire avait attiré d'anciens pilotes de l'armée, avides d'aventure. En 1923, Thompson et un groupe d'hommes d'affaires avaient créé la Farthest-North Airplane Company et engagé Carl Ben Eielson, un ancien pilote de l'armée, originaire du Dakota du Nord.

En 1922, Dan Sutherland, le délégué de l'Alaska, avait encouragé Eielson à quitter Washington et son emploi de garde au Congrès pour aller piloter à Fairbanks. Ils avaient discuté avec enthousiasme de l'avenir de l'aviation en Alaska, et Sutherland avait trouvé au pilote un emploi temporaire.

A Fairbanks, Eielson s'était lié d'amitié avec Thompson. Ils passaient de longues soirées dans le bureau en désordre du journaliste « à boire de la bière faite maison et à parler d'aviation[4] ». Ensemble, ils persuadèrent un banquier, Dick Wood, d'acheter un avion et ils réunirent bientôt suffisamment d'argent pour construire une piste rudimentaire, une bande de terre déboisée de trois cent cinquante mètres de long sur cent quatre-vingts mètres de large, au bout du terrain de base-ball de la ville. C'était suffisant, et l'été 1923, Eielson transporta des passagers à bord du seul avion de la compagnie, un Curtiss Jenny. Quelques mois plus tard, la Farthest-North Airplane fusionna avec son unique rivale l'Alaska Aerial Transportation Company, créée par un ancien mécanicien des chemins de fer à la retraite. La nouvelle compagnie fut baptisée Fairbanks Airplane Corporation.

La compagnie comptait désormais trois appareils et deux pilotes : Eielson et Noel Wien, un ancien orateur électoral. La Fairbanks Airplane Corporation méritait à peine le nom de compagnie aérienne, mais ses avions volaient et ils étaient les seuls à le faire en Alaska. En 1923 et 1924, les affaires marchèrent bien ; les avions transportèrent de l'or, des marchandises et des passagers d'une ville à l'autre. A quelques exceptions près, les choses se passèrent bien.

Les deux pilotes acquirent très vite la réputation d'être des hommes courageux et compétents. Wien fut le premier pilote d'Amérique du Nord à voler au nord du cercle arctique, et en février 1924, Eielson effectua le premier vol en Alaska l'hiver, un voyage de quatre cents kilomètres de Fairbanks à McGrath, à l'occasion de l'un des dix vols postaux expérimentaux organisés par l'U.S. Post Office. Pour deux de ces vols, l'avion fut transformé en ambulance de fortune et Eielson ramena deux patients à l'hôpital de Fairbanks. Thompson croyait sincèrement en l'avenir de la compagnie.

Un mois environ avant que l'épidémie ne se déclare à Nome, la Fairbanks Airplane avait vendu des actions pour un montant d'environ quinze mille dollars afin de réunir l'argent nécessaire à l'achat d'un quatrième avion, beaucoup plus gros, pouvant transporter huit passagers dans une cabine fermée. Encouragés par Thompson et son journal, des douzaines d'habitants de Fairbanks avaient pris des parts dans la compagnie. Sutherland faisait partie de ces investisseurs.

Fairbanks se trouve à mi-chemin entre Tokyo et New York, et à cette époque beaucoup pensaient qu'une nouvelle ligne aérienne vers l'Asie passant par l'Arctique pouvait faire de cette ville le « carrefour du monde[5] ». En 1925, ce n'était pas une idée extravagante ; cinq ans auparavant, l'U.S. Army Air Service avait organisé un vol conjoint de quatre avions, de New York à Nome, pour faire la démonstration qu'un vol de longue distance était possible et pour prouver que le ciel du Nord était sûr. Les bombardiers biplans De Havilland, connus sous le nom de Black Wolf Squadron * à cause de l'insigne peint sur leur fuselage, partirent de Mitchell Field, Long Island, le 15 juillet 1920, volèrent vers le Canada et la Colombie-Britannique, puis au-dessus de l'Alaska jusqu'à

* Escadron du Loup Noir. *(N.d.T.)*

Fairbanks en s'arrêtant quatorze fois. De là, ils suivirent la Tanana et le Yukon, et trois heures plus tard se posèrent sans incidents sur un ensablement proche de la petite ville de Ruby. Le temps était mauvais et les quatre pilotes restèrent cloués au sol pendant deux jours avant de pouvoir décoller pour Nulato, plus à l'ouest. Ils virèrent ensuite vers le nord, au-dessus des montagnes, et se dirigèrent droit sur Nome. Une couverture de nuages bas obligea les avions à descendre jusqu'à sept cent cinquante mètres, frôlant presque les sommets enneigés, et lorsqu'ils arrivèrent au-dessus de la côte de la mer de Béring, ils furent pris dans des bourrasques et volèrent à travers une neige dense jusqu'à Nome. Il y avait un peu plus de trois heures que le Black Wolf Squadron avait décollé de Ruby quand il se posa sur l'ancien terrain de manœuvres de Fort Davis.

Tous les habitants de Nome étaient là. Pendant plusieurs jours, ils avaient préparé une piste d'atterrissage en élargissant et essayant de rendre plus droite la vieille route incurvée qui menait au fort. Welch était venu avec ses infirmières pour le cas où il y aurait un accident, et Seppala arriva avec quelques-uns de ses chiens pour observer ses concurrents. Cette nouvelle technologie l'intriguait et il demanda s'il pouvait grimper dans le cockpit pour « voir comment on s'y sentait[6] ».

Ce voyage New York-Nome, aller et retour, un voyage de plus de quatorze mille kilomètres, avait démontré que le transport aérien sur de longues distances était possible dans le Grand Nord, et Thompson était convaincu que Nome pouvait être sauvée par un vol direct depuis Fairbanks. Il ne manquait qu'une chose : un pilote. Tout le problème était là. Eielson se trouvait à Washington, où il tentait de persuader le gouvernement fédéral de créer des lignes aériennes vers le nord et d'autoriser un service de poste aérienne permanent, et Wien était à la recherche d'un quatrième appareil pour la compagnie.

Thompson devait trouver une autre solution. Il se rappela que, quelques jours auparavant, il avait rencontré un représentant du département de la Justice, Roy Darling, qui était à Fairbanks pour raisons professionnelles. Cet enquêteur spécial, toujours d'humeur égale, semblait être un homme digne de confiance, et Thompson se souvint que c'était également un pilote expérimenté.

Avant d'appartenir au département de la Justice, Darling, qui était âgé de trente-huit ans, avait appris à voler et à manier du matériel de guerre à la Royal Aeronautical School et à la Royal School of Infantry, au Canada. En 1917, il avait rejoint l'U.S. Navy en tant que spécialiste de l'artillerie. Basé à Indian Head (Maryland), il avait travaillé sur les terrains d'essais où il testait des fusils, des bombes et d'autres armes pour la marine. Il avait de toute évidence l'étoffe d'un officier ; ses supérieurs le décrivaient comme un homme « plein d'entrain, énergique, actif et assidu[7] », et il avait été nommé lieutenant.

Mais sa carrière fut brusquement interrompue en mai 1919. Alors qu'il se rendait de Washington à Indian Head, l'hydravion à bord duquel il se trouvait eut une défaillance mécanique et fit une chute de cent cinquante mètres dans l'eau. Darling eut le fémur droit cassé, la mâchoire fracturée, la lèvre inférieure déchirée et la voûte plantaire des deux pieds brisée. Une série d'opérations le laissa avec une jambe plus courte que l'autre et une forte claudication. Il marchait en s'aidant d'une canne, l'une de ses chaussures avait une talonnette et il avait du mal à plier l'un de ses genoux. Ses pieds le faisaient souffrir et il était souvent courbatu ; pour aggraver le tout, il avait eu plusieurs dents cassées, d'autres étaient de guingois et il mâchait avec difficulté.

Avec sa claudication et son visage couvert de cicatrices, il avait une allure rébarbative, même au regard des critères de l'Alaska. Cependant, sur ce Territoire, on admirait avant tout le courage et l'héroïsme, et une certaine abnégation. Thompson n'avait pas été sans remarquer que cet homme, avec ses cicatrices et toutes ses infirmités, était sans doute celui qu'il recherchait. Il était résistant et audacieux. Du point de vue d'un journaliste invétéré comme Thompson, Darling était le filon principal, un héros sur mesure.

Thompson avait eu lui aussi une jambe abîmée dans un accident. Son café à peine bu, il prit sa canne et partit en clopinant à travers la ville glaciale pour aller rendre visite à « l'aviateur déglingué[8] ». Il tira Darling du lit, lui fit boire beaucoup de café et se mit à lui raconter la triste histoire des enfants de Nome. Il ne lui fallut pas longtemps pour le convaincre, et malgré l'accident qu'il avait eu six ans plus tôt Darling était impatient de voler à nouveau.

Il y mit cependant certaines conditions. Sa femme, Caroline, qui venait de s'installer dans une nouvelle maison, à Anchorage, devait tout ignorer, et il lui fallait obtenir l'autorisation du département de la Justice. Il devait également avoir la permission de l'U.S. Navy de sorte que s'il avait un accident, Caroline puisse bénéficier de ses allocations. (Darling était théoriquement en congé de maladie à cause de ses blessures et il ne devait officiellement quitter l'U.S. Navy, avec les honneurs et les allocations qui lui étaient dus, qu'en juin 1925.)

Darling était prêt à aller à Nome même s'il lui fallait « s'y rendre pendu à la queue d'un cerf-volant[9] ». Thompson lui demanda donc de traverser la ville pour aller examiner les trois avions qui se trouvaient dans l'entrepôt de Stewart et de revenir lui dire ce qu'il en pensait.

Tôt cet après-midi-là, Darling se rendit dans la Troisième Avenue en compagnie d'un mécanicien nommé Farnsworth et de Fred Struthers, le directeur de la Fairbanks Airplane. Quand les trois hommes ouvrirent les lourdes portes de l'entrepôt, il faisait très sombre à l'intérieur. Ils allumèrent la lampe torche qu'ils avaient empruntée au Smith's Hardware & Gun Store, en bas de la rue. Au milieu de l'entrepôt plein de courants d'air, ils découvrirent deux avions délabrés qui dataient de la Première Guerre mondiale et avaient servi à l'entraînement des pilotes. Il y en avait un troisième, un peu plus loin, mais qui n'était guère en meilleur état.

Ces avions étaient entreposés dans ce hangar de fortune depuis le mois d'octobre qui marquait la fin des vols, et leurs ailes avaient été démontées. La toile autrefois bien tendue sur les structures en bois avait été fragilisée par les atterrissages difficiles, le vent et la pluie. De la terre et de l'huile formaient une croûte sur les moteurs et les hélices, comme une seconde peau, et les câbles de commande des gouvernes de direction et de profondeur pendaient des deux côtés du fuselage. Les moteurs auraient eu besoin d'une sérieuse révision bien avant que les avions ne soient entreposés dans ce hangar, l'automne précédent.

Les trois hommes examinèrent chacun des avions et tombèrent d'accord pour penser qu'un seul d'entre eux pouvait convenir. C'était l'*Anchorage*, un biplan Standard J-1, datant de la Première Guerre mondiale, sur lequel s'étaient entraînés les pilotes de l'armée. Son nom était inscrit en lettres rouges et noires sur le fuselage, et sur la queue on devinait encore l'insigne délavé rouge, blanc et bleu de l'U.S. Army Air Service. Le moteur était plutôt en bon état ; un réservoir supplémentaire de cent dix litres avait été fixé sous l'aile supérieure, au centre. L'*Anchorage* était équipé d'un moteur Hispano-Suiza de cent cinquante chevaux, puissant et compact, créé par un coureur automobile français et que les pilotes de chasse avaient utilisé pendant la Grande Guerre. L'arbre de transmission et les arbres à cames en tête étaient bien protégés par des carters fabriqués tout spécialement, ce qui représentait un grand avantage en Alaska où les pilotes utilisaient souvent des bancs de sable ou des marécages pour les atterrissages de fortune.

Le réservoir supplémentaire avait été ajouté l'été précédent à l'occasion du premier vol historique entre Anchorage et Fairbanks. Wien était resté aux commandes pendant tout le trajet de cinq cent soixante kilomètres, mais il connaissait si mal la route qu'il avait décidé de suivre les rails du chemin de fer jusqu'à Fairbanks. Au cours du vol, une épaisse fumée noire, due à des incendies de forêt, lui avait caché la vue et il avait failli se perdre. Il avait frôlé la mort quand un viaduc avait soudain surgi de la fumée. Il avait réussi à s'en tirer, et la compagnie avait décidé que le vol était un grand succès.

Une fois leur inspection terminée, Struthers, Farnsworth et Darling refermèrent les portes de l'entrepôt et prirent la direction du bureau de Thompson pour lui faire un rapport complet. Le bureau était petit et encombré de boîtes de caractères en plomb, éparpillées parmi des pièces de matériel d'imprimerie. Il n'y avait pas de doubles fenêtres ni de doubles portes, et chaque fois que quelqu'un entrait dans la pièce surchauffée, il était suivi de près par un brouillard glacé.

Les trois hommes apprirent à Thompson que l'*Anchorage* pouvait être remis en état de vol en trois jours et qu'il serait alors prêt à « décoller pour Nome, qu'il pleuve ou qu'il vente[10] ». Le vol ne durerait pas plus de six heures. C'était tout ce que Thompson voulait entendre. Dès qu'il se retrouva seul, il se dirigea vers son bureau, se mit à taper son article et ne releva la tête que quand il fut terminé. Quelques heures plus tard, il tenait son histoire.

Ce soir-là, le *News-Miner* résuma la situation critique dans laquelle se trouvait Nome, parla de son appel à l'aide et du « mince espoir » que Roy Darling représentait.

> Le temps n'est pas bon pour voler et aucun pilote ne prendrait le risque de le faire... Tout est contre ce projet, affirmait l'article. Pourtant l'urgence n'en est pas moins réelle, le monde de l'aviation a les yeux fixés sur Fairbanks, et Nome est notre voisine et notre amie. Alors qu'allons-nous faire ? La réponse est : Y ALLER[11].

Avant la fin de la journée, Thompson envoya un message à Sutherland au sujet de l'avion et lui demanda d'obtenir pour Darling la permission officielle de voler. Puis dans un télégramme à Nome, il conseilla à la ville de ne pas perdre espoir « [...] les pilotes sont tous absents [...] mais si Washington l'y autorisait, le détective Darling, en mission à Fairbanks [...] ne demanderait pas mieux que de voler au secours de Nome. J'ai télégraphié à Washington en conséquence. Nome peut compter sur Fairbanks pour lui porter secours, ou quelqu'un mourra en tentant de le faire[12] ».

A Washington, à plus de quatre mille huit cents kilomètres de là, Sutherland se mit au travail. Farouche partisan de l'autonomie de l'Alaska, il se battait pour empêcher la mainmise des hommes d'affaires de la côte ouest sur les industries lucratives de la pêche, du transport maritime, des minerais et du bois. Il avait récemment provoqué un certain étonnement à Washington en apparaissant dans le quartier des affaires en chemise et bretelles, sans veste ni manteau. Il avait déclaré à un journaliste : « Je me débarrasse de la poussière de Washington de façon à être en pleine forme pour m'attaquer aux gentlemen qui pillent les saumons et le bois de l'Alaska et pour obtenir de meilleurs résultats lors de la prochaine session du Congrès[13]. » L'opiniâtreté dont il faisait preuve lui avait valu en Alaska le surnom de « Fighting Dan » [Dan le combattant].

Sutherland prenait particulièrement à cœur les intérêts de Nome. L'été 1900, il avait été l'un des premiers à mettre le pied sur sa plage. Il avait voyagé à bord d'un baleinier qui s'était engagé dans la glace à peine dégelée pour devancer les milliers de prospecteurs qui le suivaient. Lorsque les autres étaient partis, Sutherland avait continué à chercher de l'or et était devenu copropriétaire de l'une des sociétés de transport de Nome. Il connaissait bien les hivers d'Alaska. En approchant de la quarantaine, il s'était lancé dans la politique, et en 1912, quand l'Alaska était devenu un Territoire américain, il avait fait à pied et en traîneau une tournée électorale de plusieurs milliers de kilomètres à travers tout l'Intérieur pour obtenir un siège à la première assemblée territoriale. Il avait été un représentant très apprécié et, en

1921, il avait été élu en tant que délégué du Territoire auprès du Congrès, à Washington.

Aussitôt après avoir reçu le message de Thompson, Sutherland, qui avait à présent cinquante-cinq ans, contacta Hugh Cumming, l'U.S. Surgeon General, à qui il apprit que Fairbanks préparait un sauvetage aérien sans précédent. Un vol jusqu'à Nome ne prendrait que quelques heures, expliqua-t-il, alors qu'il faudrait plusieurs semaines en traîneau à chiens. Entre-temps, de nombreux enfants seraient morts.

Cumming écouta attentivement et dit à Sutherland qu'il n'était pas opposé à cette idée. Sutherland télégraphia aussitôt à Maynard :

> Le département de la Santé va faire tout son possible pour venir en aide à Nome. Ils essaient de trouver un avion. Je vous tiendrai au courant[14].

Ce lundi matin, de bonne heure, Sutherland envoya un autre télégramme à Thompson pour lui annoncer une merveilleuse nouvelle. La veille, un médecin d'Anchorage, âgé de cinquante-trois ans, avait mis la main sur trois cent mille unités de sérum. Le docteur John Bradley Beeson, médecin-chef du Railroad Hospital d'Anchorage, avait entendu parler de l'épidémie qui s'était déclarée à Nome et il était aussitôt passé à l'action. Il s'était rendu au service des Transmissions situé près des voies de chemin de fer, et avait envoyé un télégramme au gouverneur de l'Alaska, Scott C. Bone :

> Nous avons à l'hôpital des chemins de fer, 300 000 unités de sérum... Le colis peut être expédié par train à Nenana... Le sérum pourrait-il être transporté jusqu'à Nome par des mushers du service postal ?

Presque au même moment, le service de Santé publique avait réuni un million cent mille unités de sérum en s'adressant à divers hôpitaux de la côte ouest, et le tout devait être envoyé à Seattle, puis acheminé en Alaska. Mais l'*Alameda*, le seul bateau à pouvoir faire route vers le nord, était en mer et n'arriverait à quai que le samedi 31 janvier. De plus, il lui faudrait entre six et sept jours pour atteindre le port de Seward, et le temps que le sérum parvienne à Nome, d'autres enfants seraient morts.

Le sérum de Beeson aurait deux semaines d'avance et même si trois cent mille unités étaient insuffisantes pour enrayer l'épidémie, elles pourraient la tenir en échec un peu plus longtemps.

Le gouverneur Bone demanda à Beeson de préparer immédiatement le sérum et de l'envoyer à Nenana par train. Durant les douze heures que durerait le voyage, il déciderait s'il devait autoriser un secours aérien ou faire confiance aux chiens.

Beeson était un médecin compétent et il était devenu une sorte de célébrité en Alaska[15]. Quatre ans plus tôt, il avait eu les honneurs de la presse locale après avoir fait une visite à domicile dans la petite ville d'Iditarod, à huit cents kilomètres d'Anchorage, où un banquier avait un besoin urgent de soins. Un relais d'attelages avait été organisé pour emmener Beeson jusqu'à Iditarod, dans l'intérieur du Territoire, et les chiens avaient couru si vite et sur des terrains tellement accidentés qu'il avait fallu attacher Beeson au traîneau.

A un moment, la glace avait cédé et le traîneau avait plongé dans l'eau. Beeson avait essayé de se libérer, mais ses mains étaient si froides qu'il avait été incapable de défaire les nœuds qui le retenaient prisonnier. Il avait senti le traîneau s'enfoncer. A travers la surface de l'eau, il avait regardé les chiens lui sauver la vie en tirant le traîneau sur la glace. Pendant ce voyage, il y avait eu d'autres mésaventures : l'un des mushers avait eu les orteils gelés et un autre avait été blessé ; et pour la première fois, Beeson avait dû mener un attelage.

Rétrospectivement, il était très étonné d'être arrivé au bout de son voyage et également très surpris d'avoir trouvé son patient encore en vie. Ce patient, Claude Baker, souffrait d'une tuberculose pulmonaire à un stade avancé. Beeson ne pouvait pas faire grand-chose sinon tenter de le ramener à Anchorage où on pourrait prendre soin de lui nuit et jour.

Incapable d'organiser des relais pour ce voyage de retour, Beeson partit avec un seul musher... et très peu d'espoir. Par une heureuse coïncidence, il rencontra en chemin Leonhard Seppala qui emmenait à Anchorage deux fonctionnaires de l'Alaska Road Commission. Seppala voyageait en compagnie de quatre autres traîneaux et quarante-trois chiens, et il accepta de partir devant en emmenant Beeson et son patient. Les chiens de Seppala étaient rapides et vigoureux. Ils escaladèrent un glacier haut de quarante-cinq mètres, descendirent une pente abrupte, recouverte de glace aveuglante, et remontèrent jusqu'à Rainey Pass. Lorsqu'ils arrivèrent à environ deux cent cinquante kilomètres à l'ouest d'Anchorage, la neige se mit à tomber et Seppala dut faire la piste en marchant devant ses chiens, mais ils réussirent à atteindre l'hôpital sans incident.

Cette visite à domicile de Beeson avait pris un mois.

En regardant les ampoules remplies de sérum couleur d'ambre, Beeson, installé au premier étage de l'hôpital d'Anchorage, qui comptait quatre niveaux, se souvenait de chaque kilomètre de ce voyage, de chaque cahot du traîneau, et du froid insupportable. Si le sérum devait être transporté à Nome en traîneau à chiens, il fallait le protéger. Il matelassa l'intérieur d'une boîte et y déposa les ampoules. Il enveloppa cette boîte dans une lourde courtepointe et plaça le tout dans une caisse en bois qu'il recouvrit d'un épais tissu brun. Quand il eut fini, il épingla une note sur le tissu recommandant à celui qui prendrait le sérum en charge de réchauffer la caisse pendant quinze minutes chaque fois qu'il s'arrêterait sur la piste. Le paquet terminé pesait environ neuf kilos.

Beeson se rendit à la gare où un train attendait et remit son paquet à Frank Knight, le chef de train, qui le rangea soigneusement dans un coin du fourgon à bagages[16]. Le mécanicien actionna le sifflet de sa machine et le train s'éloigna en cahotant. Beeson envoya alors un message au gouverneur Bone pour l'avertir que le sérum serait à Nenana le lendemain soir, mardi 27 janvier.

« J'apprécie votre rapidité à venir en aide à Nome », répondit Bone[17].

De retour dans son bureau, Bone réfléchit au choix qui s'offrait à lui. Devait-il faire transporter le sérum par avion ou par traîneau à chiens ? Bone était âgé de soixante-quatre ans. Avec sa légère bedaine, ses sourcils gris et broussailleux, il avait l'air gentil et chaleureux[18]. Il se faisait facilement des amis et avait l'esprit plutôt ouvert. Son parcours était atypique : il avait été journaliste la plus grande partie de sa vie et avait gravi les échelons dans les salles de presse jusqu'à devenir rédacteur en chef du *Seattle Post-Intelligencer.*

Située à la porte de l'Alaska, Seattle hébergeait de nombreux hommes d'affaires de la côte ouest qui contrôlaient une grande partie des principales industries du Territoire dont la pêche, le commerce du bois et les transports maritimes. Bone avait commencé à s'intéresser à l'Alaska alors qu'il était journaliste. En 1913, en sa qualité de rédacteur en chef, il avait été invité par la chambre de commerce de Seattle à visiter le Territoire. En compagnie de plusieurs autres personnes, il avait parcouru l'Alaska et s'était rendu dans presque toutes les villes importantes dont Nome. Moins de dix ans plus tard, en 1921, après avoir été brièvement directeur de la publicité pour le comité national du parti républicain, il était devenu le dixième gouverneur de l'Alaska.

Le gouverneur était nommé par le président des Etats-Unis ; ses fonctions étaient difficiles et sous bien des aspects ingrates. Son salaire était dérisoire et l'un des prédécesseurs de Bone s'était plaint de dépenser annuellement dix mille dollars pour assumer les frais de sa fonction, trois mille dollars de plus que ce qu'il gagnait. De nombreux habitants de l'Alaska supportaient mal de ne pas avoir le droit d'élire leur propre gouverneur et certains considéraient sa nomination comme une ingérence inacceptable du gouvernement fédéral.

Si Bone était le plus haut fonctionnaire d'une région grande comme deux fois le Texas, il n'avait que très peu de pouvoirs. La plupart des décisions concernant le développement du Territoire, l'attribution des crédits et les impôts étaient entre les mains de bureaucrates de Washington, souvent mal informés et en conflit les uns avec les autres.

Pour presque toutes les décisions qu'il avait à prendre, Bone était obligé d'affronter la bureaucratie fédérale, une situation qu'avaient connue tous les gouverneurs qui l'avaient précédé. Par exemple, ni Bone ni les contribuables d'Alaska n'étaient autorisés à déménager le modeste bureau du gouverneur sans avoir obtenu l'approbation préalable de Washington.

Depuis 1906, date à laquelle Juneau était devenue la capitale de l'Alaska à la place de l'ancien avant-poste russe de Sitka, situé sur l'une des îles de l'Inside Passage, tous les gouverneurs de l'Alaska avaient dû se satisfaire d'une maison en bois, petite et vétuste. En 1924, cette maison était dans un tel état de délabrement que ses deux étages penchaient et que le rez-de-chaussée reposait sur les tuyaux de chauffage central. A la demande expresse de Bone, un architecte, agréé par le département de l'Intérieur, avait déclaré dans son rapport que cette maison croulante « n'était pas habitable » et avait conseillé au gouverneur de déménager avant l'hiver car elle risquait de prendre feu ou d'être emportée par un vent violent[19]. Washington hésita à prendre une décision jusqu'au jour où la prophétie de l'architecte se révéla exacte. Le 5 janvier 1925, le plancher s'effondra sur la chaudière et prit feu.

Bone n'était pas le seul à être en butte à la bureaucratie fédérale. Un avocat déclara à l'époque : « Il faudra bientôt que l'Alaska demande une autorisation, signée par un fonctionnaire du gouvernement, avant de tuer un moustique[20]. »

Près de soixante ans après avoir été acheté par les Etats-Unis, l'Alaska ne pouvait toujours pas décider légalement de son sort et il allait devoir attendre encore trente-quatre ans avant de devenir le quarante-neuvième Etat des Etats-Unis. Il était administré par au moins trente-huit services fédéraux et cinq fonctionnaires du gouvernement dont les attributions – comme l'avait écrit Bone dans l'un de ses articles pour le *Saturday Evening Post* – « se chevauchaient, étaient imbriquées, pesantes et confuses, chacun s'occupant de son domaine, se montrant jaloux de ses succès et de ses prérogatives, et agissant plus ou moins de façon indépendante, sans consulter les autres[21] ».

Bone avait souvent pris la plume pour railler cette bureaucratie tatillonne, qui, disait-il, étouffait l'esprit pionnier de l'Alaska[22], et pour faire connaître aux Américains « La Terre que l'Oncle Sam [avait] achetée puis oubliée », titre d'un article qu'il avait rédigé pour la *Review of Reviews.*

En 1925, Bone en avait assez et il était bien décidé à quitter le Territoire vers le milieu de l'année. A l'occasion d'un voyage à Washington, le gouverneur désabusé avait déclaré à un journaliste : « Personne ne comprend l'Alaska, pas même les fonctionnaires de Washington. Ils m'ont télégraphié pour me demander d'aller à Nome régler un petit problème sans conséquence, sans même réaliser qu'il me faudrait onze jours pour me rendre là-bas[23]. »

Bone n'ignorait pas que le problème du transport du sérum pouvait pâtir de ce système bureaucratique et devenir un enjeu politique[24]. Le délégué Sutherland et Thompson, le rédacteur en chef du *News-Miner,* recommandaient avec insistance un sauvetage par avion. Si Bone penchait plutôt en faveur de cette solution, il tenait à savoir si c'était un choix raisonnable. La décision finale n'appartenait qu'à lui seul et il ne voulait se laisser influencer par aucune pression, politique ou autre.

Bone avait parfaitement conscience du potentiel que pouvait représenter le développement des transports aériens et il ne doutait pas du rôle important qu'ils pourraient jouer pour l'avenir du Territoire. En 1923, Warren Harding avait été le premier président des Etats-Unis à se rendre en Alaska, et lors de sa visite, Bone se trouvait parmi la foule qui regardait Eielson survoler Nenana dans son biplan et exécuter des loopings, des vrilles et des décrochages en l'honneur du président. Harding était à Nenana pour célébrer l'achèvement de la ligne de chemin de fer Anchorage-Fairbanks, et tandis qu'il enfonçait un clou en or dans une traverse, Bone savait déjà que l'avenir de l'Alaska se trouvait dans le ciel, au-dessus d'eux.

Cependant Bone se posait des questions sur ce vol jusqu'à Nome.

Cette année-là, le temps – l'un des facteurs essentiels dans tous les aspects de la vie en Alaska – était terriblement froid et la plupart des voyages vers l'intérieur du Territoire étaient pratiquement suspendus. Depuis plus d'une semaine, un anticyclone continental arctique avait fait chuter la température à un niveau jamais atteint depuis une vingtaine d'années. L'intérieur de l'Alaska formant une cuvette entourée de montagnes et de hautes collines, il était peu probable qu'un vent contraire plus chaud vienne chasser le froid qui s'accentuait à mesure que les jours passaient, et volait le peu de chaleur solaire que la terre avait emmagasinée. Il n'était guère étonnant que le Territoire ait été surnommé la « Glacière de Seward » après que le secrétaire d'Etat William Henry Seward l'eut acheté aux Russes en 1867.

Les températures qui sévissaient dans l'Intérieur avaient fait la une de presque tous les journaux locaux. A Fairbanks, le bureau de poste avait dû fermer parce que les employés ne parvenaient plus à se chauffer. Plus à l'est, sur le territoire canadien du Yukon, la température de moins soixante degrés avait obligé à interrompre la distribution d'eau et de courrier à Mayo et à Dawson City.

A Juneau et dans les autres villes du Sud-Est, souvent appelé « Alaska panhandle * », les conditions climatiques étaient totalement différentes. En janvier, la température moyenne est proche de zéro, et donc relativement douce comparé à l'intérieur du Territoire, mais les chutes de neige

* La queue de la poêle de l'Alaska. *(N.d.T.)*

sont nombreuses et les tempêtes venues du golfe d'Alaska, fréquentes. Depuis son nouveau bureau, installé dans le Goldstein Building – de loin le bâtiment le plus haut de Juneau –, Bone pouvait voir la ville s'efforcer de ne pas disparaître sous la neige, tandis que le vent qui soufflait à quarante kilomètres à l'heure balayait les rues, provoquant des congères de trois mètres de haut et des embouteillages de voitures et de bogheis.

Les tempêtes de neige et les coups de vent qui sévissaient depuis plusieurs jours avaient fait des ravages parmi les bateaux. Le vapeur *Admiral Watson* avait franchi tant bien que mal le Gastineau Channel pour entrer au port le matin même, gîtant dangereusement à cause de la couche de glace qui recouvrait le poste de pilotage, le bastingage et la proue. C'était le voyage le plus tempétueux dont se souvenait le capitaine, « une succession presque ininterrompue de tempêtes de neige et de coups de vent[25] ».

Quatre jours plus tôt, ayant affronté lui aussi le mauvais temps, l'*Alameda* était arrivé chargé de quatre cents tonnes de minerai de cuivre et de harengs fumés. Il lui avait fallu quarante-huit heures pour traverser le golfe d'Alaska, et ses quatre-vingt-dix passagers avaient été « ballottés pendant cette traversée mouvementée[26] », ce qui, probablement, était peu dire. Même durant les voyages relativement calmes, l'*Alameda,* haut, étroit et mal équilibré « était secoué comme une vieille baratte...[27] ».

« Au moment où il paraissait devoir se coucher sur un côté, il se redressait en tressaillant, retrouvait lentement sa position verticale pour se pencher de l'autre côté », racontait un des passagers.

Si des vents forts et des températures de moins vingt degrés pouvaient causer de telles difficultés aux deux piliers de la ligne Seattle-Juneau, on pouvait imaginer les dangers qu'aurait à affronter un avion pris dans une tempête.

Les trois avions qui se trouvaient à Fairbanks avaient des cockpits ouverts et Bone se demandait si un pilote, sans parler d'un homme estropié comme Darling, pourrait survivre à un vol par une température de moins quarante-cinq degrés.

Jusqu'alors, la plupart des vols en Alaska avaient eu lieu durant l'été ou les mois d'hiver les moins froids. Les vols postaux expérimentaux d'Eielson avaient été un succès, mais le pilote n'avait jamais volé par des températures inférieures à moins vingt degrés, vingt-cinq degrés de plus que la température à Fairbanks cette semaine-là.

Pour ces vols, Eielson portait deux paires de grosses chaussettes en laine, des chaussettes en caribou, des bottes en peau qui lui montaient au-dessus des genoux, un gilet à manches longues et des caleçons longs très chauds, un pantalon kaki et un autre taillé dans une couverture de la Hudson Bay, une grosse chemise, un pull-over, un bonnet en martre, de grosses lunettes, et par-dessus tout cela une parka en caribou qui lui descendait aux genoux, avec une capuche doublée de carcajou. Il pouvait à peine monter dans l'avion. En plus des sacs postaux, il emportait un matériel de secours, pour le cas où il s'écraserait au sol ou perdrait sa route, mais également des outils, un sac de couchage en peau de mouton, des provisions pour dix jours, vingt litres d'essence, des raquettes, un fusil, une hache et du matériel de réparation dont il n'eut jamais à se servir.

Eielson s'était posé plusieurs fois en catastrophe, évitant de justesse la destruction de son appareil, mais dans l'ensemble, il avait eu de la chance. En revenant vers Fairbanks, lors de son premier vol, la nuit le surprit et il se perdit. Se demandant si le pire n'était pas arrivé, des bénévoles allumèrent un immense feu sur le terrain de base-ball. Au bout de plusieurs heures, ils devinèrent le bruit d'un moteur dans le lointain. Il faisait si sombre qu'ils entendaient l'avion mais ne pouvaient pas l'apercevoir, et ce n'est qu'au dernier moment « qu'ils virent les ailes apparaître dans la lueur du feu[28] ». Le drame fut évité de peu. Au moment de se poser, Eielson localisa mal la bordure du terrain et accrocha la cime d'un arbre avec l'un de ses skis qui se cassa. Quand l'avion toucha le sol, il piqua du nez et l'hélice se brisa. La foule se précipita vers l'appareil et découvrit Eielson tremblant mais indemne. « Nous l'avons trouvé grimaçant un large sourire derrière son manche à balai, mais tellement ankylosé par le froid et la fatigue que nous avons dû le sortir du cockpit[29] », raconta l'un des témoins.

Au moment de l'atterrissage, lors de son dernier vol postal, son avion glissa sur une plaque de boue, piqua de nouveau du nez et se retourna ; l'hélice, des gouvernes et des entretoises des ailes furent brisés. Eielson réussit à sortir en rampant de l'avion et défit la ceinture du passager qu'il avait accepté de ramener avec lui ; celui-ci tomba sur la tête, mais il était indemne.

A l'occasion de ces vols postaux, pour lesquels il n'avait passé qu'une cinquantaine d'heures dans les airs, Eielson avait vidé une grande caisse de pièces détachées, et l'U.S. Post Office refusa de lui en envoyer d'autres. Dans la mesure où il était impossible d'en trouver à Fairbanks, l'administration postale annula les deux derniers vols. Sur les dix vols prévus, Eielson en avait réussi huit.

En dépit de ses atterrissages en catastrophe, tout le monde parlait des exploits d'Eielson. Au cours d'un conseil du cabinet à Washington, quelqu'un lut le récit de ses aventures et le président Calvin Coolidge, séduit par ses prouesses, lui envoya un message de félicitation[30].

Pourtant, les fonctionnaires de l'U.S. Post Office estimèrent que l'Alaska n'était pas encore prêt pour un service postal aérien régulier et ils demandèrent qu'on leur restitue leur avion en piteux état. Dans une lettre à Eielson, Paul Henderson, l'administrateur adjoint de l'U.S. Post Office, lui expliqua, en des termes on ne peut plus clairs, qu'ils estimaient que l'expérience n'était qu'un succès partiel : « Beaucoup de choses doivent être améliorées avant que nous puissions utiliser un avion de façon permanente pour transporter le courrier en Alaska[31]. » Mais Henderson promettait de faire de nouveaux essais ultérieurement.

Eielson pilotait un De Havilland, un avion fourni par le gouvernement, qui avait été considéré comme la bête de somme du service postal et avait également été utilisé durant la guerre comme bombardier et appareil de reconnaissance. Le De Havilland était beaucoup plus robuste que les biplans trop légers de la Fairbanks Airplane.

Même si l'appareil parvenait à résister au vent, au froid et aux limitations de la mécanique, il y avait un facteur que Thompson, Sutherland et Maynard négligeaient. Les jours étaient plus courts en janvier, et Darling ne disposerait que d'un nombre limité d'heures pendant lesquelles il pourrait voler en toute sécurité. Voler de nuit était extrêmement risqué. L'U.S. Post Office n'avait fait sa première véritable tentative qu'en 1923, sur le tronçon Chicago-Cheyenne de sa route aérienne postale transcontinentale, et des précautions élaborées avaient été prises tant au sol que dans les airs. Des balises tournantes avaient été installées de façon qu'on puisse les voir à deux cent cinquante kilomètres à la ronde. Construites sur des tours hautes de quinze mètres, elles étaient « des phares dans le ciel[32] ». Ces balises avaient été placées dans cinq villes situées le long du parcours, et entre elles on avait aménagé des terrains d'atterrissage d'urgence, signalés par des balises plus petites et moins puissantes. Précaution supplémentaire pour aider les pilotes, des fanaux, fonctionnant à l'acétylène, avaient été disposés tous les cinq kilomètres entre les terrains d'atterrissage d'urgence. De plus, les avions bénéficiaient de technologies dernier cri dont des lumières à l'extrémité des ailes, et des cockpits équipés de récepteurs radio pour pouvoir prévenir les pilotes si le mauvais temps s'annonçait.

Le vieux biplan *Anchorage*, lui, n'était équipé d'aucun instrument de navigation à l'exception d'un compas magnétique, peu fiable vu la proximité du pôle Nord. Le pilote qui quitterait Fairbanks pour Nome se retrouverait dans le noir, sans lumières pour le guider ni radio pour lui annoncer l'approche du blizzard.

Pour rendre les choses plus difficiles encore, la carte du Territoire avait été dressée en dépit du bon sens. Quand des fonctionnaires de l'U.S. Post Office et de l'Alaska organisèrent les vols postaux expérimentaux en 1924, ils durent consulter trois cartes car chacune montrait une configuration topographique différente de la route à suivre. Les pilotes apprirent à connaître le terrain à leurs dépens. Une montagne haute de trois cents mètres sur la carte pouvait en réalité culminer à mille cinq cents mètres, et une rivière le long de laquelle il paraissait possible de se poser en catastrophe se révélait être un minuscule ruisseau, perdu au milieu d'une forêt.

En Alaska, un pilote devait être intrépide et souvent se fier à son instinct. Wien se posa une fois au sommet d'une colline haute de quatre-vingt-dix mètres, dans l'intérieur de l'Alaska, pour aller chercher un malade. Au moment de décoller, il s'aperçut avec horreur qu'il ne disposait pas de suffisamment de place. Il « sauta[33] » dans le vide, du haut de la colline, espérant que le vent ferait prendre de la hauteur à son avion léger. Une fois encore il eut de la chance.

Atterrissage et décollage étaient les pires moments : les biplans Standard J-1, comme l'*Anchorage,* et les autres avions de cette époque n'avaient pas de freins et ils ne s'arrêtaient que grâce au frottement sur le sol de la béquille située au bout de la queue. Les terrains de base-ball, les marécages et les bords de rivières servaient de terrains d'atterrissage. Ce ne fut qu'à la fin des années trente que le gouvernement fédéral consacra des fonds à l'aménagement de terrains d'atterrissage sûrs et organisa des routes aériennes en Alaska. Jusque-là, il n'était pas rare qu'un avion s'écrase au sol deux et même trois fois par an.

Même si Darling réussissait à traverser l'intérieur du Territoire, toute l'audace du monde ne lui serait d'aucun secours quand il survolerait le littoral de la mer de Béring. Il ne connaissait pas les points de repères de la région – le gros rocher de Besboro Island au large de la côte d'Unalakleet, la forme asymétrique de Topkok Mountain, à l'est du cap Nome – autant de signaux qui pourraient le guider si un coup de vent le déroutait et le chassait vers la mer gelée.

Les pilotes qui survolaient la côte se retrouvaient souvent

au milieu d'un ciel brumeux qui paraissait se fondre dans la glace et la neige au-dessous. Le paysage déroutant qu'ils apercevaient depuis le cockpit de leur avion leur donnait l'impression de « voler à l'intérieur d'une bouteille de lait[34] », au milieu d'un vide blanc sans le moindre point de repère. Ils auraient à peine pu dire s'ils montaient droit vers le ciel, s'ils volaient sur le dos ou descendaient en vrille. De surcroît, il aurait été difficile pour n'importe quel appareil, à plus forte raison pour l'*Anchorage*, de résister aux soudaines tempêtes de neige qui sévissaient le long de la côte et aux forts coups de vent qui soufflaient parfois à cent vingt kilomètres à l'heure.

Une fois, à Fairbanks, Wien qui venait d'affronter pendant plusieurs heures un fort vent contraire qui l'avait finalement obligé à se poser, avait déclaré : « Les avions ne peuvent pas voler quand le vent souffle à quatre-vingt-quinze kilomètres à l'heure[35]. »

Quoique un modèle de modernité au début des années vingt, le moteur de l'*Anchorage*, comme tous ceux de cette époque, était refroidi par eau et donc extrêmement peu fiable. L'antigel n'avait pas encore été inventé et les pilotes avaient essayé, avec assez peu de réussite, différents mélanges d'eau et d'alcool. (Le glycol ne fit son apparition qu'en 1931.) De plus, à partir de vingt-trois degrés sous zéro, l'huile devenait visqueuse et chaque fois qu'un pilote se posait, il devait allumer un feu dans un grand récipient qu'il plaçait sous le moteur pour le tenir au chaud tandis que le passager ou un mécanicien des environs vidangeait l'huile dans un autre récipient qu'il posait sur des braises afin qu'elle ne gèle pas.

A cette époque, les moteurs à refroidissement par eau vibraient tellement pendant le vol qu'il arrivait que des boulons et des vis se desserrent ; que des durits se cassent et laissent échapper des jets de vapeur ; que le radiateur rompe ses fixations et que les bougies s'encrassent. Les moteurs toussaient et calaient, et le sifflement sourd et inquiétant du vent dans les haubans remplaçait le rugissement du moteur. En

1926, quand les moteurs en étoile refroidis par air firent leur apparition, le nombre d'atterrissages forcés chuta de vingt-cinq pour cent[36].

Dans les années vingt, une panne de moteur signifiait généralement la mort ou, du moins, de graves blessures. Si un avion perdait de sa vitesse, il descendait en vrille puis en piqué, et si le moteur ne réagissait pas, l'avion n'avait aucune chance de se rétablir. Il allait falloir plusieurs années avant que les ingénieurs découvrent qu'on pouvait éviter une vrille en installant des volets mobiles au bord des ailes.

Les avions n'avaient pas été conçus pour les voyages arctiques, et l'armée ne commença à faire des essais systématiques par des températures extrêmes qu'au cours des années trente.

Il existait également d'autres dangers potentiels. La glace et la neige pouvaient boucher le filtre à air, privant ainsi le carburateur de l'oxygène nécessaire à la combustion. De nombreux avions étaient obligés de se poser quand la glace s'accumulait sur le radiateur, sur le moyeu de l'hélice et sur les ailes.

Eielson fut l'un des premiers à piloter un avion par moins quarante degrés. En avril 1928, alors qu'il volait au-dessus de Point Barrow, au nord de Nome, son moteur eut plusieurs ratées à cause du très grand froid. Eielson monta alors très haut au-dessus des nuages pour que les rayons du soleil réchauffent le moteur. Il refit cette manæuvre toutes les vingt minutes pendant deux heures. Le procédé réussit, mais à la fin il n'avait presque plus de carburant *.

* Le 9 novembre 1929, Eielson et son mécanicien, Earl Borland, disparurent alors qu'ils allaient récupérer la cargaison de fourrures d'un bateau, le *Nanuk*, pris dans les glaces au large de la Sibérie. On retrouva les débris de leur avion le 27 janvier 1930, à cent quarante kilomètres de l'endroit où le bateau avait été prisonnier des glaces. L'accident était probablement dû au mauvais temps et à un fonctionnement défectueux de l'altimètre.

Thompson, Sutherland et Eielson n'étaient pas les seuls à rêver de vols nordiques. Depuis au moins une vingtaine d'années, des explorateurs envisageaient de conquérir l'Arctique et l'Antarctique en ballon, en dirigeable ou en avion. Après avoir réussi à atteindre le pôle Nord en traîneau à chiens en 1909, Robert Peary prédit que « les reconnaissances » au-dessus de l'Arctique « et son exploration se feraient par air[37] ». Moins d'un an après avoir atteint le pôle Sud en 1911, Roald Amundsen apprit à voler et obtint son brevet de pilote. Quoique fiables, les attelages de chiens étaient lents et encombrants. En 1915, à l'occasion de l'une de ses expéditions en traîneaux à chiens sur la banquise arctique, Vilhjalmur Stefansson fit remarquer à un compagnon que dans l'avenir un avion pourrait couvrir en un jour autant de distance qu'un attelage de chiens en un an.

Dans les années vingt, des milliers de kilomètres carrés de l'océan Arctique demeuraient inconnus. Nombreux étaient ceux qui croyaient qu'il existait des îles qui n'étaient portées sur aucune carte et certains parlaient même d'un continent inconnu situé dans l'immensité glacée entre le Spitzberg et l'Alaska. Ces terres mythiques pouvaient être riches en minerais et avoir une importance stratégique militaire vu leur situation au sommet du monde. Des études portant sur les marées semblaient indiquer la présence de terres. Au dix-neuvième siècle et au début du vingtième, des chasseurs de baleines et des explorateurs qui avaient traversé le détroit de Béring affirmaient avoir aperçu une masse continentale au nord de l'Alaska. En suivant le littoral septentrional du Canada, Peary rapporta avoir aperçu au loin, vers le nord-ouest, des sommets neigeux. (Toutes ces terres s'avérèrent plus tard n'être que des mirages, fréquents en Arctique.)

Au printemps 1923, Amundsen fut le premier à tenter de voler au-delà du cercle polaire, de Wainwright, près de Point Barrow, jusqu'au Spitzberg. Sa tentative fut un échec : durant un vol d'essai, il essaya de poser son Junkers J-13, un monoplan métallique, sur la banquise et s'écrasa. Des mois plus tard, en 1924, l'U.S. Navy projeta de survoler la région avec son premier dirigeable rigide, le *Shenandoah.* Six avions devaient l'escorter depuis Teller, à environ cent dix kilomètres au nord de Nome, mais au dernier moment, la marine annula l'expédition la jugeant trop coûteuse et trop risquée.

Pour Bone, il paraissait évident que faire transporter le sérum à Nome par avion serait une entreprise hasardeuse. Selon lui, le matériel n'était pas conçu pour supporter les rigueurs de l'hiver dans le nord et Darling, malgré son grand courage, manquait d'expérience[38]. S'il s'écrasait au sol, le sérum le suivrait dans sa chute et Nome perdrait toute chance de venir à bout de l'épidémie.

Par ailleurs, confier le transport du sérum au service postal comportait également des risques. Pour se rendre de Nenana à Nome, le traîneau postal suivrait le cours de la Tanana jusqu'à l'endroit où elle se jette dans le Yukon, deux cent vingt kilomètres vers l'ouest, au village de Tanana. Il parcourait encore, sur ou le long de la rivière, trois cent soixante-dix kilomètres, jusqu'au village de Kaltag, puis franchirait les montagnes côtières en direction de la mer de Béring, pour remonter le long du littoral vers Nome.

La Tanana et le Yukon passent au cœur de l'Alaska, une région que Jack London a décrite comme une extension « impitoyable » du « silence blanc ». On pouvait y voyager pendant des jours sans rencontrer âme qui vive. « La nature connaît bien des ruses pour persuader l'homme de sa finitude, écrit London dans sa nouvelle *Le Silence blanc,* mais celle qui le plonge dans la stupeur et l'effroi le plus extrême est la phase passive du silence blanc. Tout mouvement s'arrête, les nuages se dissipent, les cieux semblent d'airain, le plus léger murmure paraît un sacrilège, et l'homme perd son courage, terrorisé par le son de sa propre voix. Il va son chemin, seul atome de vie parmi les étendues désolées et fantomatiques d'un monde mort, son audace le fait trembler et il comprend que cette vie ne vaut pas plus que celle d'un ver de terre[39]. »

De Kaltag, la piste quittait le Yukon, grimpait dans les montagnes et suivait un chemin de portage de cent quarante kilomètres à travers plateau et forêt, et longeait une rivière qui allait se jeter dans la mer de Béring. Pour affronter le temps souvent orageux et traître qui sévissait le long de la côte, à l'opposé du froid dense et de l'absence de vent, caractéristiques de l'intérieur du Territoire, il fallait une expérience de la piste totalement différente. La neige était glacée et dure, le vent soufflait sans rencontrer le moindre obstacle pendant des kilomètres, et il y avait très peu d'arbres à abattre pour se chauffer ou derrière lesquels s'abriter.

La piste suivait le littoral de la mer de Béring, longeant la côte nord du Norton Sound pendant trois cent trente kilomètres, et traversait ses champs de glace mouvants. Elle franchissait également des lagunes et des deltas, et passait à travers des « évents » ou couloirs de vent. Il n'y avait nulle part où se cacher lorsque le blizzard ou un grand vent soufflait, et les mushers devaient se terrer dans un relais quand il y en avait un. Sinon ils se blottissaient derrière une crête de pression, un monticule de glace ou un rocher, et s'ils ne trouvaient aucune protection naturelle, ils se réfugiaient sur leur traîneau.

En résumé, les mille quatre-vingts kilomètres qui séparaient Nenana de Nome comportaient tous les dangers. Un musher ignorant les risques encourus ou insuffisamment préparé s'exposait à de graves ennuis ou même à la mort.

A l'origine, les autochtones utilisaient plusieurs parties de cette piste pour se rendre de leurs campements d'été à ceux d'hiver. Le chemin de portage de Kaltag avait été emprunté pendant des siècles par les Athapascans de l'Intérieur et les Esquimaux du littoral qui commerçaient entre eux. Quand les marchands de fourrure russes arrivèrent à la fin du dix-neuvième siècle, suivis quelques années plus tard par une multitude de chercheurs d'or, les pistes furent élargies et servirent au commerce, alors aux mains des marchands blancs, aux postes militaires et aux villes. Tandis que les colons européens installaient des lignes télégraphiques le long de ces pistes et organisaient un service postal, des relais voyaient le jour.

Ces relais étaient de vagues équivalents des auberges, de simples cabanes en rondins dont les interstices étaient colmatés avec de la boue et de la mousse, ou même, dans les endroits les plus reculés, des tentes en toile avec un gros baril en guise de poêle. Le long des pistes les plus fréquentées, ils étaient situés à une journée de voyage les uns des autres, soit une distance d'environ cinquante à quatre-vingts kilomètres, et offraient de quoi se réchauffer, se reposer et manger. En général, les repas coûtaient entre un et deux dollars, et le gibier – chassé par le propriétaire ou acheté – était souvent au menu. On y servait du pain frais et des légumes de la région, et si le voyageur avait de la chance, il pouvait y trouver une bassine et une serviette pour laver son visage crasseux.

Les relais procuraient au voyageur un certain degré d'intimité et chacun avait son caractère particulier. Les patrons étaient généralement des hommes solides et épris d'indépendance, mais ils connaissaient la valeur d'une tasse de café ou d'un repas gratuit pour le vagabond qui marchait dans le froid. Il leur arrivait souvent de sortir en plein milieu d'une nuit glaciale pour ramener un voyageur perdu. Les habitants de l'Alaska comptaient sur cette sorte d'« hospitalité rudimentaire », et ils l'offraient bien volontiers. On ne savait jamais quand on pourrait avoir besoin d'un coup de main.

Sur la piste, les mushers du service postal étaient les voyageurs les plus respectés. Qu'ils soient autochtones, métis ou blancs, ils étaient sans aucun doute les meilleurs mushers de la région et ils savaient comment survivre dans les pires conditions climatiques. Leur travail étant pénible et comportant d'énormes risques, leur salaire, environ cent cinquante dollars par mois, était l'un des plus élevés en Alaska. Ils assumaient leur mission avec beaucoup de sérieux et prenaient la piste quand personne d'autre n'aurait osé le faire. Ils bravaient le blizzard, la neige et le froid mordant, et parfois ils étaient l'unique lien entre un prospecteur isolé et le reste du monde. Ils comprenaient l'importance d'une lettre pour un chercheur d'or ou un commerçant.

« Voir l'excitation que provoquait l'arrivée du courrier, l'empressement avec lequel les hommes s'agglutinaient autour du bureau du receveur des postes pour retirer leurs lettres, leurs mains tremblantes tandis qu'ils les ouvraient, leurs yeux pleins de larmes pendant qu'ils lisaient, était très émouvant[40] », écrivait en 1897 un témoin de cette scène.

De par la loi, les mushers du service postal bénéficiaient de la priorité sur les pistes et les meilleures places leur étaient réservées dans les relais. On leur servait la meilleure nourriture et on mettait de côté les restes des repas pour leurs chiens qui, certaines fois, avaient droit à des couches de foin pour la nuit. Les chiens travaillaient aussi dur que leurs mushers et tout le monde savait que, sans eux, le courrier n'aurait jamais été distribué.

En 1899, un employé du service postal tenta de faire le trajet de Valdez, dans le Sud, à Eagle, dans l'Intérieur, avec des chevaux au lieu de chiens. Onze des chevaux moururent en route et trois lettres seulement parvinrent à leurs destinataires. Rien ne valait un attelage de chiens, surtout par mauvais temps. Les mushers devaient souvent payer une amende quand leur distribution était faite en retard ; ils allaient donc jusqu'à la limite de leurs forces et obligeaient leurs chiens à courir presque jusqu'à l'épuisement.

« Il fallait être à l'heure quels que soient le temps ou l'état de la piste, racontait Peter Curran Jr. qui était chargé de distribuer le courrier entre Solomon et Golovin, le long du littoral de la mer de Béring. Si je perdais un jour, je devais faire le double de trajet le lendemain. Je prenais donc la piste quel que soit le temps... Pendant certaines tempêtes, je ne voyais plus que la moitié de mon attelage et je devais faire confiance à mon chien de tête pour continuer à avancer dans la bonne direction[41]. »

« Certains jours, les pauvres chiens n'avaient pas du tout envie de partir, racontait Bill McCarty, un autre musher, qui assurait la distribution du courrier dans l'intérieur du Territoire, vers le milieu des années vingt. Remonter le long de rivieres, avec un vent contraire et par un temps très froid, ça leur déplaisait vraiment. Mais on n'avait pas le choix, il fallait qu'ils avancent[42]. »

Les autres voyageurs, comme les patrons de relais, comprenaient très bien la tension à laquelle les mushers et leurs chiens étaient soumis, et ils faisaient souvent un détour pour les aider. S'il avait neigé pendant la nuit, ils se réveillaient de bonne heure et tassaient la neige avec leurs pieds sur une quinzaine de kilomètres de façon que le musher du service postal et ses chiens n'aient pas à peiner à travers les congères.

Les mushers abusaient rarement de ces privilèges et chaque fois qu'ils le pouvaient, ils emmenaient des passagers dans des villages voisins ou déposaient des cadeaux au passage. Un musher chargé de distribuer le courrier pouvait mener jusqu'à vingt-cinq chiens tirant deux traîneaux lourdement chargés ou bien n'avoir que cinq chiens et un chargement léger. Le courrier était enveloppé dans des sacs de grosse toile, fermés par un cordon et attachés au panier * du traîneau. Le musher rangeait les plis importants comme les traites bancaires ou les documents officiels dans son sac à dos. Les harnais des chiens étaient garnis de clochettes qui annonçaient l'arrivée du traîneau ou avertissaient les autres voyageurs de sa présence sur la piste.

Dans les années vingt, les mushers du service postal quadrillaient tout le Territoire. La plupart d'entre eux étaient des gens robustes et humbles, que l'on identifiait souvent à cause d'un doigt amputé, d'un nez ou d'une joue gelés. Certains d'entre eux étaient célèbres, comme par exemple celui qui parcourait la vallée du Yukon et dont on disait qu'il avait mis des ressorts de phonographe dans ses chaussures après avoir été amputé des orteils. Au début des années mille neuf cent, Big Ben Downing partageait avec d'autres mushers une

---

* Plate-forme centrale du traîneau, faite de lattes ou d'une plaque de bois, sur laquelle repose le sac servant à transporter du matériel ou éventuellement un chien fatigué ou blessé. *(N.d.T.)*

piste de mille trois cents kilomètres qui longeait le Yukon, entre Dawnson City, sur le territoire canadien du Yukon, et Tanana, en Alaska. Durant l'une de ses courses, la glace céda sous lui, il tomba à l'eau et fut sauvé par ses chiens. Il faisait cinquante degrés sous zéro et il n'avait ni allumettes ni vêtements secs, pas même un bonnet. Pour se réchauffer, il courut derrière le traîneau pendant plusieurs kilomètres avant d'atteindre un relais.

Lorsqu'il arriva, ses vêtements étaient tellement durcis par le gel qu'il fallut les couper pour les lui ôter. Son visage, ses mains et ses jambes étaient gravement gelés et il pouvait à peine marcher. Pourtant, malgré son état, Downing préféra faire son travail plutôt que se soigner. Il repartit presque aussitôt vers sa destination suivante, à près de cinq cents kilomètres de là.

A son arrivée, il avait tellement d'ampoules aux pieds et saignait tant que les médecins décidèrent de l'amputer. Mais Dawning, son fusil à la main, ne leur permit que de couper l'extrémité de quatre de ses orteils.

Il aurait dit : « Ces pieds et moi, nous allons ensemble. Si je vis, je dois m'en servir, si je ne peux pas le faire, je ne tiens pas à vivre[43]. »

Si un musher du service postal n'était pas là dans les délais prévus, on pouvait être presque sûr qu'un incident s'était produit, et les clients du relais partaient à sa recherche.

William Mitchell, qui avait dirigé l'installation des premières lignes télégraphiques en Alaska avant de devenir chef d'état-major adjoint de l'U.S. Army Air Service, relata dans ses souvenirs une expérience particulièrement tragique qu'il avait vécue. Au cours d'un voyage en traîneau à chiens sur la piste menant à Valdez, il aperçut un musher du service postal, apparemment agenouillé près de sa tente, la tête sur les mains. Son chien de tête, un gros chien noir croisé de terre-neuve, était assis à côté de lui.

« J'ai appelé cet homme, mais il ne m'a pas répondu. En approchant, je me suis rendu compte qu'il était mort, gelé.

Le courrier était dans le traîneau, sous lui. Il tenait une allumette entre ses dents et la boîte entre ses genoux ; il avait sans doute essayé de l'enflammer de cette façon quand ses mains avaient gelé[44]. »

A quelques mètres de là, Mitchell vit un trou dans la glace et comprit ce qui était arrivé. Il y avait des morceaux de harnais éparpillés un peu partout, et de toute évidence les quatre autres chiens s'étaient libérés à coups de dent et enfuis. Le chien de tête était resté à côté de son maître, et ses quatre pattes gelées collaient au sol. Ce chien fidèle avait des gelures si graves que Mitchell dut l'abattre.

En fin d'après-midi, ce 26 janvier, le gouverneur Bone avait pris sa décision. Il avait comparé les risques d'un transport par avion et ceux d'un voyage en traîneau à chiens, et il avait choisi cette dernière solution. Mais plutôt que d'envoyer un seul attelage à la rencontre de Seppala, il fallait organiser un relais avec les mushers les meilleurs et les plus rapides de l'intérieur du Territoire. Ils ne s'arrêteraient pas la nuit, comme ils avaient l'habitude de le faire, mais continueraient leur course quelles que soient les conditions, jusqu'à ce qu'ils aient rencontré Seppala, à mi-chemin de la piste.

Bone envoya un message à Dan Sutherland pour lui faire part de sa décision et un autre à Edward Wetzler, l'inspecteur de l'U.S. Post Office basée à Nenana, qui était en contact permanent avec ses mushers.

> Vous prie d'organiser un relais de traîneaux pour transporter [le sérum] jusqu'à Tanana et de là à Ruby où attendra un attelage venu de Nome – STOP – Il faut faire vite – STOP – La situation paraît sérieuse – STOP – Le Territoire prendra les dépenses à sa charge[45].

Le gouverneur dicta un autre message pour le docteur Welch, l'informant de sa décision d'utiliser des traîneaux à chiens :

> L'inspecteur Wetzler a reçu des instructions pour organiser un relais de traîneaux jusqu'à Ruby * – STOP – Engagez immédiatement un attelage et envoyez-le à Ruby – STOP – Ferons de notre mieux pour expédier le sérum au plus vite[46].

La Northern Commercial (NC) Company était l'entreprise commerciale la plus importante d'Alaska et elle possédait des succursales dans toutes les villes qui se trouvaient en bordure des principales rivières. Elle était chargée par contrat du transport et de la distribution du courrier entre Fairbanks et Unalakleet, et elle était la seule à Nenana capable en très peu de temps de localiser ses mushers. Wetzler se rendit chez Tom Parsons, le responsable local de la NC Company et lui demanda de joindre ses meilleurs mushers et de les envoyer sur la piste. L'appel fut lancé à travers tout l'intérieur du pays par téléphone et télégraphe, et les hommes des Transmissions posèrent leurs tasses de café et se mirent en devoir de contacter les gars de la NC Company.

Au relais de Minto, un jeune Indien Athapascan de vingt et un ans, Edgar Kallands, se reposait après une longue course. Il était en route pour Nenana, à cinquante kilomètres de là, et on venait de lui donner l'ordre de faire demi-tour, de se rendre à Tolovana, et une fois là de se préparer à aller jusqu'au village de Manley Hot Springs. Il se réjouissait depuis longtemps de voir Nenana, la « grande ville[47] » et de s'y détendre un moment, mais ses gants n'avaient pas eu le temps de sécher quand il se leva, prêt à répondre à l'appel qu'on lui avait lancé.

A quatre-vingt-quinze kilomètres plus à l'ouest, Johnny Folger, un autre Athapascan, reçut des instructions pour transporter le sérum jusqu'à Tanana, le centre géographique de l'Alaska, au confluent du Yukon et de la Tanana. De là, le message fut transmis vers les villages échelonnés le long du

* Dans les télégrammes de Bone, les références à Ruby sont déconcertantes car Seppala devait prendre le relais à Nulato, à cent cinquante kilomètres à l'ouest de Ruby.

Yukon – Kallands, Nine Mile Cabin, Kokrines et Ruby – où d'autres hommes reçurent l'ordre de se préparer. Sam Joseph, un Athapascan trapu, attela ses chiens et partit rejoindre son poste. Harry Pitka[48], un musher du service postal né sous une tente et élevé par un homme-médecine, apprit la mise en place du relais alors qu'il regardait sa femme coudre une nouvelle paire de mocassins. Son travail consisterait à couvrir les cinquante kilomètres de l'étape jusqu'à Ruby. Sans la moindre hésitation, il attacha ses sept chiens à la ligne centrale. Agé de vingt-sept ans, Pitka n'avait pas eu la vie facile. L'argent lui faisait gravement défaut, mais il n'hésita pas une seconde à se porter volontaire pour cette mission.

Tandis que les mushers se préparaient en hâte pour rejoindre les postes qu'on leur avait assignés, Thompson fut mis au courant de la décision de Bone. Furieux, il se précipita vers sa machine à écrire et rédigea un éditorial acerbe :

« De toute évidence, le gouverneur Bone a pris la situation en main, écrivit "Wrong Font" dans le numéro du 27 janvier du *News-Miner* [...]. Avec ses avions et ses hommes, Fairbanks se tenait prête à réduire de moitié l'attente de Nome dès que Washington lui en aurait télégraphié l'ordre [...]. Fairbanks ne se trouve qu'à quatre heures d'avion de Nome [...] et il nous faut rester assis au coin du feu et regarder [*sic*] les bébés et leurs parents, des pionniers, étouffer et mourir de la plus horrible façon, sans leur apporter notre aide. Face à cette situation, un pionnier "voit rouge"[49]. »

Thompson était bien la dernière personne à pouvoir rester tranquillement assise au coin du feu. Si la Fairbanks Airplane ne pouvait pas livrer le premier paquet de trois cent mille unités de sérum, il se jura que la compagnie livrerait celui de un million cent mille unités. Il se prépara à un long combat, bien décidé à ne laisser aucun fonctionnaire, ni homme politique, ni même Dame Nature se mettre en travers de son chemin. Il prit en particulier Bone pour cible, l'accusant de trahir l'esprit pionnier de l'Alaska. Comme l'a dit une fois l'une des relations de Thompson en parlant de sa ténacité et de son goût prononcé pour l'affrontement : « Malheur à celui qui dans le cadre de ses fonctions trompait sa confiance. Il aurait mieux valu pour lui qu'il n'ait pas vu le jour[50]. »

« Fairbanks pouvait aider Nome... », écrivit Thompson dans son article,

> [...] Si seulement Washington pouvait écouter le délégué Sutherland et réaliser que le Nord est passé de l'ère du traîneau à chiens à celle de l'avion [...]. Le chien est un animal noble, le meilleur ami de l'homme. Il est tenace et capable de donner le meilleur de lui-même, mais dans certains cas, il a ses limites. Même aveugle et difforme, il tirera pour l'homme, son maître ; travaillera pour rien et volera sa nourriture, avide de servir et d'être toujours loyal. Mais il ne fait aucun doute que dans les cas d'urgence extrême, on devrait permettre au chien de se coucher près du feu et de rêver une fois encore au bon vieux temps tandis que l'essence et les machines volantes feraient le travail qui le tue[51].

En préférant un musher et ses chiens à un sauvetage aérien, Bone avait choisi de parier contre l'ère moderne, un choix qui ne l'opposait pas seulement à Thompson mais qui allait contre la tendance de l'époque. A un moment où l'innovation et l'ingéniosité américaines étaient en train de changer le monde avec le travail à la chaîne, la radio et les télécommunications, Bone avait fait confiance au savoir traditionnel des autochtones d'Alaska. La grande majorité des mushers qui auraient à risquer leur vie étaient des Athapascans ou des Esquimaux, et les autres, des hommes blancs qui avaient emprunté directement aux autochtones presque toutes leurs techniques de survie.

En 1925, la plupart des autochtones d'Alaska avaient pactisé avec la modernité. Ils continuaient à chasser et à pêcher, et il leur arrivait parfois de faire du commerce, mais ils gagnaient leur vie en transportant des marchandises et en distribuant le courrier le long des pistes, en traîneau à chiens. Ces savoir-faire leur avaient été transmis par leurs pères et leurs grands-pères.

Si un traîneau à chiens apportait à Nome le sérum qui devait la sauver des ravages de ce vieux fléau, ce serait un formidable témoignage en faveur du savoir-faire et de la capacité à survivre, chèrement acquis, des Athapascans et des Esquimaux.

6.

Chasseurs du Nord[1]

> « Ceux qui se rendent au pays des Esquimaux découvrent qu'ils doivent se soumettre à la discipline des forces naturelles de l'Arctique, et d'une certaine façon, ils finissent par ressembler aux Esquimaux. »
>
> Sally Carrighar, naturaliste d'Alaska,
> *Moonlight at Midday*

Le choix du traîneau à chiens pour transporter le sérum à Nome répondait à une vérité fondamentale propre à l'Alaska : en 1925, la machine capable d'égaler l'endurance, la vitesse et la fiabilité des hommes et des chiens n'avait pas encore été inventée. L'avion serait peut-être une solution dans l'avenir, mais pour les habitants de Nome le traîneau à chiens représentait le seul espoir dans l'immédiat. Si l'on voulait enrayer l'épidémie, il fallait se fier à l'une des méthodes de transport les plus anciennes jamais développées, et emprunter les chemins et les pistes tracés par les anciens peuples de l'Arctique pour acheminer les secours.

L'utilisation du traîneau à chiens en Arctique datait de plusieurs milliers d'années et faisait partie intégrante de cultures autochtones bien adaptées aux conditions de vie et au climat les plus rigoureux de la terre. Isolés et inconnus du reste du monde, les Indiens Athapascans de l'Intérieur et les Esquimaux du littoral avaient appris à survivre en profitant de toutes les ressources naturelles à leur disposition. La terre, la mer et la glace leur procuraient leur nourriture, leurs vêtements, leurs outils et leurs habitations. Tirant le meilleur parti de la moindre chose, leurs étonnantes innovations, dans cet environnement impitoyable, faisaient preuve d'une ingéniosité tout à fait remarquable et comptaient parmi les réussites les plus marquantes du genre humain.

A leur arrivée, certains étrangers, fiers de la technologie occidentale, pensaient naïvement n'avoir rien à apprendre de « sauvages primitifs », tout juste sortis de l'âge de la pierre. Les observateurs attentifs pensaient différemment. En 1921, l'explorateur Vilhjalmur Stefansson publia un récit sur son expédition de cinq ans en Arctique, qui connut un grand succès : *The Friendly Arctic.* Le thème de son ouvrage était simple : l'Arctique pouvait se montrer amical et hospitalier, comme presque tous les endroits du monde, pour peu que l'on apprenne à s'adapter aux conditions locales, que l'on adopte les vêtements adéquats et les techniques qui s'étaient développées avec succès au cours de milliers d'années. Ce principe simple joua un rôle important dans l'histoire de l'exploration moderne de l'Alaska et de l'Arctique : les explorateurs qui adoptèrent les méthodes de survie des autochtones s'adaptèrent mieux que les autres.

Sur une carte, l'Alaska paraît être au bout de la terre, mais en fait il se situe sur l'une des grandes routes de migration de l'histoire de l'humanité. Nombre de scientifiques pensent que l'Alaska est la porte par laquelle les hommes passèrent pour aller peupler l'Amérique. Il y a environ quinze mille ans, durant la dernière glaciation, le niveau des océans ayant baissé, le détroit de Béring et une grande partie de la mer de Béring formaient un pont large de plus de mille cinq cents kilomètres, appelé Béringie, et reliant la Sibérie à l'Alaska. Ce serait par ce pont que les premiers peuples chasseurs seraient entrés en Amérique du Nord. Ces bandes de « Paléo-Indiens » traversèrent lentement la Béringie, génération après génération, chassant les gros mammifères de la période glaciaire qui vivaient sur la toundra : mammouths laineux aux énormes défenses, bœufs musqués, bisons géants, orignaux, lions et tigres à dents en sabre. Les descendants de ces chasseurs nomades parcoururent les Amériques de long en large, et atteignirent la pointe de l'Amérique du Sud en à peu près un millénaire. On les considère comme les ancêtres des Amérindiens d'aujourd'hui.

Les dernières vagues de chasseurs inclurent d'abord les ancêtres des Athapascans qui habitent aujourd'hui la plus grande partie des forêts boréales de l'intérieur de l'Alaska et du nord du Canada, puis ceux des Esquimaux qui s'éparpillèrent à travers tout l'Arctique, jusqu'au Groenland. Ces deux grands peuples arctiques, chasseurs athapascans des forêts du Nord et chasseurs esquimaux de la toundra, se firent la plus froide des guerres froides pendant des générations, leurs territoires n'étant séparés que par un *no man's land* que les uns et les autres ne traversaient qu'à leurs risques et périls. Un explorateur de la première heure raconte que, dans un groupe d'Esquimaux du nord de l'Alaska, « chaque homme qui avait tué un Indien se faisait tatouer les coins de la bouche comme signe distinctif ».

On croit généralement, et on l'a souvent écrit, que le mot « Esquimau » est un terme indien peu flatteur qui signifie « mangeur de viande crue ». Depuis les années soixante-dix, les Inuits du Canada le considèrent comme une insulte à caractère racial. En fait, à l'origine, le mot « Esquimau » faisait apparemment référence aux raquettes, et il est encore largement utilisé en Alaska *. Néanmoins, langues esqui-

* En Alaska le mot « Esquimau » n'a pas la même connotation négative qu'au Canada. Pour des raisons de convenance et de clarté, il y est largement accepté. L'Alaska compte des Inuits, qui parlent l'inupiaq, et des Yuits, qui parlent le yupik. Presque les deux tiers des Esquimaux d'Alaska sont des Yuits. Inuits et Yuits ne comprennent pas la langue les uns des autres dont on dit parfois qu'elles sont aussi différentes que l'anglais et l'allemand. La frontière linguistique et culturelle qui sépare ces deux grandes nations esquimaudes passe près d'Unalakleet, au sud-est de Nome, et de la péninsule Seward, les Inuits se trouvant au nord, les Yuits au sud.

maude et indienne reflètent l'ancienne rivalité qui existait entre ces deux populations. « De la baie d'Hudson à l'Alaska, écrivait l'anthropologue Wendell Oswalt, le terme Esquimaux appliqué aux Indiens signifiait habituellement "pouilleux". »

A l'intérieur de l'Alaska, où vivaient les Athapascans, le climat est caractérisé par des hivers longs et sombres, et des étés courts et chauds *. Coupant à travers la grande forêt boréale, le Yukon, long de trois mille huit cent quatre-vingt-cinq kilomètres, prend sa source au Canada, à la frontière de la Colombie-Britannique et du Territoire du Yukon, traverse le sud et l'ouest du Yukon, serpente à travers l'Alaska et, arrivé au cercle arctique, change brusquement de direction et va se jeter dans la mer de Béring.

Les Athapascans étaient des semi-nomades, chasseurs, cueilleurs et pêcheurs qui se déplaçaient tout au long de l'année d'un campement saisonnier à l'autre, constamment à la recherche de nourriture. Au printemps, ils pêchaient généralement le saumon, ramassaient des baies en été, et chassaient l'orignal et le caribou à l'automne et en hiver. Les caribous, qui vivaient en hardes, et les orignaux, plus insaisissables, étaient des proies très mobiles, et les chasseurs du Grand Nord connaissaient parfois la famine. En fait, pour la plupart des bandes, la famine était une composante de la vie quotidienne. Elles ne se demandaient pas si la nourriture allait manquer mais plutôt quand elle manquerait. Les familles

---

* Dans le sud de l'Arctique, la différence de température entre l'été et l'hiver peut être de presque cent degrés. La température la plus basse enregistrée dans l'intérieur de l'Alaska est de soixante-deux degrés sous zéro et des températures de quarante-cinq ou cinquante degrés sous zéro ne sont pas rares. Durant le bref été, le thermomètre peut monter jusqu'à trente-huit degrés. En hiver, les chutes de neige sont relativement peu abondantes – dans de nombreuses régions, le sud de l'Arctique est aussi sec que le désert saharien – mais vu les températures extrêmement basses, la neige qui tombe en septembre ne fond pas avant le mois d'avril ou de mai, et le sol est habituellement couvert d'une couche de neige de plusieurs dizaines de centimètres. *(N.d.T.)*

devaient parcourir des centaines de kilomètres chaque année pour survivre.

Tels des guérilleros, les Athapascans couvraient de longues distances mais ils s'encombraient de peu de choses. Comme ils se déplaçaient constamment, leurs habitations étaient des plus simples. Leurs tipis étaient faits d'un cercle de perches enfoncées dans la neige, liées au sommet et recouvertes de peaux d'orignal cousues ensemble. Des peaux étaient également étendues sur le sol. Au centre du tipi, sous le trou à fumée, un cercle de pierres servait de foyer. Une fois le feu allumé en frottant deux bâtons, on l'entretenait soigneusement. On cuisinait sur les pierres chaudes qui réchauffaient également le tipi. Quand le moment était venu de partir, on éteignait le feu, roulait les peaux, liait les perches ensemble, et très vite tout le monde était prêt à se mettre en route. Pour marcher sur la neige épaisse, les Athapascans chaussaient des raquettes faites d'éclisses de bouleau et d'épicéa. Ils transportaient leurs affaires sur des luges munies de patins recourbés comme des skis. Ces luges mesuraient parfois jusqu'à neuf mètres de long. Pour les aider à la chasse et porter une partie du matériel, les Athapascans utilisaient des chiens, mais la plupart n'en avaient que quelques-uns car la nourriture manquait. A l'époque, les chiens ne tiraient pas de traîneaux mais ils portaient un bât équipé de sacs dans lesquels on rangeait du matériel ou le produit de la chasse.

A l'intérieur de l'Alaska, les hivers durent près de huit mois et le soleil n'apparaît alors que quelques heures chaque jour. Les hommes ne disposaient donc que de peu de temps pour chasser. Les Athapascans, disait-on, se dépêchaient toujours « de devancer l'obscurité ». La température tombait régulièrement à quarante-cinq degrés sous zéro et les tempêtes de neige étaient fréquentes. Cependant, pour certains, la neige était comme une carte routière qui indiquait les moindres déplacements des animaux et l'endroit où ils se trouvaient. Une seule flèche ou un seul coup de lance à la pointe en pierre dans le cœur d'un orignal, et le chasseur pouvait nourrir sa famille pendant l'hiver. Mais la plupart du temps, on ne voyait que très peu d'animaux en cette saison et ceux qui se montraient savaient comment éviter de devenir des proies faciles. Pour ne pas souffrir de la faim, les Athapascans construisaient des caches sur de hautes plateformes en bois qu'ils disposaient à des endroits stratégiques, près de leurs différents campements saisonniers. Dans ces caches, ils entreposaient des saumons séchés et de la viande d'orignal.

Génération après génération, les Athapascans acquirent des savoir-faire et des connaissances qui leur permirent de survivre. Ils connaissaient chaque méandre d'une rivière longue de centaines de kilomètres et les meilleurs endroits pour pêcher le saumon. Ils apprenaient à leurs enfants à évaluer l'épaisseur de la couche de glace qui recouvrait une rivière ou un lac, et à juger de son degré de résistance, en y enfonçant la pointe d'une lance. Ils empruntaient des raccourcis et des chemins de portage pour passer d'une rivière à l'autre.

S'ils se perdaient en forêt, ils grimpaient en haut d'un arbre pour tenter de se situer en repérant au loin le contour d'un lac connu ou la silhouette particulière d'une montagne. Beaucoup de familles disparaissaient sans laisser de trace. Mais, malgré le danger que cela représentait, les Athapascans pénétraient souvent dans les forêts car ils y trouvaient l'une des ressources essentielles à leur survie : l'épicéa.

Les Athapascans étaient un peuple de « l'âge de l'épicéa » car cet arbre toujours vert leur fournissait la structure de leurs tipis, leur couchage, le bois pour leurs caches, leurs canoës, leurs séchoirs à saumons, leurs raquettes, leurs pièges, leurs arcs et leurs flèches, mais également de la gomme à mâcher, du désinfectant et un bouillon médicinal. L'épicéa était le matériel de construction le plus usité et la principale source d'énergie du Nord ; il servait avant tout de bois pour le feu et procurait chaleur et lumière durant les huit mois de nuits hivernales. Avec une température de quarante-cinq degrés sous zéro, la chaleur était encore plus précieuse pour la survie immédiate que la nourriture et l'eau.

Vu l'importance essentielle de l'épinette blanche, son esprit possédait un pouvoir et une signification particulière.

En vivant avec les Koyukons, l'anthropologue Richard Nelson apprit que l'esprit de l'épinette blanche était comme une bonne fée omniprésente qui protégeait les voyageurs épuisés et repoussait les mauvais esprits. On ne devait jamais couper une épinette blanche sans une bonne raison car son esprit était comme celui « des animaux les plus puissants ; mais il avait des effets essentiellement bénéfiques sur les hommes... On pouvait utiliser le pouvoir de l'esprit de l'épinette blanche de plusieurs façons salutaires, écrit Nelson. Les grands vieux arbres aux troncs épais et aux longues branches étalées protégeaient ceux qui s'endormaient à leurs pieds. »

En raison de leur relation particulière avec les arbres, la plupart des Athapascans craignaient d'être surpris par le mauvais temps au milieu de la toundra, sans forêt pour leur fournir du combustible, leur permettre de s'orienter et leur offrir un abri. Pour un Athapascan, tout arbre aperçu pendant une tempête était le bienvenu. Par contre, nombre d'Esquimaux avaient un point de vue totalement différent sur les forêts.

Si les Athapascans, qui parcouraient sans cesse les chemins, se sentaient chez eux dans les forêts, les Esquimaux étaient plus à l'aise le long des eaux glacées de la mer de Béring et de l'océan Arctique. Les anthropologues ne tarissent pas d'éloges quand ils évoquent l'ingéniosité et le savoir-faire des Esquimaux. Pour Wendell Oswalt, ils étaient les « impérialistes du Nord » et avaient la particularité d'être « le peuple autochtone le plus dispersé du monde ». Parlant d'eux, Richard Nelson n'a pas hésité à dire qu'ils étaient « l'un des peuples qui avaient le mieux réussi de toute l'histoire humaine... Ils avaient poussé l'animal humain aux limites de son endurance. Ils avaient appris à vivre avec de maigres ressources, dans une absence quasi totale de chaleur extérieure, là où le soleil disparaissait pendant des mois et où il était impossible de survivre ne serait-ce qu'un moment sans faire appel à toutes les ressources du génie humain. »

Les Esquimaux ne construisaient pas tous leurs habitations dans le Grand Nord ou sur la toundra dépouillée d'arbres, et ceci était particulièrement vrai à l'ouest de l'Alaska où ils étaient souvent installés sur le bord des rivières, à des centaines de kilomètres du littoral de la mer de Béring. Cependant, des milliers d'Esquimaux vivaient de façon permanente dans l'extrême Nord, là où ils étaient les seuls à pouvoir survivre grâce à leur savoir-faire et aux connaissances qu'ils avaient acquises, dans une région où il faisait trop froid et où le vent soufflait trop fort pour que le moindre petit arbre ou arbuste parvienne à pousser.

En réalité, les Esquimaux se plaisaient dans un environnement que la plupart des humains auraient considéré comme incroyablement rude et désolé. Ceux qui étaient installés sur la toundra préféraient ne pas voir de forêts ni d'arbres. A l'inverse des Athapascans, les Esquimaux du littoral croyaient la forêt néfaste et imaginaient les bois résonnant du bruit d'esprits tourmentés. Quand, dans les années vingt, l'explorateur danois Knud Rasmussen accomplit son légendaire périple en traîneau à chiens à travers l'Arctique, un homme nommé Igjugarjuk lui confia : « Nous croyons que les arbres des forêts sont des êtres vivants, seulement ils ne peuvent pas parler ; c'est pour cette raison que nous n'aimons pas passer la nuit en forêt. Ceux qui parfois ont été obligés de le faire racontent qu'ils ont entendu gémir et chuchoter parmi les arbres dans une langue qu'ils ne comprenaient pas. »

En plus de cette attitude totalement opposée envers les arbres, la culture esquimaude différait par bien des aspects de celle des Athapascans. Même les explorateurs européens, qui avaient commis la plus grave erreur géographique de l'histoire et baptisaient « Indiens » tous les groupes autochtones qu'ils rencontraient dans les Amériques depuis 1492, reconnurent dès leurs premiers contacts avec les Esquimaux du Groenland qu'ils étaient différents des autres peuples du Nouveau Monde, ne serait-ce qu'à cause de l'environnement dans lequel ils vivaient.

Certains des éléments qui devaient par la suite caractériser la culture esquimaude – kayaks et harpons spécifiques pour chasser les animaux marins comme les morses, les phoques et plus tard les baleines – firent leur apparition sur le littoral de la mer de Béring, il y a environ quatre mille ans. « Au-delà, soulignent les anthropologues S.A. Arotiunov et William Fitzhugh, la trace des origines des Esquimaux s'évanouit dans le brouillard de la mer de Béring. »

L'ingéniosité était certainement ce qui différenciait le plus les Esquimaux des autres groupes autochtones. Certains anthropologues affirment qu'ils avaient mis au point des techniques d'une complexité et d'un degré de perfectionnement jamais atteints parmi les peuples de chasseurs-cueilleurs. En tête de cette liste d'inventions vient le kayak. Ce petit bateau recouvert de peau, extrêmement léger, était remarquable pour sa vitesse et sa maniabilité. Explorant le Groenland en 1612, William Baffin observa que les Esquimaux « ramaient d'une façon incroyablement rapide. Aucun bateau au monde n'aurait été capable de se maintenir à la hauteur » de leurs kayaks. Leurs lunettes, sorte de masque en bois avec deux petites fentes pour les yeux, protégeaient extrêmement bien de la « cécité des neiges » ; et les « crampons » qu'ils fixaient à leurs bottes permettaient aux chasseurs de marcher sur la glace la plus glissante, même par grand vent.

L'igloo, la maison de glace au toit en dôme, est probablement l'invention des Esquimaux la plus connue et la mieux adaptée à l'environnement. Chauffé par la chaleur des corps et par de petites lampes en pierre, un igloo bien construit pouvait être relativement chaud et confortable, même avec des températures extérieures de quarante, quarante-cinq, voire cinquante degrés sous zéro. Pour le monde entier, l'igloo est devenu le symbole même de la culture esquimaude. En réalité, la grande majorité des Esquimaux du littoral n'a jamais vécu dans des igloos et n'en a peut-être même jamais vus. Les igloos étaient courants dans le centre du Canada où les conditions climatiques convenaient parfaitement, mais en Alaska, les *iglus* – le mot signifie simplement maison – étaient faits de mottes de terre et d'herbe. En 1932, l'auteur et explorateur danois Peter Freuchen vint en Alaska accompagné par une équipe de la MGM pour tourner un film, *Eskimo*, le premier long métrage en langue inupiaq. A sa grande déception, aucun des Esquimaux d'Alaska, à l'inverse de ceux qu'il avait connus au Groenland et au Canada, n'avait vu d'igloo. Il fut donc obligé de bâtir lui-même un village d'igloos pour le tournage de son film.

En Alaska, les maisons étaient le plus souvent semi souterraines, faites d'une structure en bois ou en os de baleine, recouverte de mottes de terre et d'herbe. Des intestins de phoque, tendus devant la fenêtre découpée dans le toit, laissaient passer la lumière. Une fois ouverte, la fenêtre servait de cheminée par laquelle s'échappait la fumée des lampes en pierre. L'espace à vivre, en forme de dôme, était relié à un long couloir d'entrée souterrain. Habiter sous terre était la meilleure façon de se protéger du climat ; l'air froid de l'extérieur, prisonnier dans le long couloir, ne remontait pas jusque dans la pièce à vivre. Des lampes, sculptées dans de la stéatite, de forme ovale comme pour tenir dans la paume de la main, garnies d'huile de phoque, avec une mèche en mousse sèche, procuraient chaleur et lumière. Nourriture, harnais des chiens, traîneaux, matériel de chasse et vêtements étaient rangés le long du couloir d'entrée, dans des compartiments. Ces maisons semi-souterraines ne servaient que durant les mois d'hiver. L'été, quand le sol gelé fondait et que les maisons étaient inondées, les familles gagnaient leurs campements de pêche.

Pour les Esquimaux, les travaux de couture étaient un art, une science et une religion. Leurs vêtements en peau et en fourrure leur permettaient non seulement de se mouvoir aisément par les températures les plus froides, mais ils avaient également plusieurs fonctions sociales : ils différenciaient les tribus les unes des autres, indiquaient le rang social et le sexe de ceux qui les portaient, et leurs croyances. Leurs vêtements étant faits avec la peau des animaux qu'ils chassaient, et leur succès à la chasse dépendant de la bonne volonté de leurs proies de s'offrir en sacrifice aux humains, la préparation des peaux, l'entretien et le port de ces vêtements prenaient pour les Esquimaux une importance capitale.

Dans les communautés esquimaudes, les femmes étaient avant tout des couturières ; aucun autre travail n'était plus important pour la survie de la famille. Si les bottes, les pantalons et les parkas n'étaient pas correctement cousus et entretenus, les hommes ne pouvaient pas chasser, et la valeur d'une femme était donc fonction de son aptitude à confectionner les vêtements de toute sa famille. Son travail n'était jamais véritablement achevé car les vêtements devaient être examinés, réparés et entretenus quotidiennement. La plus petite déchirure dans le vêtement d'un chasseur pouvait entraîner la mort.

Les petites filles apprenaient à coudre dès leur plus jeune âge. Elles s'exerçaient d'abord sur des poupées faites par leur père. Une fois la jeune fille mariée, son époux attentionné lui fabriquait tous les outils dont elle avait besoin et les personnalisait afin qu'ils soient mieux adaptés à sa main : aiguilles en ivoire et os d'oiseau, couteau en pierre, grattoirs en os de caribou et battoirs à neige, faits avec la ramure d'un caribou, qui servaient à garder les vêtements toujours secs. Parmi les outils les plus importants, une femme devait également avoir deux bonnes rangées de dents car il lui fallait mastiquer les peaux pour les assouplir. A l'occasion de fouilles, on a pu constater que les squelettes des hommes montraient nettement les signes de ce qui ressemblait à une synovite du coude due probablement au fait d'avoir jeté trop souvent leurs lances et leurs harpons, tandis que sur les squelettes des femmes, les dents étaient réduites à des chicots usés pour avoir trop mastiqué de peaux.

Chez les Athapascans, la méthode de préparation des peaux était assez compliquée et consistait entre autres choses à les frotter avec une pâte faite de foie et de cervelle décomposés de caribou, mais les Esquimaux obtenaient de meilleurs résultats que leurs voisins de l'Intérieur tout en y consacrant moins de temps et d'efforts. Pour apprêter les peaux, ils utilisaient un grattoir en pierre, un cadre en bois sur lequel ils tendaient les peaux, et un baquet d'urine qui servait également de savon, de shampoing et de solvant.

Après avoir gratté la chair et la graisse, on roulait les peaux, les poils à l'intérieur, et on les rentrait dans la maison « jusqu'à ce qu'elles soient rances et que les poils s'enlèvent facilement ». Les peaux étaient ensuite débarrassées des poils, tendues sur un cadre en bois flotté et mises à sécher à l'extérieur. Cependant la plupart des vêtements et des bottes étaient faits avec la fourrure des animaux. On grattait alors la chair et la graisse, et on trempait ces peaux dans l'urine. Ensuite, on finissait de les gratter, on les tendait sur un cadre en bois et on les mettait à sécher.

La peau de caribou était la plus recherchée pour faire des parkas, des pantalons et des moufles car la fourrure de cet animal était épaisse mais chaque poil était creux, ce qui permettait de confectionner des vêtements à la fois légers et très chauds. Pour les vêtements imperméables, on préférait la peau de phoque. Dans certaines régions, les pantalons en fourrure de caribou étaient portés les poils à l'intérieur par temps froid, et les poils à l'extérieur dès qu'il faisait plus doux. Pour avoir bien chaud, il fallait enfiler plusieurs couches de vêtements de différentes épaisseurs afin de pouvoir réguler la température près du corps et n'avoir jamais ni trop chaud ni trop froid, car il était aussi dangereux de transpirer que de geler. En portant plusieurs couches de vêtements, on permettait à l'humidité du corps de s'échapper et de se condenser sur l'une des dernières couches, et on conservait ainsi la peau sèche et chaude. Si les vêtements comme les parkas se portaient généralement la fourrure à l'extérieur, les sous-vêtements, souvent faits avec la peau d'animaux nouveau-nés ou parfois pas encore nés, se portaient la fourrure à l'intérieur.

La parka s'enfilait par la tête, comme une tunique, et était assez ample pour permettre à l'air de circuler. On pouvait ainsi retirer facilement les bras des manches et les mettre contre sa poitrine pour mieux se réchauffer. L'hiver ou au printemps par temps humide, on portait par-dessus sa parka un vêtement imperméable, fin comme du papier, fait de bandes d'intestins de phoque. Des cordons liés autour des poignets et du cou empêchaient l'eau de pénétrer. Quand le chasseur partait en kayak, il recouvrait l'ouverture dans laquelle il prenait place avec le bas de sa parka et ainsi, même par gros temps, l'eau n'entrait pas dans l'embarcation et il était au sec.

Le dessus des bottes, ou *mukluks,* était en fourrure de caribou et la semelle en peau de phoque imperméable. Ces *mukluks* étaient extrêmement solides et efficaces. Pour un Esquimau, rien n'était plus important qu'une paire de *mukluks.* Lorsque la température chutait, un voyageur pouvait toujours retirer ses moufles et se frotter les mains pour les réchauffer et faire circuler le sang, mais il lui était plus difficile d'ôter ses *mukluks.* Elles devaient donc être chaudes et garder ses pieds au sec.

En cousant les *mukluks,* les femmes essayaient de n'utiliser qu'un seul fil et de faire de petits points. Elles veillaient à ne jamais percer la peau de trous d'aiguille inutiles. Le fil, un tendon à l'extrémité effilée, était essentiel pour confectionner des *mukluks* parfaitement imperméables. Il était tordu de façon que l'une des extrémités ait un diamètre plus petit que l'autre ; quand le temps était humide, le tendon se dilatait et obstruait les trous d'aiguille. Les chaussettes en caribou ou les doublures de bottes faites d'herbe tissée absorbaient la transpiration et toute humidité indésirable, et il fallait les faire sécher à la fin de chaque journée.

Rester au sec n'était pas seulement le secret du confort et de la sécurité, mais également une façon de protéger ses vêtements. Si la fourrure était trop mouillée, il devenait difficile de la suspendre près du feu pour la faire sécher car elle aurait rétréci. Porter des vêtements inconfortables parce que trop petits pouvait s'avérer dangereux. Il fallait battre la neige et le givre qui s'étaient amassés sur ses vêtements avant d'entrer se chauffer dans la maison. Du givre produit par l'humidité circulant entre les couches de vêtements pouvait s'être accumulé à l'intérieur de la parka, et on devait alors la gratter avant d'aller se mettre au chaud.

Tuer des animaux et les dépouiller afin de faire des vêtements pour le chasseur et sa famille faisait partie d'un cycle sans fin dans lequel la mort était source de vie. Les Esquimaux pensaient que le monde naturel était peuplé d'esprits – certains bienveillants, d'autres pas – qui influençaient et contrôlaient leur vie quotidienne. Humains et animaux partageaient un continuum spirituel qui définissait leur univers ; les humains n'avaient pas été créés pour dominer le monde mais pour collaborer avec toutes les autres créatures qui y vivaient. Dans cet univers, il n'existait pas de frontière bien définie entre humains et animaux, ou même entre objets animés et inanimés. Corbeaux, humains, saumons, phoques, caribous, ours, ivoire, bois, vent, pluie, tous possédaient une essence spirituelle équivalente, susceptible de se transformer dans des circonstances appropriées. Vu la séparation ambiguë entre l'humain et le non-humain, toute la création méritait la plus grande attention et le plus grand respect si l'on ne voulait pas risquer d'indisposer les esprits.

Les traditions élaborées relatives à la chasse étaient de bien des façons des offrandes rituelles faites aux esprits des animaux afin qu'ils continuent à venir vers le chasseur. Après avoir tué un phoque, un chasseur priait son esprit et le remerciait pour son sacrifice ; sa femme offrait à « l'esprit assoiffé » une gorgée d'eau en disant : « Vois comme notre eau est délicieuse, comme elle est tentante » avec l'espoir fervent qu'une telle hospitalité encouragerait les phoques à continuer à venir vers le village. Les vêtements du chasseur devaient être beaux et parfaitement cousus pour plaire aux animaux qu'il chassait. Un vêtement mal fait, avec des coutures irrégulières, risquait de les faire fuir. Pour assurer à son mari une chasse fructueuse, l'épouse d'un chasseur ne confectionnait jamais de vêtements pendant qu'il était à la chasse, convaincue que son inactivité rendrait sa proie elle-même inactive.

On recommandait souvent aux jeunes femmes de ne pas regarder un chasseur dans les yeux afin de ne pas diminuer son pouvoir. Une femme ne devait jamais dormir en faisant face à son mari. De la même façon, les Esquimaux témoignaient leur respect au vieil homme sage qui observait le monde depuis la lune, en ne le regardant jamais dans les yeux. Les chasseurs portaient souvent sur eux des amulettes en ivoire sculpté ayant la forme des animaux dont la famille dépendait pour sa survie. Ces amulettes avaient le pouvoir d'amener les animaux vers le chasseur ou de faire que ce dernier perçoive mieux le cliquetis des sabots des caribous dans le lointain. Les femmes suspendaient également des fétiches à leurs boîtes à aiguilles ou accrochaient à leur ceinture des dents de caribou pour protéger leur famille des dangers et de la maladie.

La peau d'un animal conférait à celui qui la portait le caractère de cet animal ; ainsi en se parant de leur fourrure, le chasseur devenait en partie caribou, phoque, loup ou morse. Grâce à la peau des pattes de caribou qui avait servi à faire ses bottes, le chasseur était assuré de courir aussi vite que le caribou lui-même, alors qu'une ceinture en loup ou en carcajou, la queue pendant dans son dos, devait lui donner la force et le courage de ces animaux. Un chapeau de chasse en écorce d'arbre et fanon de baleine était censé accorder à un homme en kayak la possibilité « de traverser facilement les courants, à l'image des baleines » tandis que le bois devait lui permettre de regagner sain et sauf la terre ferme.

Imiter les attitudes et les habitudes des animaux sauvages avait un but tant pratique que spirituel car les meilleurs chasseurs étaient ceux qui connaissaient le mieux leurs proies. Les différentes espèces de phoques – principalement les phoques marbrés et les phoques barbus – étaient peut-être les animaux les plus répandus et les plus utiles. En plus d'être une source de nourriture facilement disponible et sûre, tant pour les hommes que pour les chiens, ces animaux marins omniprésents fournissaient aux Esquimaux la peau nécessaire pour leurs vêtements, leurs bottes et leurs kayaks, et de l'huile pour se chauffer, s'éclairer et cuisiner.

Il existait plusieurs méthodes pour chasser le phoque tant sur la glace que dans l'eau. Une des techniques traditionnelles consistait à harponner l'animal endormi sur la banquise, ce qui obligeait le chasseur à s'approcher à environ quatre ou cinq mètres de lui. Les phoques n'ayant pas peur de leurs congénères, le chasseur avançait vers sa proie en rampant sur la glace comme un phoque ; il glissait, bougeait les bras comme des nageoires et dressait la tête tel un phoque inquiet de voir apparaître un ours blanc.

Vivant des ressources naturelles que leur procuraient la terre, la glace et la mer, ces hommes apprenaient à observer et à étudier le comportement des animaux, mais aussi la configuration d'un terrain, la solidité et la fiabilité de la glace et les changements de temps. S'il est inexact, comme on l'a souvent prétendu, que les Esquimaux disposaient d'un grand nombre de mots pour désigner la neige, il n'en est pas moins vrai qu'ils avaient une remarquable connaissance de l'état de la neige et de la glace. Cette connaissance était essentielle pour leur survie quotidienne, l'environnement arctique comportant d'innombrables risques et la plus petite erreur de jugement entraînant trop souvent la mort. Dans un paysage qui n'offrait guère d'abri et où il était extrêmement difficile d'avoir des points de repère – comparé aux plaines côtières de l'Arctique, le Kansas ressemble à la Suisse – il était très facile de se perdre. Parfois, la seule façon pour un voyageur égaré dans le noir de savoir dans quelle direction il avançait consistait à passer la main sur le flanc des congères pour sentir les irrégularités de la neige dessinées par les vents dominants. Pour un voyageur expérimenté, une telle information équivalait à l'indication d'une boussole et pouvait lui permettre de rentrer chez lui sans encombre.

Le plus difficile était de vivre sur la glace. Aucun campement dressé sur la banquise, quelle que soit sa stabilité apparente, n'était totalement sûr. Poussée par le vent et les courants, la banquise est une plateforme qui se déplace et se soulève, se dilate et se contracte selon les saisons. Le sommet de la terre est recouvert chaque hiver par plus de dix-huit millions de kilomètres carrés de glace, deux fois la superficie des Etats-Unis, et plus de cinq millions de kilomètres carrés disparaissent chaque été pour réapparaître l'hiver suivant. Le cycle ininterrompu de fragmentation et de congélation au gré des vents, crée de longues crevasses, des crêtes de pression et des amoncellements de débris de glace. Pendant la Seconde Guerre mondiale, le *Manuel arctique* de l'U.S. Army Air Corps précisait que la surface de la glace ressemblait « à quelque chose qui tiendrait à la fois d'une chaîne de montagnes miniatures et d'une carrière de granit ».

Durant l'hiver arctique, que ce soit sur la terre ferme ou sur la glace, la puissance et la fureur d'une tempête, tel un fléau biblique, réduit à néant toute tentative de résistance. Les températures extrêmement basses peuvent être difficilement supportables, cependant le plus grand danger arctique n'est pas le froid mais la force du vent. C'est lui qui règne en maître sur le Nord. Sur la piste, rien ou presque ne peut protéger un homme du vent, et quand il souffle en tempête on comprend aisément pourquoi certains autochtones croyaient que le vent était un esprit maléfique. Un missionnaire, pionnier aguerri, affirmait qu'il pouvait voyager sans grands problèmes par une température de cinquante-cinq degrés sous zéro et par temps calme, mais il craignait et détestait le vent qui soufflait sur le littoral de la mer de Béring. « On se prend à haïr ce vent et on éprouve à son égard une animosité personnelle, tant il semble brutal et malveillant », écrivait-il.

Pour celui qui voyageait en Arctique la patience était la plus grande des vertus car pour combattre le vent il n'y avait qu'une chose à faire : attendre qu'il se calme. Parfois la meilleure des solutions consistait à s'asseoir et à s'endormir. Vilhjalmur Stefansson racontait l'histoire d'une vieille femme esquimaude surprise par une tempête, à seulement quelques centaines de mètres de sa maison. La neige l'enveloppa et bientôt elle ne vit plus rien à un mètre d'elle. Plutôt que de s'affoler et de s'épuiser à chercher en vain son chemin, elle se mit à l'abri d'une congère pour se protéger du vent qui soufflait avec rage. Elle s'assit sur ses gants en fourrure pour conserver à son corps un peu de chaleur, sortit ses bras des manches de sa parka, les croisa sur sa poitrine et se pencha en avant pour offrir le moins de prise possible au vent, un peu comme le font les chiens quand, instinctivement, ils se roulent en boule, et elle s'endormit. Chaque fois que le froid la réveillait, elle se levait et sautait sur place pour faire circuler le sang dans ses jambes, puis elle s'accroupissait de nouveau derrière la congère. Elle continua à s'accroupir, sauter, s'étirer et dormir pendant plus de soixante-dix heures ; lorsque la tempête se calma enfin, elle vit nettement sa maison qui ne se trouvait qu'à quelques minutes de marche. D'après Stefansson, la leçon à tirer était simple. Si vous vous perdiez dans le blizzard, la meilleure façon de survivre était d'imiter la vieille Esquimaude : rester calme, immobile, le plus au sec possible, et dormir jusqu'à ce que le temps s'éclaircisse.

Utiliser des chiens pour chasser et se déplacer était probablement l'une des innovations les plus ingénieuses des Esquimaux. Ces animaux devinrent leur « sixième sens », des extensions de leur nez, de leurs oreilles et de leurs yeux. Les chiens, qui pouvaient flairer un phoque ou entendre un caribou bien avant les humains, permirent aux Esquimaux de vivre en Arctique. Comme l'a écrit l'ethnologue E.W. Nelson, en 1887 : « Sans les chiens, l'immense majorité des Esquimaux qui peuplaient le littoral nord de l'Amérique n'auraient pas pu survivre là où ils avaient choisi de s'établir. »

Lorsque le premier chien traversa la Béringie, il y a plus de dix mille ans, il n'était pas seul. Les chiens et les humains arrivèrent ensemble en Alaska, et leur association fut l'une des clés de leur survie dans le Nord. De tout temps les chiens ont servi de chasseurs, de gardiens et de compagnons, mais seuls les Esquimaux ont appris à exploiter aussi efficacement leur force. Le bond technologique le plus important ne se produisit que relativement récemment quand les Esquimaux attelèrent les chiens à des traîneaux et perfectionnèrent la technique de la traction. L'attelage de chiens est l'une des innovations les plus astucieuses jamais mises au point par l'homme. Au même titre que le cheval sur les Grandes Plaines ou le chameau dans le désert, le chien était la pierre angulaire du mode de vie des Esquimaux en Arctique.

On ignore depuis combien de dizaines de milliers d'années le chien est le meilleur ami de l'homme, mais on sait qu'il fut le premier animal à être domestiqué. Ce fut probablement au paléolithique que des loups apprivoisés commencèrent progressivement à se « transformer » en chiens, et depuis cette époque, les humains vivent avec ces « loups travestis en chiens » *. L'association homme/chien remonte à bien avant l'invention de l'écriture, avant celle de la roue et même celle de l'agriculture. En ce sens, cette association est peut-être l'un des événements culturels les plus anciens de notre héritage, un événement qui date de l'âge de la pierre.

Dans de nombreux mythes amérindiens, les humains descendent des loups ou des chiens. Dans un mythe de la basse vallée du Yukon, la mère de tous les humains est une louve qui épousa un humain. « Au début, l'eau recouvrait la terre, raconte la légende. Il faisait très froid et l'eau était couverte de glace. » Sur cette terre déserte, un homme vint « du rivage le plus éloigné de la grande eau » et dans les collines qui longent le littoral de la mer de Béring, au nord de l'estuaire du Yukon, il prit une louve pour femme. Ils eurent plusieurs jumeaux, chaque fois un garçon et une fille, qui parlaient des langues différentes. « Ce furent ces jumeaux qui peuplèrent la terre... »

---

* Comme Mark Deer l'a montré dans *Dog's Best Friend : Annals of the Dog-Human Relationship* (New York, Henry Holt, 1997), la relation entre l'homme préhistorique et les loups remonte à l'époque où les chasseurs nomades commencèrent à sélectionner des loups qui possédaient des caractéristiques susceptibles de les aider à rabattre les gros mammifères.

Dans d'autres légendes des autochtones d'Alaska, l'association homme/chien remonte à la création de la terre. Selon l'une de ces légendes, quand le monde fut créé, la terre se fendit en deux et un grand abîme sépara les animaux, qui se trouvaient sur l'une des moitiés de la terre, de l'homme qui se trouvait sur l'autre. Tous les animaux se sauvèrent à l'exception d'un seul : le chien. Se tenant au bord de l'abîme, il se mit à aboyer, à hurler, à implorer jusqu'à ce que l'homme lui crie : « Viens ! » Lorsqu'il se précipita au-dessus de l'abîme pour atteindre l'autre côté, il resta accroché au bord et l'homme dut le tirer par ses deux pattes de devant. « Sans l'homme, le chien aurait certainement était perdu à jamais. »

Que ce soit le chien qui doive la vie à l'homme ou le contraire, la collaboration entre les Esquimaux et leurs chiens leur permit certainement de survivre les uns et les autres pendant des milliers de longs hivers glacials. Certains archéologues pensent qu'initialement les chiens servaient avant tout de garde-manger ambulant, et qu'ils procuraient aux tribus nomades viande et fourrure. Dans les années 1830, un explorateur russe qui longea le littoral de la mer de Béring rapporta que deux des mets préférés des Esquimaux étaient « les têtes de saumon fermentées... et le chiot engraissé ». En plus d'utiliser les chiens pour leur fourrure et leur viande, les Esquimaux les dressaient pour la chasse et le transport.

A la chasse, les chiens étaient irremplaçables pour suivre les ours à la trace ou repérer sur la banquise les minuscules trous de respiration des phoques. Quand la glace était trop épaisse pour que les phoques puissent la briser d'un coup de tête, ils la grignotaient, creusant des tunnels profonds de deux mètres qui se terminaient par un petit trou juste suffisant pour y coller leurs narines. Ces trous de respiration étaient invisibles à l'œil nu, mais ils n'échappaient pas à l'odorat des chiens. En quittant leur village, les chasseurs s'éparpillaient sur la banquise avec leurs chiens qui, le nez au ras de la glace, reniflaient les congères et les crêtes, et entraînaient les chasseurs dans une course en zigzag. Le chasseur suivait son chien, qui s'éloignait parfois d'un ou deux kilomètres de la côte, et lorsqu'il s'arrêtait brusquement, l'homme plongeait une baguette en ivoire dans la neige molle jusqu'à ce qu'elle s'enfonce profondément dans le trou de respiration qui se trouvait au-dessous. Il se cachait ensuite du côté sous le vent du trou et attendait, parfois plusieurs heures, que le phoque monte vers la surface, et quand il venait respirer, il le transperçait avec son harpon. Pendant tout ce temps, le chien restait à côté du chasseur, sachant par expérience que son travail n'était pas terminé.

Les autres chasseurs du village venaient souvent aider leur compagnon à sortir le phoque de l'eau. L'homme attachait alors l'animal mort avec un trait en cuir qu'il fixait au harnais de son chien fidèle, et celui-ci rapportait le phoque au campement tandis que le chasseur allait rejoindre un compagnon posté près d'un autre trou de respiration. « Le chien effectuait bien volontiers cette course sachant qu'une fois arrivé on lui donnerait à manger », écrivait un explorateur.

On ne sait pas précisément où ni quand les Esquimaux commencèrent à atteler leurs chiens à des traîneaux, mais certains indices donnent à penser qu'ils imitèrent les autochtones de Sibérie, il y a peut-être cinq ou dix siècles. Au fil des générations, ils conçurent différents traîneaux légers, des harnais et d'autres équipements, utilisant des matériaux comme le bois flotté, le cuir cru, les défenses de morse, les bois de caribou et les os de baleine. Plusieurs explorateurs ont souligné l'ingéniosité des petites bottes en peau de phoque que les Esquimaux fabriquaient pour protéger de la glace les pieds et les pattes de leurs chiens. Autre innovation ingénieuse, la protection en glace qui recouvrait les patins de certains traîneaux. La réalisation de cette protection n'était pas facile et il fallait souvent procéder à de nouvelles applications au cours du voyage, mais la glace donnait des résultats nettement supérieurs à tous les autres matériaux. Pour commencer, on enduisait la surface du patin en bois avec une pâte faite de tourbe, ou de mousse, et d'eau. Une fois cette pâte gelée, on faisait couler dessus de l'eau chaude qui se solidifiait rapidement pour recouvrir le patin d'une couche de glace qui glisserait parfaitement sur la neige.

Initialement, la plupart des Esquimaux ne possédaient que quelques chiens, en général deux ou trois, car ils n'avaient pas de quoi les nourrir. Les chiens étaient rarement attachés afin qu'ils puissent aller fouiller un peu partout pour trouver leur nourriture : rongeurs, écureuils et détritus. Avec un si petit nombre de chiens, les Esquimaux ne montaient jamais sur leur traîneau ; ils se plaçaient devant avec les chiens pour tirer le traîneau ou derrière pour le pousser. Lorsque le lieutenant George Stoney explora le nord de la péninsule Seward, vers le milieu des années 1880, il rencontra un groupe de quarante Esquimaux qui se déplaçaient avec cinquante chiens et douze traîneaux. Il fut étonné de voir que les hommes, les femmes et les chiens étaient tous attelés ensemble. Une famille en particulier attira son attention : « Une femme avec un enfant sur le dos et une chienne avec trois ou quatre chiots qui jouaient à ses côtés tiraient un traîneau, tandis que, derrière, l'homme le poussait et le guidait, criant après son unique chienne aussi vigoureusement que s'il avait eu devant lui un attelage de douze chiens ou plus », écrivit Stoney.

Ne comptant que sur leur propre force et celle de leurs chiens pour se déplacer, les Esquimaux ne chargeaient sur leur traîneau que le matériel indispensable à leur survie. Tous les objets à transporter devaient avoir une dimension compatible avec celle du traîneau, et on découpait la viande de phoque en fonction de sa largeur. Avec de si petits attelages, on ne couvrait pas de longues distances. Les campements éparpillés le long du littoral étaient donc plutôt petits, très dispersés, faciles à dresser et à lever car les Esquimaux, constamment à la recherche de nourriture, se déplaçaient selon un cycle saisonnier.

Le rythme et le mode de vie des Esquimaux et des Athapascans d'Alaska furent radicalement transformés un jour de juillet 1741, quand Vitus Bering, un navigateur danois, à bord d'un bateau russe, aperçut la terre d'Alaska. Ce fut le début d'un immense changement qui bouleversa tous les aspects de la vie des autochtones. La technologie et les valeurs occidentales, d'étranges maladies, de nouvelles religions et l'alcool allaient remettre en question toutes leurs traditions, amenant même nombre d'entre eux à penser que leur savoir ancestral n'avait plus aucune pertinence.

Ceux qui possèdent une technologie supérieure ont toujours tendance à se croire eux-mêmes supérieurs. Un homme qui se sert d'un outil en métal est rarement impressionné par un autre homme qui, lui, n'utilise qu'une pierre. Cette erreur de jugement fut partagée par beaucoup d'explorateurs européens qui refusèrent catégoriquement de se nourrir ou de se vêtir comme les autochtones, craignant ainsi de faire preuve de faiblesse et de paraître renier la civilisation. Nombreux furent ceux qui, préférant manger du bœuf en conserve plutôt que du blanc de phoque frais, porter des manteaux en laine et des bottes en cuir plutôt que des parkas en fourrure et des *mukluks* en peau de phoque, eurent à en subir les conséquences. Un régime riche en viande crue procurait aux Esquimaux la vitamine C dont ils avaient besoin ; et ils le complétaient l'été en mangeant des baies et en préparant un bouillon fait avec de l'écorce de bouleau qui les protégeait des maladies. Le scorbut, sans parler des gelures et des empoisonnements dus au plomb employé pour les soudures des boîtes de conserve, firent des victimes parmi les explorateurs comme le prouve la mort tragique de sir John Franklin et de cent vingt-huit des hommes qui l'accompagnaient lors de sa dernière expédition en 1847.

Moins rigides que les militaires et les explorateurs professionnels, et moins aveuglés par des critères de comportement « correct », les trappeurs et les marchands qui vivaient depuis plusieurs années parmi les autochtones acceptèrent plus volontiers de se plier aux exigences de la vie dans le Nord. En Alaska, à la fin du dix-huitième et au début du dix-neuvième siècle, deux puissants empires de la traite des fourrures s'affrontaient : les Russes, venus de l'ouest, et les Anglais de la Hudson's Bay Company, venus de l'est à travers le Canada. Si les traiteurs étaient relativement peu nombreux, les objets qu'ils proposaient en échange des fourrures eurent un énorme impact, parfois même sur des populations avec lesquelles ils n'avaient aucun contact et qui faisaient des centaines de kilomètres pour les rencontrer.

Parmi ces nombreux objets de traite, aucun ne fut plus important que le fusil. L'introduction des armes à feu dans une société de chasseurs eut de profondes conséquences. Le pouvoir du chasseur et son rayon d'action s'en trouvèrent accrus, mais le prix à payer était élevé. Les autochtones avaient toujours fait du commerce entre tribus voisines, mais en général l'environnement dans lequel ils vivaient leur procurait tout ce qui leur était indispensable. Désormais il fallut ajouter à ces nécessités vitales des armes à feu, des vêtements confectionnés, des aiguilles en métal et des marmites en fonte. Pourquoi un chasseur aurait-il utilisé une lance s'il pouvait se servir d'un fusil ? Pour acquérir les munitions dont il avait désormais besoin, il dut devenir trappeur professionnel et amasser des peaux non pour vêtir sa famille mais pour les vendre au traiteur. Le poste de traite attira une importante population et devint souvent le centre d'un nouveau village.

Traite des fourrures et armes à feu révolutionnèrent l'utilisation des chiens dans le Nord, et la preuve en est donnée chaque fois qu'un musher crie « Mush ». Les trappeurs canadiens français employés par la Hudson's Bay Company comprirent très vite l'importance des chiens pour tirer de lourdes charges. Ils attelèrent les leurs à des luges et des traîneaux, et leur crièrent « Marche ! » ou « Marchons ! » qui se contracta peu à peu en « *Mush* ! ». Les trappeurs apprirent aux Athapascans à mener des attelages de chiens et les Indiens adoptèrent ce mode de traction qui leur permit de se déplacer plus vite en forêt et de parcourir de plus longues distances. Auparavant les Athapascans n'utilisaient que des chiens portant des bâts, mais se déplacer en traîneau était beaucoup plus efficace ; les armes à feu et l'accroissement de la demande de fourrures rendirent inévitable le passage au traîneau à chiens. Tous ces bouleversements obéissaient à une logique irrésistible. Désireux d'obtenir plus d'objets de traite et donc obligés de tuer davantage d'animaux pour avoir toujours plus de fourrures à échanger, les Athapascans adoptèrent tout naturellement le mode de traction des Esquimaux.

Chez les Esquimaux également, l'introduction des armes à feu et la puissance accrue du chasseur eurent des effets durables, dont l'augmentation du nombre de chiens qui à son tour favorisa le développement de campements plus grands et permanents. Armés de fusils et se servant d'outils en métal, les Esquimaux purent chasser davantage de gibier et pêcher plus de poissons, ce qui leur permit de mieux nourrir leurs chiens et d'en avoir un plus grand nombre. Ce fut également à cette époque qu'ils adoptèrent la pratique sibérienne qui consistait à utiliser un chien de tête, améliorèrent les harnais et développèrent l'attelage par paire. Auparavant le trait de chaque chien était habituellement attaché directement au traîneau. Ce système « d'attache en éventail », utilisé aujourd'hui encore dans l'est du Canada et au Groenland, était apprécié quand on chassait sur la banquise, mais l'attache au trait central par couples était plus efficace sur la terre ferme. Il permettait non seulement de séparer les chiens, mais concentrait la force de traction à l'avant du traîneau, et il fut adopté en Alaska.

La mobilité accrue grâce aux traîneaux à chiens amena la population à se concentrer dans un plus petit nombre de campements car les chasseurs pouvaient désormais gagner différents terrains de chasse et lieux de pêche depuis un même campement. Un homme possédant huit chiens pouvait tirer quatre fois plus de viande de phoque et aller quatre fois plus loin qu'un homme qui n'en avait que deux. Avec cette facilité de déplacement, il devenait plus simple d'apporter la viande à sa famille que d'amener sa famille là où se trouvait la viande.

Aussi importants qu'aient pu être les changements apportés par la traite des fourrures, la présence d'une poignée de traiteurs solitaires ne fut rien comparée à l'invasion des étrangers au moment de la ruée vers l'or en Alaska et sur le Territoire du Yukon. Après la découverte de gisements dans le Klondike, en 1896, des dizaines de milliers d'hommes venus du monde entier envahirent les terres ancestrales des Esquimaux et des Athapascans, et saccagèrent les cours d'eau à la recherche d'or. Ironie du sort, ce furent les chiens, qui durant des siècles avaient permis aux Esquimaux de survivre, qui contribuèrent à l'existence de ce nouveau monde. Ils transportèrent de la nourriture, du matériel pour les prospecteurs, des médicaments, des passagers et de l'or, utilisant le réseau de pistes que les Esquimaux et les Athapascans avaient suivies pendant des centaines d'années.

En plus de développer le commerce, la ruée vers l'or apporta avec elle d'étranges idées et la plus curieuse pourrait bien avoir été celle de certains fonctionnaires du gouvernement américain qui pensèrent qu'il vaudrait mieux se passer de chiens en Alaska. Des individus audacieux et entreprenants essayèrent d'autres moyens de transport qu'ils espéraient plus performants, comme les chevaux, les chèvres, les montgolfières, les bicyclettes, les patins à glace, les bateaux à glace, les trains à glace, et quelques-uns tentèrent même de communiquer au moyen de pigeons voyageurs. Le choix de plusieurs personnes se porta sur le renne. Le promoteur de ce projet était un missionnaire presbytérien, Sheldon Jackson, responsable de l'enseignement en Alaska, qui, en 1890, créa les premières écoles chez les Esquimaux Inupiaq du littoral de la mer de Béring et de l'océan Arctique. Jackson craignait que les dommages causés par les baleiniers américains qui pêchaient dans la mer de Béring depuis près d'un demi-siècle ne contribuent à décimer les mammifères marins et les caribous dont dépendaient les Esquimaux, condamnant ces derniers à une famine imminente. Sur le littoral sibérien de la mer de Béring, il avait vu des autochtones prospères, gardiens de troupeaux de rennes, qui faisaient d'importantes provisions de viande pour affronter l'hiver sans difficulté. Le renne et le caribou appartiennent à la même espèce, mais le renne est domestiqué. Johnson pensait que la solution consistait à importer en Alaska des rennes de Sibérie qui vivraient en broutant la mousse sur la toundra et transformeraient les Esquimaux, chasseurs de caribous, en gardiens de troupeaux de rennes.

John Brady, le gouverneur de l'Alaska, adhérait totalement aux idées de Jackson et affirmait que le renne pourrait procurer « une nourriture abondante et saine... qui exigerait relativement peu d'efforts ». Il estimait que l'introduction du renne en Alaska serait providentielle. « [Le renne] a été créé pour le Nord glacial, comme le chameau pour le désert brûlant », écrivait-il.

Le premier arrivage de rennes, qui eut lieu en 1892, se composait de cent soixante et onze têtes, et à la fin du siècle, après d'autres arrivages et des naissances, on comptait en Alaska près de trois mille rennes. Promoteur infatigable du projet qui consistait à remplacer les chiens par des rennes, le docteur Jackson le défendit devant le Congrès, en 1903, et demanda que le transport du courrier leur soit confié. Jackson avait globalement une piètre opinion de la culture des autochtones ; il jugeait leurs langues décadentes et était favorable au fait qu'on punisse les enfants qui les parlaient. Il éprouvait également un mépris particulier pour les chiens et affirma devant le Congrès que ces animaux n'étaient pas dignes de confiance, qu'il fallait s'en méfier et « qu'ils avaient besoin d'une nourriture abondante alors que les rennes étaient doux, timides et mangeaient très peu, se contentant de brouter la mousse et les épicéas sur la toundra ».

Pourtant, le docteur Jackson donna des consignes aux missionnaires et aux gardiens de troupeaux afin qu'ils se montrent très prudents avec ces animaux. Il leur conseilla même de ne pas les toucher, s'ils pouvaient éviter de le faire, en leur passant leurs harnais. Selon lui, il valait mieux se contenter de lancer le harnais autour du cou de l'animal du plus loin possible, puis tirer sur la corde comme pour serrer un nœud coulant. Un missionnaire obéissant trouva, lui, que les rennes étaient réfractaires aux ordres. Il écrivit : « Après mille péripéties, j'ai fini par me hisser sur le chargement du traîneau, derrière le renne que je devais conduire. Tout d'abord, je n'ai eu aucun problème, mais dès que j'ai essayé de guider le renne, tous mes efforts ont été traités avec mépris. Quels que soient le nombre de fois et la force avec laquelle je tirais sur le trait, il ne m'accordait pas la moindre attention, sauf certaines fois où il s'arrêtait et se retournait pour me regarder d'une façon qui me mettait plutôt mal à l'aise car on sait combien les sabots de devant d'un renne sont une arme redoutable. »

L'archidiacre Hudson Stuck, un autre missionnaire, fit partie des nombreuses personnes qui s'élevèrent contre le projet de Jackson. Il pensait que les autochtones n'avaient pas à être « refaits » à l'image de l'homme blanc. Dans ses sermons, il affirmait que les langues des autochtones, leurs cultures et leurs traditions étaient dignes de respect et qu'aucun chien n'était « une bête sauvage... à moins d'appartenir à une bête sauvage ». Pressé par le docteur Jackson, le gouvernement tenta de faire transporter le courrier par des attelages de rennes, sur certaines pistes d'Alaska, et un ou deux « prospecteurs pleins d'illusions » essayèrent d'utiliser des rennes au lieu de chiens, mais Stuck affirma qu'on s'apercevrait vite de l'absurdité de ce projet. La distribution du courrier avec des rennes fut vite abandonnée et, après seulement une saison, les prospecteurs abattirent leurs rennes et vendirent la viande et la peau pour acheter un couple de chiens.

En 1914, Hudson Stuck écrivit que, selon lui, il serait imprudent de prédire que les attelages de chiens finiraient par disparaître totalement des pistes d'Alaska. Il pensait que tant que les saumons nageraient et que les prospecteurs vivraient, tant que les Indiens parcourraient l'immensité arctique, tant « qu'il faudrait se déplacer rapidement sur de longues distances, on attellerait des chiens à des traîneaux en Alaska ».

Onze ans plus tard, la décision de faire appel à des chiens pour transporter le plus vite possible le sérum à Nome allait prouver que Hudson Stuck avait raison.

7.

La règle des quarante degrés

> « Seul un homme du Nord peut survivre au nord. Non seulement à son froid... mais à son terrible danger feutré, à ses jours interminables et silencieux, où la pensée d'être le seul être humain dans cet immense désert blanc est terrifiante et où l'on souhaiterait avoir à ses côtés un compagnon humain pour la supporter et conserver son équilibre mental. »
>
> Bert Hansen, U.S. Deputy Marshal
> de l'intérieur de l'Alaska.

Ce mardi 27 janvier, dans la petite gare de Nenana, à plus de mille kilomètres à l'est de Nome, « Wild Bill » Shannon bouillait d'impatience. Il était à peine neuf heures du soir[1] et il attendait le sérum que le docteur Beeson avait confié au chef de train. Il y avait presque vingt-quatre heures que la locomotive avait quitté Anchorage, et elle devait arriver d'un moment à l'autre *.

---

* Gérer la circulation ferroviaire dans l'intérieur de l'Alaska n'était pas une tâche facile. Le blizzard bloquait souvent les voies, et à cause du froid le givre et la glace recouvraient tous les équipements. Les vieilles locomotives, construites en 1906, étaient à l'origine destinées au Panama et la cabine du mécanicien n'était pas fermée, rien ne la protégeait des éléments extérieurs. En janvier 1925, un employé des chemins de fer confiait à des journalistes : « Ces tempêtes sont si violentes qu'elles ont

Nenana était l'avant-dernière ville sur cette voie de chemin de fer longue de sept cent cinquante kilomètres qui partait du port de Seward, au sud, sur le golfe d'Alaska, et se terminait à Fairbanks. Située au confluent de la Nenana et de la Tanana, deux cours d'eau importants, Nenana * était autrefois un emplacement où les Athapascans venaient établir leurs campements, et un lieu de rassemblement où ils faisaient du commerce et célébraient des potlatchs **. Au fil du temps, Nenana avait vu arriver des trappeurs, des traiteurs, des chercheurs d'or, mais c'était la construction du chemin de fer, commencée en 1915, qui avait tout changé. Une fois cette construction terminée, en 1923, Nenana était devenue le centre d'un important réseau de distribution entre les régions du Sud et l'intérieur de l'Alaska, pour les marchandises et les voyageurs.

Nenana avait été choisie comme point de départ pour le transport du sérum car la ville se trouvait à la jonction entre le chemin de fer et la piste empruntée par les mushers du service postal pour se rendre à Nome. Ce voyage en train depuis Anchorage, une distance de presque cinq cents kilomètres, ferait gagner plusieurs jours, mais une fois à Nenana, il resterait encore mille quatre-vingts kilomètres à parcourir, et en hiver ce trajet à travers l'Alaska ne pouvait se faire qu'en traîneau à chiens.

Dégingandé, les cheveux blonds, Wild Bill était – comme beaucoup d'hommes du Territoire, et peut-être même un peu plus que les autres – un touche-à-tout. Musher du service postal, prospecteur, trappeur, cet homme courageux était

---

souvent fait voler en éclats les vitres de la cabine de la locomotive, et nos hommes se sont retrouvés à l'hôpital avec une pneumonie. Plusieurs fois nous avons dû les sortir des cabines ouvertes car ils étaient paralysés par le froid et incapables de bouger. » (*Anchorage Daily Alaskan*, 31 janvier 1925)

* Selon certains, le mot Nenana signifie dans la langue des Athapascans : « un bon endroit pour camper entre les rivières ».

** Cérémonie de dons traditionnellement organisée pour marquer un rite de passage : naissance, puberté, mariage, mort. *(N.d.T.)*

connu pour avoir l'attelage de chiens le plus rapide de la région. Son expérience de musher associée à un caractère emporté, un esprit vif et un empressement à prendre des risques lui avait sans aucun doute valu son surnom. Et ce n'était pas sans raison qu'il était considéré comme un spécialiste du grand froid. Cette nuit-là, son expérience durement acquise et ses talents de musher allaient être mis à l'épreuve, peut-être comme jamais auparavant.

En gagnant la gare de Nenana, Shannon avait senti que la température chutait et qu'elle descendrait au moins jusqu'à trente-cinq ou quarante degrés au-dessous de zéro, ce qui n'était pas rare à cette époque de l'année. Quand il faisait un froid pareil, votre souffle se transformait en petits cristaux de glace et lorsque vous inspiriez, l'air vous piquait les narines. On aurait cru des piqûres d'abeille et la douleur vous empêchait de respirer. Même à l'intérieur de la gare, Wild Bill Shannon était resté emmitouflé, sa parka en peau d'ours lui descendant presque jusqu'aux genoux.

Si la décision avait dépendu d'Edward Wetzler, l'homme chargé par le gouverneur de superviser le relais, Shannon ne se serait pas mis en route avant le lever du jour. Le soleil aurait alors eu le temps de réchauffer un peu la piste et la vue aurait été meilleure. Même ainsi, Wild Bill aurait violé une règle de survie que de nombreux mushers hésitaient à transgresser, même s'ils le faisaient souvent « la règle des quarante degrés[2] ». Cette règle déconseillait vivement de prendre la piste avec ses chiens par des températures de quarante degrés au-dessus ou au-dessous de zéro. A quarante degrés et au-dessus, un chien de traîneau peut avoir trop chaud et souffrir de déshydratation *. A quarante degrés sous zéro, un

* Le halètement est l'un des moyens qu'a le chien de se rafraîchir. Plus il a chaud, plus il halète. Ce faisant, il permet à l'air de circuler dans sa bouche et sur sa langue qui sont humides, ce qui provoque une évaporation et donc une perte de chaleur. Mais sans un apport suffisant d'eau, le halètement n'est pas efficace très longtemps et le chien peut rapidement se déshydrater.

degré au-dessous de la température de solidification du mercure, aucune erreur n'est permise. L'U.S. Army stationnée à Tanana avait interdit à ses soldats de patrouiller quand la température était aussi basse *.

Cette nuit-là il faisait quarante-cinq degrés au-dessous de zéro.

« Voyager par moins quarante-cinq degrés c'est possible... tant que *c'est possible*[3] », disait un proverbe connu de tous les habitants du Territoire. A cette température, l'Alaska devenait un monde différent, avec ses propres lois physiques. Par exemple, si l'on jetait une tasse d'eau bouillante en l'air, l'eau se transformait comme par magie en un nuage fantomatique de vapeur. Si l'on avait les mains nues, de la fumée sortait de chaque doigt car la vapeur qui s'échappait continuellement par les pores de la peau devenait visible. La salive gelait, et ouvrir la porte d'une cabane chauffée, c'était inviter des fantômes. Quand l'air froid s'engouffrait à l'intérieur, l'humidité des murs et des sols se transformait en une multitude de cristaux de glace, comme autant de petites chandelles. A l'extérieur, où l'air glacial aspirait la moindre trace d'humidité, le paysage prenait un aspect fragile, qui rappelait le verre. Le moindre objet devenait très net et l'air se remplissait de fins cristaux de givre étincelants.

Conduire un attelage de chiens était dangereux quel que soit le temps, et pour un musher, songer à toutes les façons dont il risquait de mourir sur la piste aurait été une torture. S'il ne se méfiait pas, il pouvait être frappé par une branche

---

* Vers le milieu des années vingt, les habitants de l'Alaska utilisaient fréquemment de l'alcool pour leurs thermomètres, souvent fabriqués de façon artisanale et peu fiables. Durant la ruée vers l'or dans le Klondike, un célèbre pionnier, Jack McQuesten, avait installé devant son poste de traite quatre bouteilles alignées selon leur sensibilité au gel et contenant : la première du mercure, la deuxième du whisky, la troisième du kérosène et la dernière du calmant Perry Davis. Selon les pionniers, lorsque le calmant Perry Davis gelait, cela indiquait une température de moins soixante degrés. Le mode d'emploi de ce calmant conseillait, paraît-il, à l'utilisateur de rester auprès du feu quand le produit gelait.

basse ; chargé et tué par un orignal apparu soudain au détour de la piste et effrayé par les chiens ; tomber de son traîneau et se retrouver privé de nourriture ; être mouillé et ne pas avoir d'allumettes pour faire du feu avant d'être totalement gelé. La mort le guettait sur chaque rivière, chaque déclivité de la piste, mais par quarante ou quarante-cinq degrés au-dessous de zéro, les risques étaient considérablement accrus.

Les mésaventures survenues à ceux qui avaient défié le froid se racontaient d'une ville à l'autre, rappelant aux mushers qui prenaient la piste combien il était facile de perdre une main ou une jambe. L'un d'entre eux expliquait qu'à moins quarante-cinq degrés « perdre un gant signifiait perdre une main[4] ». En quelques minutes, une main ou une joue exposées pouvaient geler et un orteil engourdi prendre la texture du bois. La vie sur la piste devenait une sorte de jeu mental contre la peur, une lutte entre le savoir-faire du musher pour gérer les éléments et la féroce détermination de la nature. Pour survivre il fallait faire preuve d'une vigilance inébranlable, soutenue par un refus obstiné d'abandonner la partie. Se laisser gagner par la fatigue, renoncer, équivalait à une mort certaine.

Quelques années auparavant, sur la piste que Shannon devait emprunter, un trappeur nommé Meyers avait eu accidentellement les pieds mouillés et il avait failli perdre la vie. Il faisait quarante-cinq degrés sous zéro et Meyers se trouvait à environ deux kilomètres de la station télégraphique du village de Minto quand la glace se brisa sous lui. En quelques secondes seulement ses pieds commencèrent à geler. Très vite, il se mit à trembler sans pouvoir se maîtriser et ne parvint pas à gratter une allumette pour faire du feu. Il courut sur la piste, espérant atteindre Minto, mais son allure se fit de plus en plus lente et irrégulière. Il ne sentait plus ses deux pieds et trébuchait sur le moindre obstacle. Chaque fois qu'il tombait, il réussissait à se remettre debout. Il finit par arriver à la station télégraphique. A l'intérieur, l'opérateur entendit la porte s'ouvrir derrière lui et « le bruit de quelqu'un qui frappait violemment le sol ». Il pensa aussitôt que « seul un homme aux pieds complètement gelés pouvait faire ce bruit-là[5] ».

Meyers survécut à cette épreuve, mais il perdit ses deux pieds.

Shannon devait faire une longue course, dont la moitié sur la piste où Meyers avait failli perdre la vie. Il lui faudrait parcourir plus de quatre-vingts kilomètres en terrain accidenté, sur une rivière gelée puis le long de berges abruptes, jusqu'au relais de Tolovana où l'attendrait un autre musher. Normalement, le trajet Nenana-Tolovana prenait deux jours, avec une nuit d'arrêt au relais de Johnny Campbell, à Minto. Mais on avait demandé à Shannon de faire cette course d'une seule traite. Cela aurait été un défi pour n'importe quel musher, n'importe quand, mais pour Shannon, le danger était encore plus grand car il allait devoir mener un attelage de chiens relativement inexpérimentés.

Le chien de tête de l'attelage, qui comprenait neuf chiens, s'appelait Blackie. Agé de cinq ans, il avait une croix blanche sur la poitrine. Shannon avait affirmé une fois que Blackie était le petit-fils d'un loup gris, ce qui laissait supposer un mélange romantique de sauvage et d'apprivoisé, ces deux éléments s'alliant parfaitement. Jack London décrivit un tel croisement, mais l'idée en elle-même était peu réaliste. Les loups chassent, ils ne tirent pas de traîneaux. Quelques chercheurs d'or ont peut-être réussi à croiser une chienne de traîneau et un loup dans l'espoir d'obtenir un animal aux coussinets plus résistants, à la fois plus rapide et possédant un sens plus aigu de la piste. Cependant, les croisements chiens-loups n'auraient pas été d'une grande utilité. Il est possible qu'il y ait eu en Alaska un ou deux attelages composés de chiens-loups, mais la plupart des spécialistes s'accordent à penser que de tels hybrides étaient un mythe. Les chiens-loups ont tendance à être peu dociles, agressifs et attachés à leur territoire, et ils auraient représenté un danger dans un attelage *.

* L'agressivité chez les chiens-loups n'est pas nécessairement héritée du loup. Dans son livre *The Company of Wolves* (New York, Alfred A. Knopf,

Shannon avait adopté Blackie après avoir quitté l'armée où il avait servi un temps comme maréchal-ferrant, dans l'intérieur de l'Alaska. Durant les quelques années qui venaient de s'écouler, le chien l'avait aidé à distribuer le courrier, à transporter des marchandises et du matériel destiné à ses

---

1995), Peter Steinhart écrit que les loups ont tendance à mettre rapidement fin à un combat et à éviter le danger. Ils mordent rarement un membre de la meute. Cette dernière ne survivrait pas à une constante agression et les conflits sont généralement résolus avant d'en arriver à ce stade.

Le mythe de l'attelage de chiens-loups perdura en Alaska durant les années mille neuf cent et fut peut-être entretenu par des éleveurs et des mushers qui essayaient de vendre leurs chiens de traîneau à des prix très élevés, en particulier à des débutants impressionnés par cette idée. Pourtant les loups ne sont pas plus robustes que les chiens de traîneaux et n'ont pas une plus grande endurance. Raymond Coppinger, biologiste et amateur enthousiaste de chiens de traîneau, écrit dans *Dogs : A Startling New Understanding of Canine Origin, Behavior and Evolution* (New York et Londres, Scribner, 2001) que croiser un chien de traîneau et un loup « serait une digression évolutionniste et provoquerait peut-être même une altération du comportement des deux espèces. Les loups n'ont pas été sélectionnés pour être des chiens de traîneau ». Contrairement à la croyance populaire, un attelage de chiens ne court pas comme une meute de loups. Coppinger écrit : « Une meute poursuit quelque chose. Un chien de traîneau court parce que les autres chiens courent. » C'est leur seule motivation. « Ils courent à un certain rythme qu'ils peuvent entendre, sentir, et auquel ils s'adaptent. Quand vous vous tenez à l'arrière du traîneau, c'est quelque chose de très puissant que vous pouvez ressentir. »

Coppinger parle d'un zoologue, spécialiste des loups, qui tenta de dresser de jeunes loups âgés d'un an, qu'il avait élevés, à tirer un traîneau. Après plusieurs mois de dressage, les loups n'acceptaient toujours pas d'être attelés aussi près les uns des autres. Quand ils étaient fatigués, ils se couchaient tout simplement. Ils refusaient de prendre la direction qu'on leur commandait. Un jour où ils se reposaient, un rouge-gorge vint se poser parmi eux. Ils grimpèrent les uns sur les autres, emmêlèrent leurs traits et finirent par se battre. L'expérience était un échec et le zoologue rentra chez lui en tirant le traîneau. Les loups ne sont pas faits pour courir attelés ensemble. Etant des esprits indépendants, ils courent à leur propre rythme et sont plus préoccupés de défendre leur espace individuel que d'aller de l'avant. Ces traits de caractère compromettraient l'efficacité d'un attelage et la sécurité du conducteur.

gisements de cuivre, et à aller poser des pièges dans les bois proches. A présent Shannon connaissait bien les particularités, les forces et les faiblesses de Blackie, tout comme le chien connaissait celles de son maître.

Quant aux huit autres chiens de l'attelage, tous âgés de deux ans, c'était une autre histoire. Il y avait Solly, un husky de Sibérie aux yeux d'un bleu glacé ; Jimmy, le petit-fils de Blackie, Princess, Cub, Jack, Jet, Bear et Bob, tous de bons chiens robustes que Shannon avait élevés et formés, mais ils étaient jeunes et manquaient d'expérience. Ils allaient pour la première fois courir pendant douze heures et par des températures très basses, et Shannon n'ignorait pas que cela pouvait être dangereux pour eux comme pour lui.

Il aurait été plus raisonnable d'attendre au moins le matin pour partir, comme Wetzler l'avait instamment demandé, d'autant que la température chutait. Mais dans ce pays, un homme ne portait pas le surnom de Wild Bill sans l'avoir mérité, et Shannon était prêt à prendre tous les risques. En face de la gare de Nenana, de l'autre côté de la rivière, sur la rive escarpée, se dressaient les croix des quarante-six Athapascans qui étaient morts pendant la pandémie de grippe, sept ans auparavant, un rappel discret de la vulnérabilité des Indiens aux maladies des Blancs.

« Bon sang, Wetz, avait lancé Shannon à l'inspecteur des Postes, si des gens sont en train de mourir... il faut partir tout de suite[6] ! »

Shannon prendrait livraison du sérum dès qu'il arriverait et ferait sa part de la course quel que soit le temps. Tôt le lendemain matin, il se retrouverait à quatre-vingt-cinq kilomètres plus à l'ouest, en sécurité au relais de Tolovana, ou alors cela voudrait dire qu'il avait connu de graves ennuis.

Bien avant de la voir, Shannon et ses chiens entendirent le teuf-teuf de la locomotive à vapeur. Par cette température, le moindre son se répercute entre la couche d'air chaud et celle d'air froid, plus lourde, et porte deux fois plus loin. Shannon eut l'impression que le train était tout proche. Quand il émergea de la nuit, la locomotive lâcha un gros jet de vapeur. Plusieurs personnes s'étaient rassemblées sur la plateforme et parmi elles Anna, la femme de Shannon, qui était venue assister au départ de son mari. C'était une solide pionnière aux yeux d'un bleu profond et aux cheveux bruns ; elle avait souvent accompagné Shannon dans ses voyages.

L'excitation de la foule était contagieuse et les chiens déjà harnachés, tiraient sur leurs traits. Avant même que le train ne s'arrête, Frank Knight sauta sur le quai avec le colis de neuf kilos et courut vers Shannon.

Shannon lui prit des mains le précieux paquet et le fixa solidement sur le traîneau. Il vérifia plusieurs fois les harnais des chiens et leurs traits, et s'assura que son matériel de secours était bien complet. Tout bon musher emportait avec lui une hache, une couverture, un couteau, des rations alimentaires, une bâche goudronnée pour dresser un campement, et de quoi faire du feu. Dans une poche, il avait une boîte à l'épreuve de l'eau contenant des allumettes et dans une autre des copeaux de bois et des brindilles sèches, ou un morceau de camphre.

Tout étant en ordre, Shannon monta sur les patins, détacha la ligne de sécurité et se mit en route, filant vers la rive de la Tanana, dans le froid et la nuit. Jamais autant de gens n'étaient venus le regarder partir, mais cette nuit-là, il ne pensait qu'à la tâche qu'il avait à accomplir.

Bien au-dessus de la cime des épicéas et des bouleaux, la lune, à peine un quartier, et les étoiles brillaient d'un éclat froid.

La piste suivait la Tanana, remontant vers le nord en trois longs méandres sinueux pendant une cinquantaine de kilomètres, jusqu'à Minto, un village athapascan, puis elle tournait brusquement vers l'ouest en direction de Tolovana. Le terrain était irrégulier, parfois plat, d'autres fois encombré de morceaux de glace qui pouvaient être dangereux pour les genoux et les coudes, et il fallait souvent pousser le traîneau et faire de brusques écarts.

En traversant la Tanana pour gagner la rive est, les chiens

haletaient, laissant derrière eux de minces volutes de vapeur qui restaient un moment suspendues dans les airs tels des fantômes le long de la piste. En d'autres circonstances ce spectacle aurait parut très beau mais, cette nuit-là, il indiquait simplement que les chiens couraient trop vite par ce grand froid. En outre, la piste était dans un état lamentable. Quelques jours plus tôt, un attelage de chevaux tirant un lourd chargement avait creusé de profondes ornières dans le sol. Pendant des années, les attelages de chevaux avaient empoisonné la vie des chiens de traîneaux. En 1900, un chercheur d'or avait décrit ainsi les dégâts que les chevaux pouvaient causer sur une piste :

> [Ils] s'enfonçaient à chaque pas et c'était l'attelage le plus difficile à conduire que j'aie jamais vu [...], ils creusaient des ornières longues de deux mètres. La plupart des chiens se cassaient les griffes en dérapant dans ces ornières et ces trous, ils boitaient et laissaient des traces de sang sur plusieurs kilomètres [...]. Beaucoup d'hommes se foulaient les chevilles et boitaient eux aussi [...]. Ce qu'ils disaient et pensaient des deux individus et de leurs chevaux aurait fait s'enflammer une tonne de papier d'amiante ignifugé[7].

Les chiens de Shannon luttaient pour garder leur équilibre, mais le musher finit par reconnaître que la piste était trop abîmée. Poussant un grand « Haw ! » il ordonna à Blackie de tourner à gauche et de conduire l'attelage sur la Tanana. Sur la rivière gelée la température chuterait de plusieurs degrés, mais là, au moins, les chevaux n'auraient pas causé de dégâts.

Shannon prenait un très gros risque. Se déplacer sur une rivière gelée peut être dangereux par n'importe quel temps. La glace qui recouvre une rivière est en continuelle transformation. Elle peut être plate sur une certaine distance puis se hérisser d'un enchevêtrement de sculptures glacées aussitôt après. Ces petits monticules de glace sont assez solides pour supporter le poids d'un camion, mais les étroits passages qui les séparent peuvent craquer sous le pied.

Il faisait très sombre et bien que luttant contre le froid qui l'engourdissait, Shannon restait vigilant et guettait les embûches qui pouvaient surgir à tout moment. Il craignait particulièrement un débordement de la rivière, un phénomène courant en hiver mais qui, à quarante-cinq degrés au-dessous de zéro, pouvait coûter la vie. Le débordement se produit quand l'eau jaillit à travers la surface et se répand sur la glace. La pression de l'eau emprisonnée peut être tellement forte qu'il se forme un jet dépassant parfois un mètre de hauteur, et la nappe d'eau recouvre la glace sur plusieurs kilomètres.

Par temps chaud, les chiens de traîneaux aiment bien patauger dans l'eau mais, quand il fait froid, ils s'efforcent de l'éviter. Si, malgré tout, le traîneau passe dans l'eau le musher doit aussitôt s'arrêter, couper des branches d'épicéa et allumer un feu pour sécher ses bottes et ses chaussettes. S'il tarde à réagir, il risque de perdre ses orteils, un pied ou la vie.

Il doit également sécher les pattes de ses chiens car la glace risque de s'accumuler entre les pelotes, blesser le pied de l'animal et le faire boiter. C'est une opération pour laquelle il doit enlever ses moufles, qui prend beaucoup de temps, mais qui est absolument indispensable. « Sur les pistes d'Alaska, un homme vaut ce que valent ses chiens, et un chien vaut ce que valent ses pieds[8] », disait un musher qui avait beaucoup voyagé.

L'eau qui déborde de la rivière regèle rapidement, formant une fragile coquille qui craque bruyamment sous les pieds et est aussi souple que du caoutchouc, deux signes qui avertissent le voyageur de s'éloigner. Mais une fois que l'eau a totalement durci et pris un aspect lustré, elle peut être aussi glissante que du verre, et il devient très difficile d'y marcher.

En se déplaçant sur une rivière gelée, on prenait également un autre risque, celui de rencontrer ce que l'on appelait un « tambour de glace », l'opposé d'un débordement. Ce risque-là était bien plus important car si un bon chien de tête pouvait éviter un débordement, il ne savait pas détecter un tambour de glace à temps pour éviter une catastrophe. Ce phénomène se produit lorsque l'eau qui court sous la surface gelée se retire, laissant derrière elle une caverne de glace.

On ne la distingue pas vraiment en surface, mais quand le traîneau passe dessus, cela produit un son creux, comme celui d'un tambour, et si l'attelage ne s'écarte pas au plus vite, la couche glacée peut s'effondrer et le musher se retrouver trois ou six mètres plus bas, dans le lit de la rivière à sec.

Quoi qu'il arrive, Shannon devrait garder son calme : s'il paniquait, les chiens le sentiraient probablement et deviendraient nerveux à leur tour, et rien ne saurait être pire. Sur la piste, en cas de situation critique, il valait mieux que le musher laisse son chien de tête régler le problème, sans intervenir. En général, un chien de tête – mâle ou femelle – avait tendance à être calme et sûr de lui. Il n'avait pas gagné sa place en se montrant le plus agressif, mais grâce à son intelligence.

Au début des années mille neuf cent, Bert Hansen, U.S. Deputy Marshal, patrouillait en Alaska sur des milliers de kilomètres d'étendues glacées et désertes, et son rôle consistait à ramener les gens morts de froid, les criminels et ceux qui avaient perdu la raison. Un jour où il suivait le cours d'une rivière gelée, son traîneau passa sur un tambour de glace et Hansen tomba dans une « tombe cristalline[9] » profonde de près de quatre mètres et large de quarante-cinq mètres. Tuesday, son chien de tête, entendit la glace craquer, sentit le traîneau devenir plus léger et fit faire demi-tour à l'attelage pour voir ce qui se passait. (Beaucoup d'autres chiens auraient simplement continué leur course.) Tuesday regarda dans le trou, vit Hansen, se mit à gémir et laissa ses deux pattes de devant pendre dans le vide « comme s'il s'apprêtait à me rejoindre », se rappelait Hansen. Ils avaient fait plusieurs fois ce même parcours ensemble, et Hansen savait qu'un trappeur vivait dans une cabane, à une quinzaine de kilomètres de là. « J'ai donc agité la main dans cette direction et ordonné à Tuesday de poursuivre sa route. Il a aboyé, tourné la tête dans la direction que je lui indiquais et m'a de nouveau regardé comme pour essayer de lire dans mon esprit », puis il s'est éloigné avec le reste de l'attelage.

Les minutes s'écoulèrent lentement et Hansen, seul à présent, commença à paniquer. Il essaya en vain d'arracher de grosses pierres du gravier espérant les empiler contre la berge pour en faire une échelle de fortune. Il parcourut toute la longueur de la caverne, découvrit un endroit où la berge était légèrement en pente et réalisa qu'il pouvait creuser la glace pour avoir plus de prises, et l'escalader. Il chercha aussitôt son couteau dans les poches de sa parka, mais il avait oublié de l'emporter. Grave erreur. Désespéré, il se mit à frapper la glace. « Je me trouvais en proie à l'une de ces paniques que l'homme connaît parfois quand il se sent absolument impuissant. Un musher de plus venait de faire sa dernière course, c'était tout ! »

Hansen se calma et, se mettant à quatre pattes, commença à gratter les pierres jusqu'à ce que ses doigts saignent. Il parvint à en dégager une et avec entreprit de creuser la glace, et enfin il réussit à se hisser vers le haut de la caverne. Au moment précis où il émergeait, il vit apparaître Tuesday, l'attelage, et le trappeur, debout sur les patins du traîneau.

« Et vous vous demandez pourquoi les habitants de l'Alaska disent que Tuesday est mon "cerveau", que c'est uniquement grâce à lui que j'ai pu faire certaines de mes tournées ? Moi pas. »

Jusque-là, Shannon avait eu de la chance. Son attelage avait évité tous les tambours de glace et les débordements de la rivière, et les chiens travaillaient bien, à l'unisson. Pourtant au fur et à mesure que les heures passaient, le froid pénétrant glaçait un peu plus ses os. Il réalisa que ses doigts et ses orteils avaient de plus en plus de mal à se réchauffer. Il fallait absolument qu'il agisse et il se mit aussitôt à agiter violemment les bras et pédala de plus en plus souvent espérant faire circuler le sang dans ses membres. Il se produisit alors en lui un changement progressif de perception. Toute son attention jusqu'alors concentrée sur la piste et les chiens commença à se porter sur son incapacité à se réchauffer.

Soudain, Blackie tourna. Les chiens de pointe le suivirent à l'unisson et le traîneau changea brutalement de direction. Shannon faillit perdre l'équilibre mais réussit à se cramponner au guidon et à reprendre pied. Il jugea d'abord le comportement de Blackie étrange, puis il comprit ce qui s'était passé : Blackie avait évité un trou noir, une crevasse à l'endroit où la glace avait été entraînée par le courant, assez grand pour « engloutir tout l'attelage[10] ».

Blackie avait sans doute vu de la vapeur s'échapper de la rivière ou entendu le bruit du courant cogner sur la glace durcie. Il avait peut-être même senti les premières vibrations de la glace qui craquait sous ses pattes car les trous noirs ont tendance à s'ouvrir très rapidement. De toute façon, il avait aussitôt réagi. En observant l'attelage, Shannon remarqua que quatre des jeunes chiens, Bear, Cub, Jack et Jet, paraissaient ne plus courir aussi régulièrement. Quand ils sont en forme, les chiens de traîneaux posent leurs pieds de derrière dans les empreintes laissées par leurs pieds de devant, et la plupart courent à l'unisson. Lorsqu'ils sont fatigués, ils perdent le rythme, leurs pattes de derrière traînent un peu, certains commencent à avancer en crabe laissant leurs empreintes sur le bord de la piste, trébuchent, ralentissent et se font traîner par les autres chiens. De toute évidence, Cub, Jack et Jet étaient épuisés. Seuls leur courage et leur volonté les poussaient à avancer avec les autres. Et Bear n'était pas dans un meilleur état. Shannon et ses chiens étaient sur la piste depuis quatre ou cinq heures. La température continuait à chuter, et plus il faisait froid, plus le temps semblait s'écouler lentement.

La condition physique de Shannon ne s'était pas améliorée et toutes ses tentatives pour faire circuler le sang dans ses mains et ses pieds étaient demeurées vaines[11]. S'il ne trouvait pas rapidement un moyen de se réchauffer, il savait ce qui se passerait. Il mourrait, ses chiens aussi, et avec eux disparaîtrait l'espoir d'apporter le sérum à Nome. Son corps perdait de la chaleur plus vite qu'il ne pouvait en produire et pour tenter de se protéger contre le froid, il expédiait le sang de ses extrémités vers les organes vitaux. Shannon avait déjà le visage engourdi et l'un de ses gros orteils avait commencé à geler. Malgré son état léthargique, il savait ce qu'il lui restait à faire.

Il arrêta le traîneau, en descendit, alla se mettre juste devant Blackie et commença à courir. Les chiens adaptèrent leur allure à la sienne. Quand enfin il sentit le sang circuler de nouveau dans ses membres, il retourna vers l'arrière du traîneau et remonta sur les patins.

Mais cela ne dura qu'un moment. Shannon se sentit de nouveau fatigué et plus tard il se rappela qu'il était « totalement étourdi par le froid[12] ».

Comme tous les mushers, il savait ce qui lui arrivait : il souffrait d'hypothermie. Un être humain ne peut pas trembler très longtemps. Ce processus est physiquement épuisant. L'accumulation d'acide lactique et de dioxyde de carbone raidit les muscles. Bientôt Shannon ne pourrait plus se cramponner au traîneau encore moins se pencher en avant et pédaler. Avec la perte de contrôle de ses muscles, sa peau deviendrait de plus en plus pâle, insensible et cireuse. Les mouvements incontrôlables provoqués par le tremblement le feraient trébucher, puis il ne parviendrait plus à articuler un mot et connaîtrait certaines défaillances mentales : des moments d'absence, des idées délirantes et un comportement bizarre. Un homme souffrant d'hypothermie peut même croire avoir trop chaud et commencer à se dévêtir ; ou bien ne plus reconnaître la piste et se mettre à tourner en rond, inconscient qu'il marche sur ses propres empreintes. Finalement l'apathie et l'épuisement le gagnent. Il se moque désormais d'atteindre sa destination ; il ne veut qu'une chose : dormir. Ce désir le harcèlera à chaque pas jusqu'à ce qu'il finisse par céder, s'allonge, se mette en position fœtale et ferme les yeux.

A ce stade, le sang n'irrigue plus ses membres, sa respiration se fait plus lente et son pouls faiblit. L'homme se retrouve dans un état proche de l'hibernation. Sa peau prend une teinte gris bleuâtre, et ses membres sont de plus en plus rigides. Tandis que sa température descend jusqu'à trente degrés environ, son corps devient une sorte de glacière métabolique. Pour tout observateur, cet homme paraît mort. On ne sent plus son pouls battre et rien n'indique qu'il respire. Si l'homme est en position fœtale, il faut lui écarter les bras de force. S'il se remet de nouveau en boule, on peut en conclure qu'il vit. Seuls des muscles vivants se contractent.

En Alaska où les voyageurs sont peu nombreux, les victimes

d'hypothermie sont rarement tirées de leur sommeil mortel. On a découvert des hommes enchâssés dans la glace, à l'endroit même où une inondation les avait surpris pendant leur sommeil. D'autres ont été retrouvés, assis sur leur traîneau, en haut d'un rocher, ou totalement gelés pendant qu'ils tentaient de gratter une allumette.

Bien que la mort par hypothermie soit relativement peu douloureuse, le « long combat conscient[13] » contre le froid impitoyable devait être un supplice. Comme l'a fait remarquer le missionnaire Hudson Stuck : « Tous ceux qui ont voyagé par des températures très basses savent combien un homme devient craintif et anxieux lorsque ses doigts demeurent obstinément froids et qu'il réalise qu'il ne parviendra pas à les réchauffer. Ce sont les premières indications qu'il va mourir gelé[14]. »

Shannon était en train de perdre toute notion du temps. Il s'obligea à se concentrer sur le relais de Campbell, à Minto, où il pourrait se réchauffer. Il était sans aucun doute conscient du danger que ses chiens et lui couraient, mais il ne pouvait rien faire d'autre que battre ses flancs, taper des pieds lorsque c'était possible et continuer à courir devant ses chiens pendant de courts moments. Quand ses mains et ses pieds refusèrent malgré tout de se réchauffer, il comprit que son corps n'avait plus suffisamment de chaleur et qu'il l'épargnait. La peur au ventre, il continua à avancer, sachant qu'il lui fallait atteindre le relais de Minto avant de ne plus contrôler son attelage ni son propre corps.

Vers trois heures du matin, la porte du relais de Johnny Campbell s'ouvrit. Dès qu'il vit Shannon et ses chiens, Campbell comprit que quelque chose de terrible s'était passé. Gravement gelées, certaines parties du visage de Shannon étaient devenues noires. Bear, Cub, Jack et Jet avaient la gueule tachée de sang. Campbell aida Shannon à entrer, l'installa près du poêle en fonte et lui servit une tasse de café chaud. Shannon était trop fatigué et trop transi de froid pour manger. Tandis qu'il essayait d'avaler une gorgée de café, son regard tomba sur le thermomètre extérieur : il indiquait cinquante-deux degrés au-dessous de zéro[15].

8.

En longeant le Yukon

> « Il existe peu de régions isolées de par le monde, et les vastes étendues de l'intérieur de l'Alaska sont les pires de toutes. »
>
> Henry W. Elliott, 1886

Bill Shannon resta quatre heures au relais de Campbell, blotti contre le poêle, buvant du café et laissant la chaleur envahir son corps. Finalement il put se restaurer pour reprendre des forces afin de continuer son voyage. En dépit de ce qu'il venait de vivre, il était toujours aussi résolu. Il irait jusqu'à Tolovana, trente-cinq kilomètres plus loin. Il avait donné sa parole.

Comme le docteur Beeson l'avait recommandé à Anchorage, Shannon, pour éviter que le sérum ne gèle, avait rentré le paquet, ôté les couches de fourrure et de toile, et l'avait pendu à un chevron pour qu'il profite de la chaleur du poêle[1]. A l'intérieur du relais, il ne faisait probablement pas plus de dix degrés, mais comparée à la température extérieure, la chaleur paraissait tropicale[2]. Ce mercredi matin, peu avant sept heures, Wild Bill but une dernière gorgée de café et sortit voir ses chiens. Il faudrait encore plusieurs heures avant que l'aube ne parvienne à chasser l'obscurité de la nuit.

Après avoir aidé Shannon à s'asseoir près du poêle et lui

avoir servi du café, Johnny Campbell avait conduit ses chiens jusqu'à un appentis ; il les avait nourris et les avaient laissés se reposer, mais au premier coup d'œil on voyait bien qu'il leur aurait fallu plus que quelques heures de répit. Plusieurs d'entre eux souffraient de ce que les mushers décrivaient alors comme une « brûlure du poumon[3] », persuadés que les poumons de l'animal, gelés, étaient devenus noirs comme du charbon. Ce diagnostic relevait davantage d'une supposition que d'une réalité. Les mushers ne pratiquaient pas d'autopsies sur leurs chiens morts et ils ne pouvaient qu'imaginer les dégâts que l'air froid avait causés à leurs poumons. Pour un chien ayant fait de trop gros efforts par un temps très froid, la médecine vétérinaire actuelle diagnostiquerait probablement une hémorragie pulmonaire. Quand un chien se fatigue trop par un temps sec et une température de moins quarante-cinq degrés, les petits vaisseaux de ses bronches peuvent geler, éclater, et endommager les fragiles alvéoles des poumons où l'oxygène est transféré dans le sang. Les poumons ne deviennent pas noirs mais se remplissent de sang. Le chien a de plus en plus de mal à respirer, mais il continuera à courir, entraîné par le reste de l'attelage, jusqu'à ce qu'il soit asphyxié par son propre sang ou que, privé d'oxygène, il perde connaissance. Dans les deux cas, la mort ne tardera pas. La bouche et le nez qui saignent parce que la paroi des muqueuses, fragilisée par le froid, craquelle, sont les premiers signes alarmants.

Lorsque Shannon examina ses chiens, il constata que Cub, Jack et Jet tenaient à peine sur leurs pattes. Le trajet jusqu'à Tolovana devait durer au moins trois ou quatre heures, et ces trois-là ne résisteraient pas jusque-là. Il décida donc de les laisser au relais. Il se demanda s'ils pourraient courir de nouveau, mais dans l'immédiat au moins il savait pouvoir compter sur Campbell pour bien les soigner jusqu'à ce qu'il revienne les chercher.

N'ayant plus que six chiens, Shannon espérait ne pas rencontrer d'autres ennuis sur la piste. Bear paraissait faible lui aussi, mais Shannon voulait essayer de le laisser terminer cette course. S'il le fallait, il le détacherait de l'attelage et l'installerait dans le panier du traîneau. Après avoir harnaché ses chiens, Shannon relâcha le frein et partit en direction de Tolovana.

Ce même matin, à mille kilomètres de là, à l'autre bout de l'Alaska, le téléphone sonna chez Leonhard Seppala, à Little Creek, près de Nome. Seppala attendait cet appel. Au bout du fil, Mark Summers, le directeur de Hammon Consolidated Gold Fields, celui qui avait suggéré de faire appel à Seppala pour cette partie du relais, apprit à son employé que le moment de partir était venu.

Seppala n'était pas homme à faire les choses au dernier moment. C'était ainsi que les ennuis arrivaient. Les saumons pour les chiens étaient empilés et attachés sur le traîneau. Plus tôt dans la semaine, Constance, sa femme, avait préparé et congelé des portions de haricots et de viande de bœuf hachée, et des biscuits qu'il pourrait facilement déballer et réchauffer sur la piste[4]. Son traîneau n'était pas très chargé et il le fallait s'il voulait réaliser un bon temps.

Seppala raccrocha le combiné et enfila sa parka et ses *mukluks.* Dans le chenil, les chiens avaient entendu la sonnerie du téléphone et quand il sortit, ils étaient tout excités. Lorsqu'il se dirigea vers eux, ils se mirent à japper et à hurler frénétiquement. Le moment de courir était venu, et ils le savaient.

Seppala commença par préparer les vingt harnais. Il est très difficile d'atteler des chiens. En général ils deviennent hystériques quand ils voient l'un d'eux sortir du chenil pour être attaché à la ligne centrale. Cette hystérie circule parmi la meute comme un courant électrique.

Pour arriver à faire son travail, le musher doit attraper chaque chien par son collier et se laisser entraîner hors du chenil tout en essayant de diriger l'animal vers sa place dans l'attelage. Il doit ensuite se mettre à califourchon sur le chien qui saute et jappe d'excitation, lui glisser son harnais autour du cou et passer ses deux pattes de devant dans les bonnes ouvertures. Une fois son harnais mis, le chien n'en continue pas moins à sauter, emmêlant sa ligne de trait avec celles de ses compagnons. Certains chiens sautent sur leur musher, espérant gagner une caresse supplémentaire ou jouer quelques minutes de plus, et ils se jettent en avant pour tenter de faire démarrer le traîneau et prendre la piste. C'est un spectacle chaotique et carnavalesque.

Seppala avait parfaitement conscience que Nome dépendait de lui et de Togo, son chien de tête. Ils avaient non seulement à parcourir l'étape la plus longue – cinq cent cinq kilomètres jusqu'à Nulato, et autant au retour, un voyage d'environ six jours – mais aussi l'une des plus difficiles : l'étendue glacée et balayée par le vent du Norton Sound. Le blizzard risquait également de les retarder, ou pire encore, la glace pouvait se briser et les entraîner dans l'eau.

Le vacarme qui régnait dans le chenil pouvait s'entendre à des kilomètres à la ronde et quand Seppala eut fini d'attacher ses chiens, un petit groupe d'habitants s'était réuni pour assister à son départ. Seppala dit au revoir à Constance, à Sigrid, sa fille aux cheveux bouclés, puis il monta sur les patins du traîneau, relâcha le frein et claqua la langue. Avec une température de trente degrés au-dessous de zéro et un vent exceptionnellement calme, les conditions étaient parfaites pour ce voyage. Les chiens bondirent sur la piste et partirent à toute vitesse en direction de Nome, à cinq kilomètres de là[5].

Dans une ville où le courrier était distribué en traîneau à chiens, voir un attelage n'avait rien d'étonnant, mais un attelage de vingt chiens était un spectacle peu ordinaire. Tandis qu'ils couraient en direction de Nome tirant un traîneau peu chargé, les chiens de Seppala effleuraient à peine la neige. Ils allaient d'un pas régulier, élégant, leurs traits bien tendus, vibrant presque sous la tension.

Seppala lançait ses ordres depuis l'arrière du traîneau : avec vingt chiens courant à toute vitesse, il n'aurait sans doute pas pu contrôler son attelage si Togo n'avait répondu à ses ordres comme s'il avait été guidé par des rênes invisibles. Une foule de gens s'étaient rassemblés pour voir Seppala traverser la ville, et ils applaudirent vigoureusement quand ils l'aperçurent. Des chiens errants se précipitèrent vers l'attelage et ajoutèrent à la clameur générale, aboyant et se mordillant mutuellement les pattes. Le traîneau bondissait et, dans un tintement de clochettes, il prit à toute allure le virage aigu qui donnait sur Front Street.

Pendant un court moment, Nome sembla être revenue aux jours glorieux de la All Alaska Sweepstakes. Lorsque Togo atteignit l'extrémité est de Front Street, il s'élança dans une ruelle bordée de cabanes et déboucha sur la piste qui longeait la plage. Bientôt la petite silhouette de Seppala se fondit dans le lointain et le silence retomba dans le matin glacial.

La foule venait de se rappeler l'enjeu de cette course.

Depuis la mort de Billy Barnett, huit jours plus tôt, le docteur Welch et Emily Morgan, son infirmière, n'avaient pas eu le temps de beaucoup dormir. Katherine, la sœur de Billy, âgée de cinq ans, présentait tous les symptômes de la maladie et les quinze mille unités de sérum périmé qu'elle avait reçues n'avaient pas réellement amélioré son état ; une membrane encombrait toujours sa gorge. Sur le Sandspit, les Stanley se battaient pour préserver le reste de la famille après la disparition tragique de Bessie. Les parents, Henry et Anna, et Mary, une autre fille, avaient reçu des injections de sérum et semblaient aller mieux, mais ce n'était pas le cas de Dora. Une de leurs voisines, Minnie Englestad, était tombée malade à son tour, et il avait fallu lui faire une injection de deux mille unités de sérum, au détriment d'autres patients. En ville, M. Cramer et M. Hillodoll souffraient de la gorge, mais Welch jugeait prudent d'attendre de voir si leur état ne s'améliorait pas sans être obligé d'utiliser le précieux sérum dont la quantité diminuait dangereusement[6].

Welch et les plus vieux habitants de la ville avaient de

bonnes raisons de ne pas désespérer. Par le passé, les mushers avaient déjà surmonté de terribles épreuves, et avec l'aide de Seppala ils réussiraient cette fois encore. Mais l'enjeu avait rarement été aussi important, et il était difficile de ne pas être découragé quand on savait qu'à cause des températures, les plus froides enregistrées depuis une vingtaine d'années, le service postal à Fairbanks et dans plusieurs parties du Territoire du Yukon avait dû être interrompu. Le mauvais temps gagnerait Nome, ce n'était qu'une question de jours. Le ciel était clair et le vent ne soufflait plus depuis trop longtemps ; la ville entière s'attendait à une tempête. Les habitants espéraient seulement que les mushers parviendraient à gagner Nome avant que tous les accès ne soient bloqués.

Seppala et son attelage n'avaient pas encore de raison de s'inquiéter. Depuis qu'ils avaient pris la piste, l'excitation des chiens s'était un peu calmée et ils avaient adopté une allure qu'ils conserveraient jusqu'au soir, quand ils s'arrêteraient. Le quatrième jour, ils atteindraient Isaac's Point et là, Seppala aurait à faire un choix difficile : couper à travers le Norton Sound et faire courir ses chiens sur la glace de mer la plus dangereuse qui soit, ou suivre la côte, un parcours plus sûr qui contournait l'anse, mais était deux fois plus long. Les deux routes menaient au village de Shaktoolik. De là Seppala emprunterait la piste utilisée par les agents du service postal jusqu'à Unalakleet, puis il franchirait les Nulato Mountains et se dirigerait vers le Yukon.

Le temps était un élément précieux, mais la sécurité l'était également. Le Norton Sound était connu dans tout l'Alaska pour sa traîtrise et nombre de mushers l'évitaient. La glace avait tendance à se rompre soudainement, et au cours des ans elle avait fait de trop nombreuses victimes. Summers avait vivement déconseillé à Seppala de traverser le Norton Sound[7].

Seppala n'avait jamais promis à Summers de ne pas prendre ce risque. Avec Togo comme chien de tête, il avait plusieurs fois traversé le Norton Sound au cours de sa carrière, même si parfois il avait pensé ne jamais atteindre l'autre rive. Retarder l'arrivée du sérum à Nome, ne serait-ce que d'un jour, comportait également des risques. Une fois à Isaac's Point, il lui faudrait étudier soigneusement la glace et prendre sa décision. Il savait qu'une grande partie de cette décision dépendrait de Togo qui, comme beaucoup d'autres chiens de tête, possédait un sixième sens lui permettant de pressentir le danger.

Un bon chien de tête est le cerveau de tout l'attelage. Il (ou elle) est le plus intelligent, mais aussi l'un des plus durs à la tâche et des plus rapides. Le chien de tête donne le ton. Il a le pouvoir de démoraliser tous ses compagnons en ne gardant pas son trait individuel bien tendu, ou de les stimuler en tirant énergiquement et régulièrement quand ils traversent un endroit dangereux. Les chiens de tête sont en général calmes et sûrs d'eux, et savent qu'ils ne travaillent pas pour leur maître, mais avec lui, et dans l'intérêt de tout l'attelage.

La position de chien de tête n'est pas faite pour un timoré. Un chien peut avoir toutes les qualités requises pour être un leader – vitesse, intelligence et fiabilité – mais être incapable de supporter la pression qu'impose ce rôle. S'il ne désire pas occuper cette position, il le fera savoir. Il tournera fréquemment la tête à droite et à gauche, inquiet de voir les autres chiens le rattraper. Ou bien il s'arrêtera net et se recroquevillera, les obligeant à le dépasser en trébuchant sur lui, un spectacle évoquant une chaussette qu'on retourne. Il faut beaucoup de courage, une volonté inébranlable et presque un esprit zen pour être un bon chien de tête. Il devra parfois courir, sans point de repère, le long de la mer glacée qui paraîtra s'étendre à l'infini ; affronter le blizzard ; prendre une décision rapide en cas d'urgence et, peut-être le plus important, savoir désobéir à un ordre qu'il jugera dangereux, quelle que soit la volonté du musher.

« Il est presque impossible d'évaluer le prix d'un bon chien, surtout celle d'un leader, disait Olaf Swenson, un négociant et chasseur de Sibérie qui avait aidé Seppala à importer des huskies en Alaska. En acheter un, c'est un peu comme acheter un être humain avec lequel on doit partager une aventure. Vous savez qu'avant la fin du voyage le chien vous aura peut-être sauvé la vie grâce à son intelligence, son instinct et son courage...

« C'est [le chien de tête] et son attelage qui souvent vous conduiront à travers une tempête de neige lorsque tous vos guides [...] auront échoué. Plusieurs fois, alors que j'étais sur la piste, cherchant à retrouver le chemin de mon campement à travers la neige tourbillonnante et aveuglante, je m'en suis remis totalement à mes chiens ; grâce à leur odorat, ils connaissaient la direction à prendre, empruntaient une ancienne piste qu'un autochtone lui-même aurait été incapable de trouver, et me ramenaient sain et sauf au campement. Quelquefois, quand vous voyagez sur la glace et qu'elle cède sous votre traîneau, un bon chien de tête qui réagira instantanément et intelligemment vous sortira de là sans difficulté alors qu'un chien médiocre ne fera qu'augmenter les risques que vous courez et sera peut-être responsable de votre mort. Il est impossible d'estimer la valeur marchande de cette confiance que l'on accorde à un chien. Essayez de trouver des chiens qui vous plairont, auxquels vous pourrez vous fier, et lorsque vous les aurez trouvés, achetez-les (si vous le pouvez), quel que soit le prix qu'on vous en demandera[8]. »

En Alaska, certains chiens de tête aguerris étaient devenus des sortes de légendes. Et Togo en était un exemple vivant.

En 1925, Togo était aussi connu que Seppala. Il était son chien de tête depuis au moins sept ans et avait couru sur tous les terrains imaginables.

Pourtant Togo n'avait pas le physique de l'emploi. Il était petit, pesait un peu plus de vingt kilos, et avait une fourrure noire, brune et grisâtre qui le faisait paraître tacheté, voire sale. Il avait gagné des courses de vitesse et mené l'attelage dans presque toutes les expéditions importantes que Seppala avait faites. Agé de douze ans, il était encore étonnamment rapide, puissant et alerte. Seppala considérait que c'était son meilleur chien dès qu'il s'agissait de se déplacer sur la mer glacée, et Togo avait souvent couru en avant de l'attelage, attaché à un long trait afin de choisir les chemins les plus sûrs et les plus faciles pour traverser le Norton Sound ou d'autres endroits de la mer de Béring.

Pourtant, lorsqu'il n'était qu'un chiot[9], la vocation de Togo n'était pas très évidente et s'il n'avait pas été aussi intrépide, il aurait été cantonné dans un rôle de chien de compagnie.

Né en octobre 1913, Togo était le seul chien de la portée. Sa mère, Dolly, était l'une des femelles huskies que Lindeberg avait achetées pour l'explorateur Amundsen. Son père était Suggen, le chien de tête de l'attelage de Seppala quand celui-ci avait participé à la All Alaska Sweepstakes de 1914. Seppala n'accorda pas grande importance à Togo au moment de sa naissance. Il était petit, souffrait d'une affection de la gorge, et passa une grande partie de sa vie de jeune chiot dans les bras de Constance, la femme de Seppala, qui lui appliquait des compresses chaudes sur sa gorge enflée pour calmer la douleur. Malgré l'attention que lui portait Constance, ou peut-être à cause de cela, Togo devint difficile et agressif. Chaque fois que Seppala harnachait ses chiens, Togo se précipitait sur eux pour leur mordre les oreilles, ce qui les vexait au plus haut point. Comme l'a écrit un journaliste, « il montrait tous les signes d'un futur délinquant canin[10] ».

Lorsque Togo eut six mois, Seppala le donna à une femme qui désirait un animal de compagnie. Togo, qui devait son nom à l'amiral japonais vainqueur de la guerre russo-japonaise, se rebella contre son nouvel environnement, trop civilisé à son goût. Plus sa nouvelle propriétaire lui prodiguait attention et steaks, plus il se montrait irascible. Au bout de quelques semaines, il s'échappa en passant à travers une vitre et parcourut plusieurs kilomètres pour rejoindre les autres chiens au chenil. Seppala le reprit. « Un chien tellement attaché à ses premiers amis méritait d'être accepté[11] », dira-t-il plus tard.

Durant les semaines qui suivirent, Togo continua à s'échapper et à harceler les autres chiens dès qu'ils prenaient la piste. Ses incartades amusaient, exaspéraient et intriguaient tout à la fois Seppala. Chaque fois que Togo voyait approcher un autre attelage, il se précipitait vers le chien de tête et lui sautait après comme s'il voulait dégager la piste pour son maître. Ce comportement faillit lui coûter la vie. Un jour, il se jeta sur un attelage de malamutes endurcis qui le malmenèrent, et il fallut le ramener à Little Creek en traîneau. Cette expérience devait lui être très profitable. Passer à côté d'un autre attelage sans être distrait ni chercher à se battre est l'une des choses les plus difficiles à apprendre à un chien de tête. Pendant sa vie entière, chaque fois que Togo croisa un autre attelage, il se tint à distance respectueuse. Quand il doublait un autre traîneau, il tirait sur son trait, jappait et accélérait, laissant son adversaire dans son sillage. « Comme beaucoup de gens, Togo avait appris à ses dépens[12] », disait Seppala.

Togo avait environ huit mois lorsqu'il eut enfin l'opportunité de prouver qu'il était non seulement un bon chien de traîneau, mais également un chien de tête. Un matin où Seppala devait se rendre dans un camp minier, loin de Nome, il attacha Togo et recommanda qu'on le surveille pendant les deux jours qui suivraient son départ. Il était pressé. On avait découvert de l'or à Dime Creek, à deux cent cinquante kilomètres de Nome, et un prospecteur avait engagé Seppala pour l'y conduire. Il ne pouvait pas se permettre de laisser Togo harceler son attelage. Togo détestait être enfermé et la nuit même du départ de Seppala, il réussit à se détacher et sauta la clôture haute de deux mètres qui entourait le chenil, mais une de ses pattes de derrière resta accrochée en haut du grillage. Ainsi pendu à l'extérieur de la clôture, Togo « cria comme un cochon qu'on égorge[13] » jusqu'à ce qu'un employé du chenil le libère. Il tomba sur le sol, roula sur lui-même et partit à la poursuite de Seppala.

Il courut dans la nuit et suivit la piste qu'avait empruntée

Seppala jusqu'au relais de Solomon où il se reposa tranquillement.

Le lendemain matin, quand Seppala se mit en route, il remarqua que ses chiens prenaient un départ bien rapide. Il attribua cet entrain au fumet d'un caribou, quelque part devant eux. Mais en regardant au loin sur la piste, il vit un chien courir librement. C'était Togo. Et bien sûr Togo reprit son comportement habituel. Toute la journée, il courut après les caribous et mordit joyeusement les oreilles du chien de tête. Lorsque Seppala réussit enfin à l'attraper, il n'eut pas d'autre choix que de l'attacher à l'arrière de l'attelage, en position de chien de queue, là où il pourrait le surveiller attentivement. Quand il passa le harnais autour du cou de Togo, le chien se calma aussitôt et devint sérieux. Il garda son trait bien tendu et concentra toute son attention sur la piste. Seppala était stupéfait. Il comprit enfin ce que Togo attendait depuis tant de temps : faire partie de l'attelage.

Au cours de la journée, Seppala changea constamment Togo de place. Le soir venu, ce chien de huit mois partageait la place de chien de tête avec un vétéran nommé Russky, et il avait parcouru cent vingt kilomètres alors que c'était la première fois qu'il était attelé. Un exploit sans précédent pour un chiot inexpérimenté. Togo n'était pas un délinquant canin mais un « enfant prodige. J'avais découvert un chien de tête né, ce que j'avais vainement tenté d'obtenir pendant des années[14] », disait Seppala.

La littérature consacrée à l'Alaska est remplie de récits sur des chiens de tête comme Togo, qui sauvèrent leur attelage et leur musher grâce à leur mystérieuse aptitude à pressentir le danger. Bien des gens pensent que sans de tels chiens, le développement de l'Alaska aurait été impossible.

L'un de ces récits narre l'aventure d'un chien de tête aux nerfs d'acier, Hurricane, un robuste malamute qui appartenait à Black Luk, un Athapascan. Un jour de la fin avril, Black Luk, menant un attelage de quinze chiens, traversait Eyak

Lake, dans l'intérieur de l'Alaska, avec un chargement de fourrures et de barres d'or dont la valeur s'élevait à cent mille dollars. C'était une chaude journée de printemps et il y avait déjà plusieurs heures que l'attelage s'était mis en route. Luk devait franchir les onze kilomètres de ce lac gelé afin d'arriver à temps à destination. La glace était solide, mais Hurricane se montrait prudent et gardait le nez au ras de la surface gelée. Au bout d'un ou deux kilomètres, Black Luk, inquiet, se retourna. L'eau suintait dans les traces laissées par les patins. Plus le traîneau avançait et plus les traces devenaient profondes.

Il était trop tard pour arrêter les chiens et faire demi-tour. Le traîneau était trop lourdement chargé et il passerait à travers la glace. Hurricane n'ignorait pas qu'ils se trouvaient dans une position dangereuse. Black Luk lui parla calmement, ne désirant pas troubler sa concentration. « Fais attention, Hurricane ; mais accélère un petit peu si tu penses que ça vaut mieux. Il me semble que la seule façon de maintenir ce traîneau à la surface du lac, c'est de le faire avancer plus vite[15]. » Hurricane remua sa queue qu'il portait basse, mais garda les yeux fixés sur la glace. Il continua à avancer d'un pas régulier et en ligne droite. Pas un chien ne renâcle à tirer sur son trait quand ses pattes deviennent humides à cause de l'eau qui suinte à travers la glace. Presque imperceptiblement, Hurricane accéléra, les autres chiens suivirent le train, et les patins s'enfoncèrent un peu moins.

Plus loin devant lui, Black Luk remarqua dans la glace une dépression de presque deux kilomètres de long. Ils se trouvaient alors au milieu du lac. Black Luk résista à l'envie de demander à Hurricane de s'arrêter. Quand l'attelage arriva au bord de la dépression, Hurricane « poussa deux jappements aigus et entraîna l'attelage dans une course folle ». Tous les chiens tirèrent sur leurs traits. Lorsque le traîneau atteignit le creux de la dépression, les patins s'enfoncèrent dans la neige molle et le traîneau devint deux fois plus lourd. Hurricane ne se retourna pas, mais tira encore plus fort. Quand enfin ils émergèrent de la dépression, Hurricane ralentit peu à peu, tout en gardant le nez entre les pattes, au ras de la glace. « Bien plus progressivement que s'il avait reçu des ordres, il ramena l'attelage au petit trop et reprit son allure régulière. »

Quand ils atteignirent enfin l'autre rive du lac et se retrouvèrent en sécurité, Black Luk se retourna et, aussi loin que pouvait porter son regard, il vit « que les patins avaient dessiné des lignes aussi droites que si elles avaient été tracées par un géomètre ». Si Hurricane avait paniqué, Black Luk, son attelage et son or auraient disparu au fond d'Eyak Lake.

Au début des années mille neuf cent, les chiens étaient entraînés dès leur plus jeune âge et formés à une multitude de tâches qui développaient leur capacité à apprendre et à s'adapter. Un musher utilisait ses chiens pour transporter des passagers, surveiller les marchandises, participer à des courses, poser et relever des pièges – ce qui impliquait de multiples arrêts et départs, et de longs moments d'inactivité – ou simplement pour porter des fardeaux sur leur dos. Les mêmes attelages étaient habitués à traverser des étendues de mer glacée et à courir dans les forêts boréales denses de l'Intérieur. Un musher affirmait même avoir appris à son chien de tête à aller chercher des bûches dans le tas de bois quand la réserve près du poêle diminuait. De nos jours, les attelages sont souvent spécialisés. Ils participent à des courses de vitesse ou de longue distance comme l'Iditarod ou la Yukon Quest. Un musher peut avoir une centaine de chiens dans son chenil alors que dans le passé les mushers en avaient tout au plus trente-cinq, ce qui permettait d'accorder plus d'attention à chaque chien et de l'exposer à une multitude de situations.

Dans certaines circonstances, l'instinct compte plus que l'expérience. Scotty Allan, le célèbre musher plusieurs fois vainqueur de la All Alaska Sweepstakes, traversait un lac gelé et marchait devant ses chiens lorsque la glace céda sous ses pieds. Il tomba dans l'eau, mais les murs de glace qui entouraient la crevasse étaient suffisamment épais pour empêcher le courant de l'entraîner. Cependant Allan, qui avait de l'eau presque par-dessus la tête, ne pouvait pas se hisser à l'extérieur. Il se mit à grelotter et appela Dubby, son chien de tête. Il pensait que si Dubby approchait suffisamment du bord, il pourrait attraper son harnais, et le chien le tirerait de là. Dubby s'avança vers Allan, mais chaque fois qu'il était trop près de la crevasse, les autres chiens reculaient, apeurés. Dubby changea alors de tactique. Il se remit en route et s'éloigna. Pendant une seconde Allan crut que le chien l'abandonnait, mais Dubby « alla contourner la crevasse plus loin, à un endroit plus sûr, et revint vers moi, restant aussi près de la crevasse que les autres chiens le lui permettaient. C'est alors que j'ai compris ce qu'il essayait de faire ![16] ». Dubby courait aussi vite qu'il le pouvait suivant une trajectoire qui ferait que lorsqu'il s'écarterait de la crevasse, le traîneau serait déporté vers Allan. A la seconde tentative, Allan lança un ordre afin que le traîneau vienne virer le plus près possible de lui. Il réussit à agripper un patin et fut tiré de l'eau.

« Ne venez pas me dire que ce chien n'est pas doué de raison, déclarait Allan. Je serais encore au fond de ce lac si Dubby n'avait pas trouvé comment approcher le traîneau suffisamment près de la crevasse sans que les autres chiens l'en empêchent... C'est le plus grand petit général que j'aie jamais eu[17]. »

De nombreux scientifiques refusent de prêter aux chiens des émotions humaines craignant de faire preuve d'anthropomorphisme. Aucun musher ne pourrait être d'accord avec eux. Les chiens de traîneaux éprouvent toute une gamme d'émotions, particulièrement au cours de longues expéditions, et les chiens de tête ne font pas exception. Leur travail est exigeant, tant physiquement que mentalement, et ils ont souvent besoin d'oublier momentanément leurs responsabilités. De retour d'une expédition, Norman Vaughan, qui était musher à la fin des années vingt et durant les années trente, remarqua que le trait de son chien de tête, Dinty, n'était pas tendu, ce qui est inacceptable surtout au cours d'une expédition. Vaughan décida de placer Dinty en queue d'attelage et de le remplacer par un jeune chien de dix mois qui ne tarda pas à exprimer l'excitation que lui procurait cette promotion. Apparemment honteux, Dinty mit sa queue entre ses pattes et prit la piste sans sauter de joie ni japper de plaisir. Le soir, il enfouit son museau entre ses pattes en regardant Vaughan et les autres chiens avec un air triste.

Après plusieurs jours, Vaughan estima que la pause de Dinty avait assez duré. Le lendemain, il harnacha les chiens en commençant par ceux de queue et tandis qu'il attachait les autres en avançant le long de la ligne centrale, il observait Dinty du coin de l'œil. Le chien était couché, la tête sur les pattes « apparemment indifférent[18] ». Quand Vaughan se dirigea enfin vers lui pour lui passer son harnais, Dinty sauta en l'air, « tremblant d'excitation » à l'idée de mener l'attelage pour le dernier trajet avant la maison. « Qui peut prétendre qu'un chien ne pense pas, ne comprend pas, n'est pas fier de sa position ? » écrivit un musher de l'expédition qui avait été témoin de toute l'affaire. « Ceux qui croient cela auraient certainement changé d'avis s'ils avaient pu voir M. Dinty ce jour-là. La tête droite, les oreilles dressées, les yeux étincelants et le grand panache noir de sa queue bien haut et constamment agité, Dinty était redevenu un chien de tête dont un musher pouvait être fier.

Pourtant, cette fierté que beaucoup de chiens de traîneau ressentent pour leur travail peut avoir des conséquences malheureuses. Un musher, missionnaire dans la région de la baie d'Hudson, regretta de ne pas avoir manifesté un peu plus de respect envers son chien quand vint le moment de la retraite pour le vieux leader. Ce missionnaire, Egerton Young, raconta comment son chien de tête, Voyageur, ne put supporter de voir un chien plus jeune que lui usurper sa place. Voyageur se faisait vieux et le moment était venu de former un nouveau chien de tête. Sans préparation ni explication, Young mit un jeune chien à la place de Voyageur qu'il attacha vers la queue de l'attelage. Le chien devint furieux, déchira à coups de dents son harnais et celui du nouveau chien de tête. Young répara les harnais, réprimanda

Voyageur, et l'attelage repartit. Voyageur se rebella encore et encore. Il devint fou de rage et mordit les pattes du chien qui le précédait comme s'il voulait rattraper le nouveau leader. Young le corrigea avec son fouet. « Ainsi, voyant contrecarrés tous les plans que son esprit de chien pouvait imaginer, Voyageur renonça soudain[19] », écrivit Young. Comme un bon chien de traîneau, il continua à tirer, mais « sa fierté, son ardeur, son esprit ambitieux avaient totalement disparu. Il n'avait plus la tête haute ni les yeux vifs, et il essayait de cacher sa longue queue entre ses pattes ». Constatant le total abattement de son chien, Young détacha le nouveau chien de tête et rendit sa place à Voyageur, mais il était trop tard. Voyageur avait le cœur brisé. Durant le reste du trajet, il n'agita pas une seule fois la queue et ne tourna jamais les yeux vers Young comme il avait l'habitude de le faire.

Young lui mit le plus beau harnais, décoré de rubans et de clochettes, que tous les chiens étaient si fiers de porter, mais le moral de Voyageur resta au plus bas. Le soir, lorsque l'attelage arriva à la cabane de Young, Voyageur se dirigea lentement vers le milieu du lac gelé proche. La lune était pleine. Il s'assit sur la glace, gémissant et hurlant. Quand la lune disparut derrière l'horizon, Voyageur se coucha et mourut.

Le mercredi 28 janvier, première journée de la course, le soleil se leva enfin à plus de mille kilomètres à l'est de Nome, au relais de Tolovana, destination finale de Shannon qui ne s'était toujours pas montré. Parmi ceux qui l'attendaient en se chauffant près des trois gros poêles du relais, il y avait Edgar Kallands. Agé de vingt et un ans, athapascan par sa mère et terre-neuvien par son père, Kallands, comme de nombreux mushers de l'Intérieur, avait été obligé dès son enfance de ne compter que sur sa vivacité d'esprit pour survivre. Il devait se charger du sérum dès que Shannon arriverait.

Il se définissait lui-même comme un solitaire. Les chiens avaient joué un rôle important dans sa vie, et à une époque

Un musher de Nome avec l'un de ses meilleurs amis. (Collection des auteurs)

Un bateau transportant des prospecteurs impatients d'atteindre Nome pour se lancer à la recherche d'or. (B.B. Dobbs, collection des auteurs)

L'*Ohio* se frayant un chemin à travers la glace de la mer de Béring. (B.B. Dobbs, Alaska Historical Library / PCA 12-200)

Le printemps à Nome. Un amoncellement de glace sur la Snake River.
(National Maritime Museum / G11.22792A)

L'embouchure de la Snake River et, en arrière-plan, le Sandspit de Nome où vivait une population d'Esquimaux.
(Avec l'aimable autorisation de Terrence Cole)

Des chercheurs d'or travaillant sur la plage de Nome durant l'été 1900.
(National Maritime Museum / G11.214A)

Des tonnes de marchandises envahissent la plage de Nome en 1900.
(Collection Leonhard Seppala, acquisition #68-41-90, département des régions polaire et d'Alaska, Rasmuson Library, UAF)

Des associés fouillent la plage avec seulement une pelle et un berceau.
(Carrie M. McLain Memorial Museum, Nome, Alaska)

Le premier bateau arrivant l'été s'arrêtait au bord de la glace et des traîneaux à chiens transportaient marchandises, courrier et passagers jusqu'au rivage glacé de Nome, à plusieurs kilomètres de là.
(B.B. Dobbs, collection des auteurs)

Un attelage de cinq chiens tirant un tonneau d'eau à Nome.
(Avec l'aimable autorisation de Terrence Cole)

Une Esquimaude cuisinant sur le Sandspit.
(Carrie M. McLain Memorial Museum, Nome, Alaska)

Les passeurs de King Island, connus comme les « meilleurs du détroit de Béring », abordent le rivage de Nome.
(Carrie M. McLain Memorial Museum, Nome, Alaska)

Un habile chasseur fabriquant des raquettes.
(Glenbow Archives / ND-1-51)

Des hommes pelletant la neige, après le passage du blizzard, devant l'église St. Joseph dont la croix lumineuse servait de phare aux voyageurs égarés.
(Collection Powell, acquisition #64-43-299, département des régions polaire et d'Alaska, Rasmuson Library, UAF)

Aucun autre endroit ne ressemblait à Nome.
(Bancroft Library, université de Californie, Berkeley)

« Moitié du courrier gelé. Bureau ouvert demain 10-12 »
C'était un risque auquel on s'exposait en vivant à Nome.
(Collection Lulu Fairbanks, acquisition #68-69-1633, département des régions polaire et d'Alaska, Rasmuson Library, UAF)

Plus de cent chiens de traîneau de Nome furent envoyés par bateau en France, en 1915, pour venir en aide aux troupes françaises privées de vivres et de munitions dans les Vosges enneigées. Certains reçurent la croix de guerre. (Glenbow Archives / collection Lomen / NC-1-1165i)

Les chiens de traîneau d'Alaska disparurent en grand nombre durant la guerre, mais firent un retour triomphal quoique bref.
(Glenbow Archives / collection Lomen / NC-1-881)

Scott C. Bone (au centre) devant la résidence du gouverneur à Juneau, durant l'hiver 1925. (Winter et Pond, photographes, Alaska State Library / PCA 87-1259)

Le Dr Curtis W. Welch, avec Anna Carlson, Emily Morgan et Bertha Saville, les infirmières de l'unique hôpital de Nome. (Reproduction du *Boston Evening Transcript* du 3 février 1925)

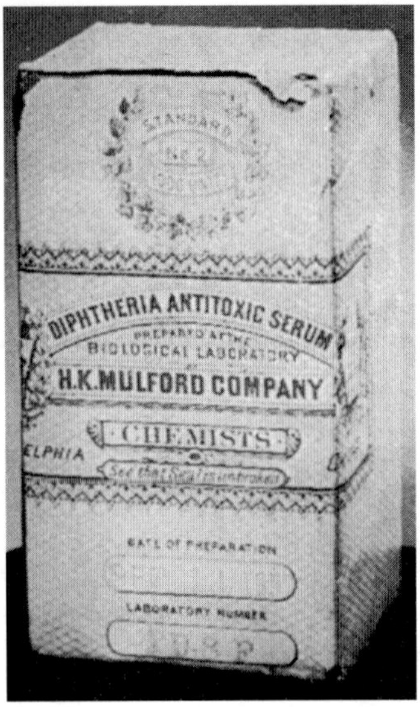

L'antitoxine de la diphtérie était fabriquée par la H.K. Mulford Company depuis 1894, dans le premier laboratoire des États-Unis à produire le précieux sérum. En 1925, le sérum fut solidement empaqueté.
(Avec l'aimable autorisation de Merck & Co., Inc)

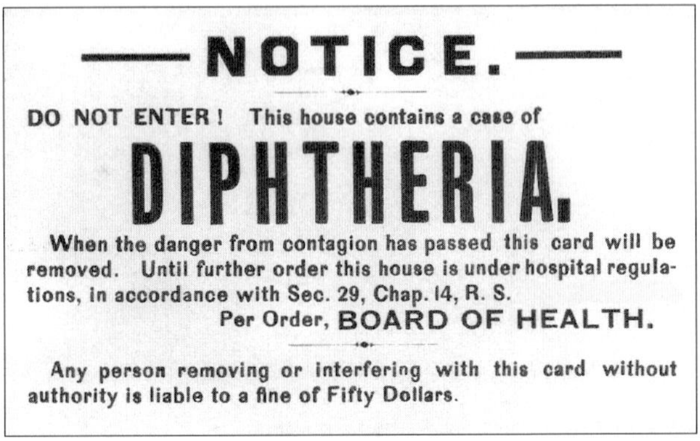

—NOTICE.—

DO NOT ENTER ! This house contains a case of

DIPHTHERIA.

When the danger from contagion has passed this card will be removed. Until further order this house is under hospital regulations, in accordance with Sec. 29, Chap. 14, R. S.

Per Order, BOARD OF HEALTH.

Any person removing or interfering with this card without authority is liable to a fine of Fifty Dollars.

Emily Morgan, chargée de faire respecter la quarantaine, apposait cet avis sur les maisons où habitaient des gens contaminés ou suspectés de l'être, avec cette mise en garde : « DÉFENSE D'ENTRER ». (Collection des auteurs)

On pensait que Seppala possédait le pouvoir d'hypnotiser ses chiens : « Il lui suffisait de claquer des doigts de temps à autre, et ils se mettaient à tirer comme on n'a jamais vu des chiens le faire. » (Glenbow Archives / collection Lomen / NC-1-994)

Des dessins comme « la Faucheuse » paraissaient quotidiennement dans tous les journaux du pays, illustrant le drame qui se déroulait dans le Nord. Celui-ci parut le 3 février 1925, dans le *New York Evening Post*.

Balto pose avec les jumeaux Quackenbush de Seattle et d'autres membres du comité d'accueil, en mars 1925, avant de se rendre à Hollywood pour devenir une « star de cinéma ».
(Collection Cleveland Press, université de Cleveland)

Togo, que l'on croyait mort, revint à Nome plus d'une semaine après le retour de l'attelage, manquant ainsi tout le tapage fait autour de Balto, entré le premier à Nome avec le sérum. (Collection Reuel Griffin, acquisition #59-845-783, département des régions polaire et d'Alaska, Rasmuson Library, UAF)

Balto, alors en tournée à New York, en juillet 1925, pose devant le sculpteur Frederick G. R. Roth, pour la statue qui devait l'immortaliser. (Cleveland Public Library)

« Le chien le plus célèbre du monde » reçoit, des mains du maire de Los Angeles, la clé de la ville, sous forme d'un os pour chien, et pose sur les marches de l'hôtel de ville aux côtés de la star du cinéma muet, Mary Pickford, en mars 1925. (Avec l'aimable autorisation de Matt Morgan)

Seppala dit adieu à Togo, en mauvaise santé, le 5 décembre 1929.
(Photo de Ralph Morril, Peabody Museum, université de Yale)

Le 6 décembre 1929, parut dans le *New York Sun* la notice nécrologique de Togo accompagnée de la photo et du titre ci-dessus : LE CHIEN-HÉROS S'EN EST ALLÉ.

Le 15 mars 1933, la notice nécrologique de Balto parut dans le *Cleveland Plain Dealer* et le *Cleveland Press*, accompagnée de la photo et du titre ci-dessus : BALTO EST MORT - COMME IL A COURU VERS NOME - SANS SPECTATEURS.

Les compagnons de Balto profitent de leur retraite au Brookside Zoo de Cleveland, en 1927. (Collection Cleveland Press, université de Cleveland)

Liska, mère de Suggen et grand-mère de Togo, dont la progéniture contribua à établir le standard de la race reconnue par l'American Kennel Club en 1930, et présentée officiellement deux ans plus tard comme le « husky de Sibérie ». (Glenbow Archives / collection Lomen / NC-1-672)

ils avaient été ses plus proches amis. Il avait grandi dans un petit village de l'Intérieur, et son meilleur ami était alors un chiot. Il n'y avait personne d'autre dans les environs. « Il était mon chien, ou bien j'étais le sien. L'un ou l'autre, a-t-il dit une fois. Il était élevé avec moi[20]. » Plus tard, il éprouva encore plus d'affection pour les chiens. Alors que la plupart des chiens de traîneaux allaient courir dans les bois dès qu'ils étaient en liberté, les siens ne s'éloignaient pas, certains de recevoir toutes les marques de son affection. « ... Quand je reviens après m'être absenté, ils m'attendent et je les caresse aussitôt. Je ne me contente pas d'en caresser un ou deux. Toute la meute a droit à des caresses. Chaque fois que je vais vers eux, ils m'entourent aussitôt[21]. »

Kallands travaillait régulièrement en tant que musher pour la NC Company. La veille, à environ cinq heures de l'après-midi, il s'était arrêté au relais de Johnny Campbell, à Minto, pour livrer le courrier après avoir conduit un expert-comptable de la NC Company d'un poste de traite à l'autre, en longeant la Tanana et le Yukon. Le froid les avait obligés à avancer très lentement sur la piste et ils s'étaient arrêtés plusieurs fois pour faire du feu. Il avait bien l'intention de passer la nuit chez Campbell et il venait à peine de pendre ses gants humides au-dessus du poêle quand le téléphone avait sonné. Au bout du fil, Earl Parson, le représentant de la NC Company à Nenana, avait demandé à lui parler :

« Je voudrais que vous retourniez à Tolovana et que vous attendiez là-bas. Il y a une épidémie de diphtérie à Nome[22]. »

Quelques instants plus tard, Kallands, pourtant exténué, avait remis ses gants et attelé ses chiens. Malgré le thermomètre qui indiquait cinquante et un degrés au-dessous de zéro, il avait repris la piste pour gagner Tolovona, à une trentaine de kilomètres de là.

Sa journée avait été épuisante : il était arrivé vers dix heures et demie du soir, après avoir parcouru plus de cent dix kilomètres ce jour-là et deux cent cinquante kilomètres les deux jours précédents. Les chiens tout comme lui avaient besoin de repos. Ils devraient attendre.

Douze heures plus tard, vers onze heures du matin, alors que le silence qui entourait le relais de Tolovana n'était habituellement troublé que par le craquement occasionnel d'un arbre qui se fendait sous l'effet du gel, ou de la glace qui se fissurait sous la pression, Kallands entendit un trottinement de chiens et un bruissement de patins sur la neige.

C'était Wild Bill Shannon, et tandis que le traîneau approchait, Kallands, le patron du relais et sa famille sortirent pour l'aider.

Le visage de Shannon était tout ridé, couvert de gelures noires, et ses chiens paraissaient totalement épuisés. Même le lever du jour n'avait pas vraiment réussi à faire monter la température qui était à présent de moins quarante-neuf degrés. Pour Wild Bill, la course était enfin terminée. Il avait fait sa part en dépit de toutes les difficultés, et l'avait bien faite.

Le sérum s'étant réchauffé à l'intérieur du relais, Edgar Kallands s'apprêta à partir. Il comptait beaucoup sur son traîneau de cinq mètres de long avec lequel il distribuait habituellement le courrier. Il relâcha le frein et se mit en route. L'étape suivante, longue de cinquante kilomètres, devait le conduire à Manley Hot Springs, en passant d'abord à travers des bois denses puis en suivant une piste qui coupait un large coude de la Tanana. Cette étape était aussi difficile que toutes les autres. Des années plus tard, en accordant une interview à un journaliste, il évoqua cette journée : « Il faisait moins quarante-neuf degrés et je ne l'avais même pas remarqué. Nous étions chaudement vêtus. Nous n'avions pas de duvet, mais je portais ma parka. Elle descendait sous les genoux et ne laissait pas la chaleur s'échapper. On était toujours en train de bouger ou de courir, et on n'avait jamais froid aux pieds... Mais que diable, à vingt ans, à quoi fait-on attention ? A rien. Quand j'y repense à présent, je me demande comment j'ai fait pour survivre[23]. »

A Tolovana, comme s'il s'agissait d'un jour de travail ordinaire, le responsable des Transmissions envoya un message à Ed Wetzler, l'homme que le gouverneur de l'Alaska avait chargé de superviser le relais. « Sérum parti ce matin de Tolovana à 11 heures[24]. » La course continuait.

Shannon essaya de se reposer à Tolovana, mais le sort de Cub, Jack, Jet, et à présent Bear, le tourmentait. Quelques jours plus tard, il regagna Nenana, en emmenant les quatre chiens sur son traîneau. Cub, Jack et Jet moururent peu après leur arrivée. Les gelures de Shannon étaient si graves qu'il dut attendre plusieurs semaines avant de pouvoir se raser[25], et même alors l'opération restait douloureuse.

Il déclara à un journaliste qu'il n'avait rien fait d'extraordinaire, que toutes les louanges devaient revenir à ses chiens.

« Ce qu'ils ont accompli à l'occasion de la course vers Nome est inestimable. Je n'ai aucun mérite. Les véritables héros de cette course [...] ce sont les chiens de tous les attelages, des chiens comme Cub, Jack et Jet qui ont donné leur vie pour cette mission humanitaire. Je ne peux pas encore vous dire si je réussirai à sauver Bear. Il est en très mauvais état et j'ai bien l'impression que je vais le perdre[26]. »

On ignore ce qu'est devenu Bear. Il a peut-être survécu, mais si c'est le cas, il n'a probablement jamais recouru – un sort terrible pour un animal qui ne respirait et ne vivait que pour courir avec les autres chiens de son attelage, sous la lumière de la lune. Certains chiens ne supportent pas d'être tenus à l'écart ; ils gémissent et hurlent quand le traîneau s'éloigne. Parfois ils souffrent de dépression et meurent. Même ceux qui acceptent de rester assis et de regarder le traîneau partir gardent l'espoir de courir de nouveau un jour.

« Si leur maître s'approche d'eux avec un harnais à la main, ils se lèvent malgré leurs rhumatismes pour se préparer à prendre la piste. Ils ont peut-être mal au dos, mais leurs yeux sont toujours pleins d'espoir[27] », a écrit un musher.

9.

Tracasseries administratives

« La situation à Nome s'aggrave ; Nome souhaite ardemment un sauvetage aérien. »

Seattle Union Register

A Nome, la température était de trente degrés au-dessous de zéro et le vent du nord soufflait à une vingtaine de kilomètres à l'heure. Dans la pâle lumière violette du matin arctique, Emily Morgan et les autres infirmières, réunies dans le coin repas du Maynard Columbus Hospital, pouvaient voir la croix de l'église St. Joseph illuminer le ciel telle une constellation. Habituellement, à cette heure de la journée, elles auraient fini leurs petits déjeuners, lavé leurs assiettes et leurs couverts avant de consulter le rapport de l'infirmière de nuit qui venait de terminer son travail[1]. Pourtant, ce jeudi 29 janvier, second jour du relais, il n'y avait pas de place pour la routine. L'épidémie avait pris un tour dramatique et Welch avait besoin de toute l'aide possible sur le Sandspit et en ville.

La veille, la journée avait été épuisante, pourtant, le soir, lorsque Welch et Morgan avaient comparé leurs notes afin de rédiger leur rapport quotidien au maire, il semblait y avoir une lueur d'espoir[2]. Welch avait pu ainsi faire savoir à Maynard qu'aucun nouveau cas n'avait été diagnostiqué. Cette découverte était surprenante. La ville sortait-elle de la crise sans avoir besoin de sérum frais ?

Malheureusement, ce n'était pas le cas. Entre mercredi soir et jeudi matin, deux nouveaux enfants au moins montrèrent tous les symptômes de la diphtérie. L'un d'eux, Daniel Kialook[3], un Esquimau du Sandspit, avait les deux côtés de la gorge recouvert d'une membrane, et 37,5° de fièvre. En ville, un autre enfant était également atteint, et plusieurs autres se plaignaient de maux de gorge. A ce jour, Welch et Morgan avaient recensé une vingtaine de cas confirmés et presque le double de cas suspects. Leurs rapports faisaient état d'au moins une mère sur le point de céder à une dépression nerveuse, de parents désespérés par la mort de leurs enfants et de nombreux autres paralysés par la peur.

Welch devait bien admettre qu'il était incapable de prévoir le nombre de cas qui se manifesteraient avant la fin de la journée, ni dans quels quartiers de la ville la maladie frapperait. Le lendemain matin à son réveil, découvrirait-il dix nouveaux cas, ou peut-être même vingt ? Combien de parents Morgan aurait-elle à consoler sur le Sandspit tandis qu'ils enterreraient leurs enfants ? Pourtant la population de la ville n'était pas fautive. Les Esquimaux comme les résidents blancs avaient respecté la quarantaine. Ceux chez qui la maladie s'était déclarée comme ceux qui étaient susceptibles d'avoir été contaminés s'étaient tous tenus à l'écart des autres habitants. La souche de la diphtérie qui frappait Nome était beaucoup trop virulente pour que ces précautions élémentaires puissent être efficaces, et le manque d'équipement médical moderne compliquait terriblement la tâche du docteur Welch.

Si seulement il avait eu les moyens de pratiquer le test de Schick. Un peu plus d'une dizaine d'années auparavant, en 1913, ce test qui portait le nom de son créateur, le pédiatre américain d'origine hongroise, Béla Schick, avait été mis au point pour identifier ceux qui possédaient une immunité naturelle à la toxine de la diphtérie, vraisemblablement après avoir été exposés précédemment à cette toxine et avoir survécu. Ce test consistait en une simple injection sous-cutanée de toxine diphtérique diluée. Si la peau ne rougissait pas, la personne n'était pas sensible à la toxine. En possession de cette information, Welch et Morgan auraient été capables d'identifier les sujets à risque, de prendre certaines dispositions pour les protéger, et de rassurer ceux qui étaient immunisés.

Même sans avoir recours au test de Schick[4], Welch et Morgan auraient pu réduire l'ampleur de l'épidémie, et peut-être la maîtriser, s'ils avaient eu un microscope et un incubateur pour effectuer des cultures à partir de prélèvements et identifier la présence de la bactérie. Une personne immunisée à la toxine produite par la bactérie peut être porteuse de cette bactérie, sans présenter aucun symptôme, et la communiquer à d'autres. De plus, chez certains individus les symptômes mettent plus longtemps à se manifester, et ils peuvent également être si bénins que l'infection n'est découverte qu'au bout de plusieurs jours. Welch ne disposait d'aucun moyen fiable pour distinguer un enfant atteint d'un début de diphtérie d'un autre souffrant d'un simple mal de gorge. Il ne pouvait pas non plus identifier les porteurs de la bactérie en bonne santé et les empêcher de se déplacer librement et de propager ainsi la maladie, y compris en dehors de la ville.

Sans ces moyens élémentaires, endiguer une épidémie devenait une tâche écrasante et qui demandait énormément de temps. Le plus petit reniflement et la moindre quinte de toux devaient être traités comme un début éventuel de diphtérie, et chaque habitant en bonne santé devait être considéré comme un suspect potentiel. Welch ne disposait que d'un seul outil : le sérum, vieux de six ans, et il ne lui en restait que vingt et un mille unités. Welch et Morgan se retrouvaient dans une situation qui exigeait d'eux qu'ils se substituent à Dieu pour décider qui devait recevoir le remède qui lui sauverait la vie et qui n'y aurait pas droit.

Le jeudi, en début d'après-midi, Welch fit savoir à Maynard que l'évaluation positive de la situation qu'il avait faite la veille était prématurée. Si l'épidémie continuait à se propager au rythme actuel, il pourrait y avoir plusieurs autres décès avant que les mushers et les trois cent mille unités qu'ils transportaient n'atteignent Nome. Paniqué, Maynard envoya un télégramme à Thompson, à Fairbanks, et à Sutherland, à Washington : « La situation est mauvaise... Le nombre de cas augmente d'heure en heure[5]. » Selon les rapports qu'avait reçu l'opérateur des Transmissions, le sérum était à deux cent quatre-vingt-dix kilomètres à l'ouest de Nenana et il n'arriverait à Ruby que vers huit heures du soir. Il resterait encore aux mushers à parcourir six cent cinquante kilomètres de Ruby à Nome. Si tout allait bien, il faudrait au moins huit jours avant que le sérum ne parvienne à Nome.

Maynard n'avait jamais vraiment renoncé à son idée d'un sauvetage aérien. La décision du gouverneur Bone avait prévalu, mais elle ne l'avait pas fait changer d'avis. Avec le dernier rapport de Welch et l'information que le gouverneur lui avait transmise récemment, Maynard se demandait si le moment n'était pas venu de parier une seconde fois sur un secours aérien.

En effet, la veille, Bone lui avait fait parvenir un message l'informant qu'on avait trouvé des unités de sérum dans plusieurs villes près de Juneau et qu'elles devaient être regroupées dans la capitale. Ce troisième paquet[6] pèserait environ cinq kilos et demi *. Bone pensait l'envoyer à bord d'un vapeur jusqu'à Seward d'où il voyagerait par train jusqu'à Nenana et attendrait là d'être récupéré par les équipes régulières du service postal. Ces unités regroupées à Juneau semblaient très peu de choses comparées aux trois cent mille unités qui étaient en route et au million cent mille unités qui devaient partir par bateau de Seattle le samedi suivant, mais l'épidémie progressant, une livraison rapide pourrait sauver la vie de quatre ou six enfants terrifiés qui risquaient d'être lentement étouffés. Le moment semblait venu de faire pression sur Bone et sur les autorités fédérales de Washington afin d'obtenir un sauvetage aérien ; et Maynard connaissait

* Seul le poids du sérum est précisé. Si l'on se base sur le poids des 300 000 unités, le sérum réuni à Juneau équivalait à peu près à 125 000 unités, qui permettrait de soigner quatre à six malades.

les hommes capables de relancer la machine : Thompson et Sutherland. Thompson, en particulier, savait que pour attirer l'attention des politiciens et des fonctionnaires de Washington, il n'y avait pas de meilleur moyen que la presse américaine.

Il avait été facile de capter l'attention du public lorsque l'affaire avait éclaté. Depuis que l'Associated Press avait parlé de l'épidémie de diphtérie à Nome et du manque de sérum, les journaux du matin et du soir, de San Francisco à New York en passant par Chicago, avaient couvert l'événement, avec des titres de plus en plus gros. Quelques jours auparavant, Nome avait de nouveau enflammé l'imagination des lecteurs, cette fois avec une course de chiens contre la Faucheuse. Le *San Francisco Bulletin* avait titré : « Des chiens se battent contre la mort dans la course vers Nome » ; et le *Washington Herald* : « Des chiens transportent du sérum vers la ville de l'Alaska prisonnière de la neige. » Les rédacteurs en chef envoyèrent des télégrammes au docteur Welch et au gouverneur Bone pour solliciter des interviews exclusives et des récits personnels. Welch, qui n'avait pas de temps à perdre, répondit avec colère : « Je suis médecin, pas attaché de presse[7]. » De son côté Bone était, ou du moins avait été autrefois, attaché de presse. Il rédigea des rapports enthousiastes pour l'International News Service faisant l'éloge des mushers qui se dirigeaient vers Nome et « souffraient pour ceux qui étaient malades[8] ».

Après les journaux, la radio s'empara de cette histoire. A travers tout le pays, les auditeurs suivaient « la course contre la mort » qui se déroulait là-bas, sur les vastes étendues glacées, au nord du continent.

Bientôt, Nome ne fut plus seule à être sous les feux des projecteurs. Les noms de villes oubliées depuis la fin de la ruée vers l'or en Alaska, redevenaient familiers : Fairbanks, Tanana, Manley Hot Springs et Ruby. Des hommes comme Wild Bill Shannon, Edgar Kallands et Curtis Welch symbolisaient la soif d'aventure de l'Amérique et faisaient figures de héros. Les autres événements – une éclipse totale visible à

New York et une accusation de fraude portée contre l'ex-secrétaire adjoint à la Guerre, Benedict Crowell – n'occupaient plus la une, et tout le monde, depuis le fonctionnaire le plus modeste jusqu'au président lui-même, était captivé par le drame qui se déroulait sur le Territoire de l'Alaska.

Et puis, comme si la nature elle-même voulait se mettre de la partie et alors que le relais venait juste de commencer, les tempêtes de neige et les grands vents qui avaient sévi à Juneau pendant plusieurs jours se déplacèrent vers les Etats-Unis frappant le Nord-Est et le Middle West depuis le Maine jusqu'en Géorgie. A New York, la température chuta, battant des records de froid. Le mauvais temps faisait des victimes : à Elizabeth (New Jersey), un homme de cinquante-cinq ans, Edward Sheridan, fut retrouvé mort, sous un amoncellement de neige, à seulement quelques mètres de sa maison. A Baltimore, un veilleur de nuit mourut gelé dans une cour, près de sa cabane. Harry Kayhan, un habitant du Bronx, mourut de froid à l'angle de la 41ᵉ Rue et de Park Avenue. On signala que des enfants s'étaient perdus dans la tempête en se rendant à l'école.

Il faisait dix-huit degrés au-dessous de zéro à l'extérieur des appartements bien chauffés de New York, et ceux qui regardaient par les fenêtres commençaient à avoir une petite idée de ce que vivre dans la région arctique signifiait. Ironiquement, Manhattan se retrouvait elle aussi prisonnière de la glace. L'Hudson avait gelé, enfermant péniches et ferries dans des glaces flottantes. Sur les embarcadères, à l'ouest de la 60ᵉ Rue, le bétail qui se trouvait à bord de deux cargos fut débarqué et descendit la 12ᵉ Avenue pour aller aux abattoirs. A bord, les animaux mouraient de froid sur place. Plus au nord, les voies de navigation étaient perturbées et les trains des lignes de banlieue avaient du retard. Dans les villes, grandes et petites, des milliers d'employés municipaux s'efforçaient de briser la glace et de dégager les rues.

Un habitant de New York, qui ne parvenait pas à se réchauffer par une température de moins dix-huit degrés, comprenait mieux ce qu'un musher conduisant un traîneau à chiens par quarante-cinq ou cinquante degrés au-dessous de zéro, seul et le plus souvent dans la nuit, pouvait ressentir. A travers toute l'Amérique, des lecteurs de journaux, assis confortablement dans leur salon, commencèrent à écrire des lettres et des poèmes en l'honneur des hommes et des chiens qui participaient au relais.

Maynard comprenait l'attrait pour cette lutte de l'homme contre la nature ; il savait que les mushers méritaient tous les éloges et l'attention qu'ils recevaient de la part de tant de gens à travers tout le pays, mais il avait également conscience que l'Alaska avait désespérément besoin d'entrer dans le monde moderne.

L'Amérique des années vingt était exubérante, tournée vers l'avenir, mais elle était par-dessus tout intimement persuadée qu'un minimum d'ingéniosité yankee suffisait pour résoudre n'importe quel problème. Dans le monde du travail, les chaînes de montage et la production de masse remplaçaient de plus en plus les habiles artisans capables de fournir un produit de meilleure qualité mais à un prix que seuls les gens riches pouvaient se permettre de payer. De plus en plus d'Américains abandonnaient leurs bogheis et leurs chevaux pour des automobiles. Dans chaque ville, petite ou grande, on goudronnait les rues afin de permettre aux voitures de circuler plus rapidement ; là où s'étendaient auparavant des prairies, on voyait désormais se dresser des stations-service proposant essence, nourriture et *auto courts,* les précurseurs des motels, dont les propriétaires espéraient que la nouvelle « bougeotte » américaine leur rapporterait quelques dollars. De plus en plus de maisons étaient équipées de l'électricité, et avec elle naissait l'intérêt pour de nouveaux appareils ménagers et de nouvelles technologies comme la radio. Les postes de radio ayant été considérablement améliorés grâce aux haut-parleurs intégrés et au courant alternatif, de nombreux Américains commencèrent à en acheter. En 1922, soixante mille foyers environ possédaient un poste de radio ; en 1924, il y en avait plus de trois millions et demi[9].

L'Alaska avait besoin de prendre part à cette modernisation. Il lui fallait des moyens de communications et de transports modernes ; de cette façon, si une ville se trouvait de nouveau démunie de sérum ou menacée par un danger quelconque, elle n'aurait pas à compter sur une technologie esquimaude dont l'origine remontait à la nuit des temps.

Une autre raison motivait également Maynard, Thompson et Sutherland. Ils en avaient tout simplement assez d'être ignorés par le gouvernement fédéral. Après tout, une bonne controverse pouvait contraindre les autorités fédérales qui avaient acquis l'Alaska à enfin lui prêter un peu d'attention. Welch avait commandé du sérum, mais cette demande avait été ignorée. Dans son rapport annuel sur la basse vallée du Yukon, à l'ouest de la ville de Tanana, le gouverneur Bone lui-même avait mentionné : « ... C'est une région désertée où les exploitations minières abandonnées sont la preuve pitoyable que les jours de prospérité sont révolus, et les vapeurs qui autrefois remontaient et descendaient le fleuve sont à présent hors service et échoués à St. Michael. Sans le service fluvial entre Nenana et Holy Cross [...], cette région de la basse vallée du Yukon serait totalement coupée de l'Alaska véritablement habité [la partie sud-est du Territoire et en particulier les environs de Juneau] et du monde extérieur[10]. »

On pouvait avancer qu'il n'y avait jamais eu suffisamment d'habitants sur le Territoire pour justifier l'immense dépense que représentait l'infrastructure nécessaire à une population moderne, mais on pouvait également soutenir que de nouveaux habitants ne viendraient jamais s'installer en Alaska si personne ne défendait la cause de ce Territoire et n'obtenait de fonds pour construire des routes et créer un service aérien. En l'état actuel des choses, les cinquante-cinq mille habitants d'Alaska devaient emprunter trois moyens de transport différents et affronter toutes les difficultés possibles – escalader des montagnes, traverser des forêts et franchir des cours d'eau – pour atteindre l'intérieur du Territoire depuis l'une des villes du Sud-Est.

Si une crise à Nome pouvait attirer l'attention de la nation tout entière sur la situation critique de l'Alaska, eh bien soit ! Maynard se lança dans une campagne agressive et ne recula devant aucun argument dans les télégrammes et les dépêches exclusives qu'il adressa aux agences de presse, aux journaux et à diverses institutions des Etats-Unis, depuis la vénérable Associated Press (AP) et *The New York World*, jusqu'à la chambre de commerce de Seattle.

« Aidez-nous ! Venez vite à notre secours[11] », suppliait Maynard dans un câble qu'il envoya à l'AP.

> Un avion venant à notre secours avec du sérum, c'est ce que souhaite Nome, non pour des pionniers, mais pour des enfants qui seront la Jeune Amérique de demain.
>
> Nous ne voulons pas demander à la Russie d'envoyer un brise-glace pour nous apporter du sérum ; nous ne demandons pas non plus que l'on nous envoie le *Shenandoah*... mais s'il vous plaît, obtenez de l'Oncle Sam qu'il fasse décoller un avion de Fairbanks où des hommes sont prêts à assurer le vol jusqu'à Nome en quatre heures afin de remédier à la situation dangereuse dans laquelle nous nous trouvons. Si le sérum partait de Juneau en bateau, il serait à Nenana le 3 février, alors que si un avion le transportait jusqu'à Nome, il devancerait les traîneaux à chiens de plusieurs jours, ce qui pourrait sauver de nombreuses vies.
>
> Hier, les conditions paraissaient plus favorables, mais aujourd'hui la situation s'est inversée... Le docteur Welch [...] n'a plus qu'une dose de sérum, vieux de six ans.

Il n'y avait aucune preuve que la situation s'aggravait d'heure en heure, et il restait à Welch plus d'une dose de sérum, même s'il en avait très peu. Mais il n'y avait également aucun doute que Nome traversait une crise, et presque tous les journaux entendirent l'appel de Maynard. Bientôt, son idée germa et se propagea.

« Il est certain qu'une base aérienne bien équipée, avec des pilotes et des appareils prêts à entreprendre sur-le-champ un voyage urgent, est une nécessité absolue pour l'intérieur de l'Alaska[12] », écrivait un éditorialiste de l'*Alaska Daily Empire* de Juneau.

Désormais ce n'est plus une nouveauté mais une partie intégrante du progrès. Malheureusement, il faut souvent une catastrophe pour que le public prenne conscience d'un besoin évident. Il a fallu la tragédie du *Titanic* pour que l'on veille à plus de sécurité en mer. Il a fallu une épidémie de diphtérie à Nome pour que Washington entende ce que [les pilotes] Noel Wien et Ben Eielson recommandent vivement depuis deux ans. On peut espérer que cette dure leçon – la sécurité des enfants d'Alaska – aura été suffisamment douloureuse pour porter ses fruits.

Bientôt, presque tous les journaux américains reproduisirent l'appel à l'aide de Maynard, en première page et en gros caractères. Le *Washington Post* titra : « L'épidémie s'aggrave, la ville supplie les autorités d'envoyer de l'aide par avion[13]. » A New York, le *Sun* suggéra qu'un secours aérien serait « le plus grand service humanitaire jamais rendu par un aviateur en temps de paix[14] » et le pilote Roy Darling devint pour les Américains « l'aviateur, invalide de guerre » – même si son accident était survenu après le conflit – prêt à risquer sa vie pour survoler « les immensités glacées » jusqu'à Nome.

Washington commença alors à reconsidérer sa position.

Le délégué Sutherland fut le premier politicien à entrer en action. Alors que la neige recouvrait encore le sol de Washington, il contacta les départements de la Justice et de la Marine afin d'obtenir l'autorisation officielle pour Roy Darling de piloter un avion depuis Fairbanks. L'autorisation fut accordée. Il s'adressa ensuite au U.S. Surgeon General et au service de Santé publique pour leur demander de reconsidérer la possibilité d'un vol de secours jusqu'à Nome. Ils semblèrent ouverts à cette idée.

Sutherland envoya ensuite des télégrammes à Thompson et à Maynard pour leur apprendre la bonne nouvelle. « Aviateur Darling de Fairbanks a autorisation du dép. de la Justice et du dép. de la Marine de voler jusqu'à Nome si nécessaire

– STOP. – Tenez-moi informé[15] », disait son message à Maynard.

Pour Sutherland, ce devait être un moment de joie intense. Un secours aérien ne servirait pas seulement ses rêves de créer un service postal aérien à travers tout l'Alaska, mais sauverait de l'extinction une ville qui avait beaucoup compté dans sa vie.

Cependant les bonnes nouvelles annoncées par Sutherland n'avaient pas réussi à calmer Maynard. Le lendemain, vendredi 30 janvier, l'anxiété du maire avait encore grandi. Il y avait eu un nouveau décès durant la nuit, ce qui portait le nombre de morts à cinq depuis le 20 janvier, date à laquelle l'épidémie s'était déclarée.

Le docteur Welch et Emily Morgan veillaient à présent sur vingt-deux patients et trente malades suspects. Selon les rapports du docteur Welch, cinquante-cinq personnes au moins avaient été en contact rapproché avec un individu contaminé. Parmi les malades gravement atteints, il y avait la fille d'un ouvrier de la mine, John Winters. L'enfant avait les deux côtés de la gorge recouverts par une membrane et 38,8° de fièvre. Welch lui administra six mille unités de sérum, et son stock se trouva ainsi réduit à treize mille unités.

Après avoir entendu le rapport du docteur Welch et de son équipe, Maynard se précipita au bureau des Transmissions avec en tête un plan beaucoup plus audacieux. Il savait que même si l'épidémie empirait, il avait peu de chances de convaincre le gouverneur Bone de permettre à un avion d'apporter à Nome les unités de sérum réunies à Juneau. Maynard décida donc de faire monter la pression d'un cran. Il adressa son télégramme à ses collègues de la chambre de commerce de Seattle. Il souhaitait que les hommes d'affaires de cette ville usent de leur influence à Washington pour qu'un avion décolle avec les un million cent mille unités de sérum qui devaient partir le lendemain à bord de l'*Alameda* pour faire route vers le port libre de glace de Seward. Un avion pourrait apporter ces unités de sérum à Nome en soixante-douze heures et permettraient ainsi de venir rapidement à bout de l'épidémie. Les hommes d'affaires de Seattle firent circuler l'idée et télégraphièrent au représentant de la chambre de commerce de Washington, J.J. Underwood, pour le prier d'obtenir une entrevue avec le général de division Patrick Mason, commandant l'U.S. Air Service.

L'année précédente, l'U.S. Air Service avait organisé, avec l'aide de l'U.S. Navy, le premier vol réussi autour du monde en utilisant des avions spécialement conçus pour des vols de longue distance. Ces avions, des Douglas World Cruisers, avaient une envergure de quinze mètres et une vitesse de croisière de cent quarante-cinq kilomètres à l'heure ; ils avaient été mis au point par un constructeur d'avions lance-torpilles, Donald Douglas, qui travaillait en Californie, dans un studio de cinéma désaffecté. Pour ce tour du monde héroïque, les équipages, composés d'un pilote et d'un mécanicien, étaient partis de Seattle à bord de quatre appareils, avaient remonté la côte pacifique jusqu'en Alaska, puis suivi la péninsule d'Alaska jusqu'à l'archipel des Kouriles et au-delà, et avaient fait le tour du globe avant d'atterrir à Seattle, cinq mois et vingt-deux jours plus tard. L'un des buts essentiels de cette expédition aux multiples escales avait été de fournir aux pilotes américains et à leurs équipes de soutien une certaine expérience dans le domaine de la préparation et de la logistique des vols de longue distance.

La chambre de commerce souhaitait que l'un de ces aviateurs, le lieutenant Erik Nelson, ancien membre du Black Wolf Squadron qui avait volé de New York à Nome via Fairbanks en 1920, se charge du transport du sérum jusqu'à Nome. Les chances de réussite de Nelson à bord d'un Douglas World Cruiser étaient bien plus grandes que celles de Darling aux commandes d'un fragile avion de la Fairbanks Airplane Corporation.

Ce vol qui partirait du terrain d'aviation fédéral de Sand Point, au nord de Seattle, avec Nome pour destination, serait un véritable événement : une opération de secours doublé du vol postal le plus long de l'histoire des Etats-Unis.

La presse, ayant parfaitement conscience de l'importance

d'un tel vol, fit appel à des spécialistes pour savoir si une telle entreprise était possible. Le *Seattle Union Record* et le *Post-Intelligencer* contactèrent le lieutenant Theodore Koenig, commandant de Sand Point, qui confirma aux journalistes qu'un avion correctement équipé avec une grande autonomie de vol et partant de Sand Point pouvait atteindre Nome avant l'un des petits avions de Fairbanks. Cependant, si Maynard avait espéré obtenir une approbation retentissante de la part d'un aviateur expérimenté, il comprit très vite qu'il n'en serait rien. « Le vol depuis Seattle présente malgré tout de graves difficultés car la possibilité de se poser sans risques et de refaire le plein en route est pratiquement nulle[16]. »

L'étape la plus longue du vol de 1924 avait été d'environ mille quatre cents kilomètres. Nome était à plus de trois mille deux cents kilomètres de Seattle. En outre, le département de la Guerre avait mis près d'une année pour préparer des dépôts de carburant, des terrains d'atterrissage, et pour organiser des patrouilles de vaisseaux avant que les pilotes de l'U.S. Air Service n'entreprennent leur tour du monde. De plus, un avion quittant Seattle en hiver devrait être équipé de flotteurs pour le trajet de Seattle à Seward, puis de skis pour le voyage jusqu'à Nome. Ce qui, ajouta Koenig « prendrait plus longtemps, une fois que tous les préparatifs le long de la route auraient été faits, que de transporter le sérum en traîneau à chiens[17]. »

Le commandant H.C.K. Muhlenberg, commandant l'unité de l'U.S. Air Service de la ROTC * à l'université de Washington, partageait cet avis. Il ajouta que tout pilote volant vers l'Alaska aurait besoin d'une combinaison chauffée électriquement et qu'il faudrait beaucoup de temps avant d'en trouver une car il n'y en avait actuellement aucune de disponible au nord de San Diego.

Tandis que les spécialistes continuaient à débattre des mérites d'un secours aérien, deux hommes tentaient de met-

* Reserve Officers Training Corps, régime correspondant à la PMS (Préparation Militaire Supérieure) en France. *(N.d.T.)*

tre au point un plan totalement différent. L'un, Carl Lomen, fils de l'ancien maire de Nome, se trouvait à New York pour affaires. L'autre, Loring Pickering, était directeur général de l'agence de presse North American Newspaper Alliance, une organisation qui regroupait soixante-neuf journaux. Lomen et Pickering souhaitaient que Washington joue un rôle plus important dans les efforts de sauvetage, et ils avaient une idée qui permettrait de résoudre les problèmes d'atterrissage et de réapprovisionnement en carburant. Ils voulaient que le gouvernement envoie un avion à bord d'un croiseur qui remonterait le long de la côte pacifique jusqu'à la limite de la glace de la mer de Béring. Ainsi l'appareil qui décollerait du navire aurait le moins de chemin possible à parcourir jusqu'à Nome.

Dans un télégramme au U.S. Surgeon General, l'Alliance offrait d'engager et de payer un bactériologiste, et de fournir du matériel pour les prélèvements et les cultures, un incubateur et d'autres fournitures de laboratoire d'urgence si Washington acceptait d'envoyer un « croiseur transportant un avion et son équipage[18] » jusqu'à la limite de la banquise de la mer de Béring. Selon le télégramme, la glace s'étendait cet hiver-là jusqu'à l'île de Nunviak, à seulement cinq cents kilomètres au sud de Nome.

En plus de cette offre, le télégramme de Pickering prenait en compte l'élément humain de la tragédie qui se déroulait, et permettait à Lomen de faire passer son propre message. Ce dernier implorait le Surgeon General d'agir très vite et de

> ne pas permettre que l'épidémie ravage notre communauté comme l'a fait malheureusement l'épidémie de grippe de 1918 [...]. Même si les traîneaux à chiens réussissaient à livrer le sérum, cela ne sauverait nullement la situation [...]. Tout ce qui est humainement possible doit être tenté [...]. Si les traîneaux arrivaient dans moins de dix jours, ce qui serait un voyage remarquablement rapide vu les blizzards qui peuvent souffler en Alaska, Nome aurait malgré tout besoin de davantage de

sérum et d'un équipement de laboratoire. Pouvons-nous avoir une réponse immédiate afin de ne pas perdre un temps précieux, c'est-à-dire des vies[19] ?

Le télégramme arriva sur le bureau du Surgeon General et, suivant la voie hiérarchique, finit par remonter jusqu'au président Coolidge qui ordonna de fournir à Nome tout ce dont elle avait besoin.

Pendant ce temps, Sutherland continuait à harceler le département de la Guerre et le bureau du Surgeon General. Les véritables problèmes posés par un secours aérien devenant de plus en plus évidents, la probabilité d'un vol Seattle-Nome diminuait. Mais qu'en était-il de la proposition de la Newspaper Alliance ? Le porte-avions était une innovation récente. En 1921, l'U.S. Navy avait créé son bureau de l'Aéronautique et, un an plus tard, avait transformé un ancien charbonnier, le *Langley*, en un porte-avions avec dispositif d'appontage. Une plate-forme d'atterrissage de seulement cent soixante mètres sur vingt avait été construite par-dessus le pont et pouvait transporter environ une cinquantaine d'avions. Le *Langley* avait été surnommé « le chariot bâché » parce que le pont d'atterrissage recouvrait entièrement ce qui avait été le pont principal. Le bateau avait servi à l'occasion de plusieurs vols de démonstration, et en 1924, il faisait partie de la flotte de combat du Pacifique qui croisait au large de la côte de Californie.

L'U.S. Navy avait moins de vingt-quatre heures pour prendre sa décision. Elle pouvait envoyer le *Langley* ou l'un des navires de la flotte de combat dont une tourelle avait été remplacée par une catapulte permettant le décollage d'un avion. Sutherland exhorta le bureau de l'Aéronautique à participer au sauvetage, mais vers la fin de la journée la Navy décida que le voyage était trop dangereux. Un croiseur ne pourrait pas s'approcher suffisamment pour qu'un avion transportant le sérum puisse voler d'une traite jusqu'à Nome, sans risquer lui-même de se faire broyer par la glace de la mer de Béring. Tout ce que la Navy pouvait faire, c'était mettre en état d'alerte le dragueur de mines *Swallow* qui opérait le long de la côte nord-ouest du Pacifique ainsi que dans les eaux de l'Alaska afin de transporter d'urgence tout bactériologiste ou matériel de laboratoire fourni par l'Alliance jusqu'au port libre de glace de Seward.

« Nous avons discuté de la situation avec le délégué Sutherland et des responsables du service de Santé publique, et nous apporterons toute l'aide possible[20] », précisait le vice-amiral dans sa réponse à Pickering.

Un expert au moins n'était pas d'accord avec la décision prise par l'U.S. Navy : l'explorateur Roald Amundsen qui se trouvait à New York afin d'obtenir un soutien pour le vol vers le pôle Nord qu'il comptait tenter en 1925.

Il déclara aux journalistes qu'un croiseur était parfaitement capable de faire ce qu'on attendait de lui : « D'après ce que je sais de la côte ouest de l'Alaska à cette époque de l'année, je suis convaincu qu'un croiseur ou un destroyer pourrait s'approcher à portée de fusil de Nome[21]. » Le vol vers le pôle Nord qu'Amundsen projetait alors devait se révéler un désastre. Les moteurs tombèrent en panne en cours de route. Mais ce vol et son échec appartenaient encore au futur. En dépit de cet appui solide, fourni par l'un des explorateurs les plus célèbres au monde, l'U.S. Navy refusa de s'engager dans cette aventure.

Sutherland continuait à se battre pour faire transporter le sérum de Juneau par avion. Il n'avait pas joué sa dernière carte : William Thompson, à Fairbanks. Au cas où le département de la Guerre refuserait la demande de Maynard de fournir un avion, Sutherland avait télégraphié à Thompson de se tenir prêt pour un vol : « ... Suggère que l'aviateur Darling ait avec lui un passager connaissant la route [...]. Je suggère également de prévoir des raquettes en cas d'atterrissage forcé loin de la piste. Des conditions climatiques calmes sont prévues sur la côte de la mer de Béring ; – 28° et vent du nord[22]. »

Thompson réunit une équipe de mécaniciens volontaires et leur demanda de commencer l'assemblage de l'avion. Il se mit ensuite à la recherche d'un mécanicien susceptible de seconder Darling durant le vol et découvrit Ralph Mackie, un habitant d'Anchorage qui avait volé avec le Royal Flying Corps au Canada. Entre-temps, un ancien pilote de guerre, qui traversait l'intérieur de l'Alaska pour se rendre en Sibérie afin de prendre des photos, apprit qu'une épidémie sévissait à Nome et envoya un télégramme à Thompson l'informant qu'il se dirigeait vers Ruby où il attendrait Darling pour l'aider à faire le plein quand il se poserait. Ruby possédait un dépôt de carburant que l'armée avait constitué à l'intention des pilotes de l'expédition aérienne de 1920, New York-Nome. L'ancien pilote de guerre proposait de transvaser le carburant dans des bidons et de se tenir prêt pour procéder le plus rapidement possible à l'opération.

Pour la première fois, le vol paraissait vraiment possible : l'appareil était en cours de montage et Darling avait un copilote expérimenté qui connaissait le pays. La température s'était même réchauffée de dix degrés et il faisait à présent trente-neuf degrés au-dessous de zéro. Pourtant il restait encore à entrer en possession du sérum, ou tous ces préparatifs seraient inutiles.

Thompson et Sutherland continuèrent à faire pression sur le gouverneur Bone, l'exhortant à approuver ce vol. Bone refusa. Ils se tournèrent alors vers Edward Wetzler, l'homme responsable du relais à Nenana, et insistèrent pour qu'il leur remette le paquet dès qu'il arriverait de Juneau par le train. Wetzler refusa catégoriquement. Sa loyauté envers le gouverneur était sans faille. Même le bureau du Surgeon General, qui semblait s'interroger quant à la décision de Bone, hésita à lui donner des ordres et se contenta de lui dire « de faire ce qu'il jugerait bon[23] ».

Une fois encore le rédacteur du *News-Miner* laissa éclater sa colère : « Nome compte sur Fairbanks pour lui sauver la vie et s'il n'y avait pas tant de tracasseries administratives pour contrecarrer tous les plans, Fairbanks serait à Nome en un rien de temps... Fairbanks se tient prêt, ligoté au poteau...

battant des ailes pour se précipiter au secours de ses amis, mais on l'en empêche[24]. »

Bone demeura intraitable. Malgré les très fortes pressions dont il était l'objet et les appels de plus en plus nombreux de la presse en faveur d'un spectaculaire sauvetage aérien, il s'en tint à sa décision ; il jugea absurde la proposition d'envoyer des brise-glaces et des croiseurs pour se frayer un chemin à travers la mer de Béring, et plus stupide encore l'idée qu'un avion serait plus efficace que des traîneaux à chiens. Il télégraphia à Wetzler et lui ordonna de ne remettre à personne, quelles que soient les circonstances, le paquet de sérum qui arriverait de Juneau. Ce paquet devrait rester à Nenana jusqu'à ce que le traîneau postal vienne en prendre livraison.

Cependant aucun homme ne peut parvenir au rang de gouverneur sans une certaine habileté politique, et Bone, qui avait été journaliste et chargé de presse, n'ignorait pas l'importance de l'opinion publique. S'il ne faisait rien et laissait les choses suivre leur cours, il serait accusé au mieux d'être obstiné, au pire de n'éprouver que du mépris pour la vie humaine. Il y avait également le risque de blesser les habitants de Nome en n'agissant pas. Si l'épidémie gagnait du terrain aussi vite que le prétendait Maynard, il fallait que le relais assurant le transport des trois cent mille unités de sérum soit encore plus rapide.

Bone fit venir son adjoint et lui dit qu'il souhaitait faire appel à plus de mushers pour la dernière partie de la course entre Nulato et Nome. Pour cela, il avait besoin de l'aide de Mark Summers, le directeur de la compagnie minière de Nome.

Cette décision était hasardeuse et pouvait paraître choquante. En effet, Bone allait devoir raccourcir le parcours de l'homme le plus important du relais : Leonhard Seppala ; et pour cela il lui fallait faire appel à Mark Summers, le sponsor de Seppala.

La raison de ce changement paraissait assez logique. Seppala était le musher le plus rapide d'Alaska mais, selon le plan initial, il devait parcourir un millier de kilomètres. Bien qu'ayant un traîneau peu chargé, Seppala devrait pourtant aller à une allure raisonnable s'il voulait survivre. Aucun homme, aussi rapide fût-il, ne pouvait battre des hommes frais et dispos qui n'avaient qu'une courte distance à couvrir pour transmettre le sérum.

Cependant ce changement de plan ne tenait pas compte de deux facteurs très importants. Tout d'abord, Seppala était certainement l'un des rares à pouvoir traverser le Norton Sound, un raccourci dangereux mais qui pouvait faire gagner au moins une journée de voyage. Pour conserver cette partie du plan initial, il fallait informer Seppala qu'au lieu de se rendre à Nulato il devrait attendre le musher qui lui livrerait le sérum, quelque part près de Shaktoolik, sur la côte est du Norton Sound.

En second lieu, il n'y avait aucun moyen d'entrer en communication avec Seppala. Les lignes téléphoniques de Nome n'allaient que jusqu'à Solomon, à quatre-vingts kilomètres à l'est de la ville. En outre, le réseau hertzien des Transmissions ignorait les villages de la côte nord du Norton Sound en émettant par-dessus le Sound vers St. Michael où une station relais retransmettait les messages jusqu'à Unalakleet, puis vers le sommet des Nulato Mountains et, par-dessus le chemin portage de Kaltag, jusqu'à l'intérieur de l'Alaska et au-delà. Si, selon le nouveau plan, Seppala devait toujours faire la dangereuse traversée du Norton Sound, la réussite de l'opération reposait sur le musher qui irait à sa rencontre. Deux mushers allant en sens inverse pouvaient très facilement se manquer dans le blizzard. Par moment l'air était tellement chargé de neige qu'on n'apercevait même plus les imposants jalons qui bordaient la piste.

Pourtant, l'ordre de Bone devait être suivi. Summers se mit aussitôt à la recherche d'Ed Rohn, un musher dont le titre de gloire consistait à avoir battu Seppala lors d'une course, lui demanda de se rendre à Port Safety, à une trentaine de kilomètres de Nome, et d'attendre au relais d'autres instructions. Il téléphona ensuite à Little Creek, joignit Gunnar Kaasen, un autre musher de Hammon, et lui ordonna de préparer un attelage pour aller au village minier de Bluff, à environ cinquante kilomètres à l'est de Port Safety. Kaasen se rendit aussitôt au chenil et commença à passer leur harnais aux chiens. En partant, Seppala avait bien précisé que si Hammon avait besoin d'un attelage, il fallait prendre comme chien de tête Fox, un husky à la fourrure marron et noir. Kaasen qui, l'été, travaillait en étroite collaboration avec Seppala dans le bassin aurifère, avait tendance à préférer un autre chien, plutôt râblé pour un husky, noir comme la nuit à l'exception de la patte avant droite, toute blanche. Son nom était Balto. Kaasen accrocha les chiens un à un aux traits et, quand vint le moment de choisir le chien de tête, il ignora les directives de Seppala et mit Balto en position de mener l'attelage.

Cette décision devait affecter durablement les relations des deux collègues.

En arrivant à Bluff, Kaasen enrôla le patron du relais, Charles Olson, un ancien pionnier, célibataire endurci, et lui demanda d'atteler ses chiens et de se rendre jusqu'au poste de traite de Golovin, à quarante kilomètres plus à l'est, pour y attendre le sérum.

Tandis que les mushers se préparaient à occuper les positions qu'on leur avait désignées, Summers, grâce au réseau des Transmissions, réussit à joindre le responsable de l'entrepôt d'Unalakleet et lui demanda de « ne pas regarder à la dépense[25] » et de poster davantage d'attelages le long de la piste. Un autre attelage se tint donc prêt à Unalakleet et un autre à Shaktoolik, soixante kilomètres plus au nord, sur la côte.

Au total, vingt hommes et environ cent cinquante chiens devaient prendre part à la course pour sauver Nome. En ce qui concernait Seppala, on ne pouvait que demander aux nouveaux mushers de guetter le Norvégien et son attelage de huskies. S'ils rencontraient Seppala, ils devraient l'arrêter et lui remettre le sérum. Summers avait déjà calculé que la rencontre se produirait probablement aux environs de Shaktoolik.

Une fois le nouveau plan mis en place, Bone ne pouvait plus grand-chose sinon attendre. Il savait parfaitement que si les chiens échouaient, il le paierait très cher à cause de son refus obstiné d'autoriser un audacieux sauvetage aérien.

Tout ce que Nome pouvait faire, c'était patienter et peut-être prier pour que le temps ne se gâte pas. Welch demeurait vigilant. Le lendemain, son stock de sérum serait épuisé, mais il n'était pas prêt à renoncer. En fin de journée, il se rendit au bureau des Transmissions et envoya un télégramme à sa sœur : « Nous travaillons jour et nuit, et nous continuerons jusqu'à ce que nous ayons gagné. »

Deux jours plus tôt, le mercredi 28 janvier, le jeune Edgar Kallands, à qui Wild Bill Shannon, épuisé, avait remis les trois cent mille unités de sérum, était arrivé à Manley Hot Springs, terme de son parcours, sans trop d'encombres. La température était descendue jusqu'à quarante-neuf degrés au-dessous de zéro et, selon l'article d'un journal, les mains gantées de Kallands avaient gelé sur le guidon du traîneau[26]. La course depuis Tolovana avait duré plus de cinq heures et le patron du relais avait dû jeter de l'eau bouillante sur le guidon en bouleau pour libérer les mains du musher. Kallands passa la nuit à Manley où ses chiens et lui purent enfin prendre un repos bien mérité. Le lendemain, ils entamèrent le voyage de quatre-vingt-sept kilomètres qui devait les conduire chez eux, à Tanana, le centre géographique de l'Alaska. Kallands et les autres habitants y suivraient les progrès de la course du sérum par télégraphe, grâce à la vieille ligne entre Tanana et Ruby que les hommes des Transmissions avaient abandonnée quand elle avait été remplacée par la télégraphie sans fil.

Les noms d'autres Athapascans comme Sam Joseph, Titus Nickolai, Dave Corning, Harry Pitka, George et Edgar Nollner crépiteraient le long du fil durant les deux jours suivants tandis que les mushers poursuivraient leur course vers l'ouest, à travers l'Intérieur, à la rencontre de Seppala.

A trois heures, le vendredi matin 30 janvier, Charlie Evans, le douzième musher du relais, attendait à Bishop Mountain lorsqu'il entendit un attelage approcher. Sur son traîneau, George Nollner, un de ses amis proches, fredonnait une chanson d'amour athapascane en songeant à la femme qu'il venait d'épouser quelques jours plus tôt. Entre Whiskey Creek et Bishop Mountain, George avait partagé sa course avec son frère aîné, Edgar, de façon à gagner du temps. En arrivant, George prit le précieux paquet, et les deux frères entrèrent dans la cabane en rondins pour le réchauffer. Ils restèrent presque une heure, assis près du poêle, craignant que le froid n'ait gelé le sérum et ne l'ait rendu inutilisable.

La veille, la température était légèrement remontée, mais ce n'avait été qu'un bref répit. Tôt le matin, un froid inquiétant s'était installé. A l'extérieur de la cabane, quand Evans regarda le ciel, les lumières vertes et blanches de l'aurore boréale dansaient une valse lente et gracieuse. Comme tant d'autres mushers, Evans était à moitié athapascan, par sa mère. En tant que descendant d'une longue lignée de puissants chefs koyukons, aider les gens lorsqu'ils étaient dans le besoin faisait pour lui partie d'une tradition. De nombreux Athapascans pensaient que l'aurore boréale était composée des torches des esprits qui guidaient les voyageurs vers le ciel. Selon la légende, il suffisait de siffler pour que les esprits descendent aider celui qui les avait appelés. Cependant Evans ne se laissait pas bercer par un faux sentiment de sécurité. La température était de moins cinquante-deux degrés.

Evans partirait donc de Bishop Mountain, un camp de pêche situé sur la rive nord du Yukon. A cet endroit, le fleuve décrivait un S très fermé autour d'un empilement de pierres d'une soixantaine de mètres de haut. La plupart des années, la glace y était chaotique, les restes des immenses glaces flottantes qui s'étaient écrasées contre la brusque courbe de la rive ayant provoqué des avalanches de terre et de pierres. Comme un jardinier connaît chaque fleur d'un parterre, Evans connaissait chaque courbe et chaque coude de cette partie du Yukon, la moindre modification de ses barres et de ses bancs. L'été, le musher âgé de vingt-deux ans pilotait un bateau et naviguait sur le Yukon et son affluent, la Koyukuk, qui descendait de Brooks Range. Les deux cours d'eau se rejoignaient à une quinzaine de kilomètres à l'ouest de Bishop Mountain, là où se trouvait le village de Koyukuk qu'habitait Evans. Son père, John Evans, un chercheur d'or venu de l'Idaho, y tenait un magasin et l'hiver Charlie l'aidait en transportant les marchandises et les fourrures en traîneau à chiens.

Il était environ quatre heures et demie du matin quand Evans se mit finalement en route pour couvrir les cinquante kilomètres qui séparaient Bishop Mountain de Nulato[27]. Il avait attendu George toute la nuit, et il était un peu fatigué. Après seulement une quinzaine de kilomètres, il se trouva confronté à de sérieux problèmes. Les eaux prisonnières de la Koyukuk avaient brisé la glace là où la rivière se jetait dans le Yukon, et inondé la piste sur près d'un kilomètre. Les chiens réussirent à éviter l'eau libre, mais la vapeur qui montait de la rivière formait un mur épais et cotonneux de brouillard de glace qui arrivait à la poitrine d'Evans et engloutit ses chiens et son traîneau.

Un brouillard de glace peut être épais de dix à vingt mètres et s'étendre sur des kilomètres. Il crée un monde fantomatique hanté par des cristaux de glace miroitants qui flottent dans l'air comme des atomes de poussière de diamant, se séparent et se rapprochent au moindre souffle ou dès qu'on passe parmi eux. Une fois plongé dans ce brouillard, un musher ne peut que deviner la piste ; il n'a aucun moyen de savoir la distance qu'il a parcouru ni dans quelle direction il se dirige. Dans cette brume épaisse et glacée, ne disposant plus de points de repère familiers pour s'ancrer dans la réalité, il peut être envahi par un soudain sentiment d'impuissance. « Ça m'est tombé dessus tout d'un coup, a écrit un musher, j'ai cru que je ne pourrais pas m'en sortir, que j'aurais beau me démener, cela ne servirait à rien [...]. Par moments j'ai pensé devenir cinglé[28]. »

Evans n'osait pas descendre du traîneau. Il continua à mener son attelage à l'aveuglette, trop heureux quand cette brume épaisse baissait suffisamment pour lui révéler le bout de la queue de ses chiens ou le haut de leurs têtes qui sautillaient. Il ne pouvait que rester sur ses patins, se cramponner lorsque le traîneau cahotait et « laisser les chiens filer...[29] ». Dans cette blancheur aveuglante, bien des chiens auraient hésité, mais ceux d'Evans savaient ce qu'ils faisaient. « J'avais confiance en eux, expliquait-il, et ils avaient confiance en moi. Ils possédaient un sixième sens et paraissaient deviner ce que je pensais. » Une légère brise avait commencé à souffler, provoquant un froid glacial, et à l'arrière de son traîneau Evans commença à sentir ses muscles se raidir. Le vent emportait du sable des parties exposées de la rive abrupte ; et quand ce sable frappait son visage, on aurait cru des éclats de verre.

L'allure des deux chiens de tête commença à devenir hésitante et leur rythme irrégulier. Evans les avait empruntés pour compléter son propre attelage. Ils étaient issus d'un croisement de chien de chasse pour le gibier à plume et de husky, mais ils tenaient davantage du chien de chasse et n'étaient pas faits pour affronter une course aussi difficile. Ils avaient le poil court et le frottement du harnais sur leurs pattes commençait à les irriter. Pour aggraver les choses, Evans avait oublié les peaux de lapin qui leur protégeaient habituellement la région de l'aine, un endroit presque dépourvu de poils, et le gel avait déjà commencé à faire son œuvre.

Evans approcha bientôt du village de Koyukuk où son père, John, l'attendait, l'oreille tendue pour entendre son traîneau arriver. Quand il perçut le bruit du frottement des patins sur la neige, il courut jusqu'à la rive pour crier à son fils de s'arrêter, de venir se réchauffer un peu.

« Impossible, répondit Charlie depuis la rivière. Je ne pourrais plus réveiller les chiens[30]. »

John Evans regarda son fils s'éloigner. John avait organisé le relais sur cette partie du Yukon et lorsqu'il avait parlé à son fils de l'épidémie à Nome, Charlie s'était aussitôt porté volontaire. La mère de Charlie était morte en 1908, alors qu'il n'avait que cinq ans, et John s'était entièrement consacré à l'éducation de Charlie et de son frère ; il leur avait enseigné le mode de vie du Yukon et les avait envoyés cinq ans dans une école de l'Oregon pour qu'ils se familiarisent avec le monde moderne.

A huit kilomètres de Koyukuk, le Yukon tourne brusquement à quatre-vingt-dix degrés vers le sud sud-ouest et court le long d'une crête très boisée qui s'élève à mille six cents mètres au-dessus du fleuve. Nulato se trouvait à une quinzaine de kilomètres de là.

Peu après que Charlie eut dépassé Koyukuk, les pattes de ses deux chiens de tête commencèrent à bleuir et à enfler, la chair à vif, brûlée par le froid, là où le harnais avait arraché les poils et la peau. Ils avaient de graves gelures. Ils continuèrent en trébuchant jusqu'à ce que soudain l'un des deux s'écroule, suivi par le second. L'attelage s'arrêta et Evans, tremblant de froid, s'approcha en chancelant. Les deux chiens étaient dans un triste état et Evans n'eut pas d'autre choix que de les mettre dans le panier du traîneau. Selon un compte rendu, Evans se plaça en tête de son attelage[31], passa un harnais par-dessus son épaule et aida ses chiens à tirer le traîneau sur la dernière partie de la piste, jusqu'à Nulato *.

---

* Le compte rendu ne précise pas si Evans a dit lui-même s'être mis à la tête de son attelage, et d'autres sources n'en font pas mention. Pourtant il est tout à fait plausible qu'Evans ait été obligé d'occuper la position de tête car probablement aucun autre chien de son attelage n'était capable de le faire – sinon il n'aurait pas emprunté ces deux chiens. Un chien de pointe ou de queue ne peut pas occuper la position de chien de tête sans avoir suivi un entraînement approprié.

Un peu avant dix heures du matin, Evans aperçut enfin le contour de Nulato Island au milieu du fleuve ; et Nulato se trouvait juste au-delà, sur la droite. Quand Evans entra dans le village, il porta les chiens de tête à l'intérieur du relais et les déposa sur le sol, près du poêle. Les deux chiens étaient morts. Lorsqu'une cinquantaine d'années plus tard on lui posa des questions sur cette course, Evans répondit simplement : « Il faisait vraiment froid[32]. »

Cela faisait trois jours que le sérum était sur la piste et il avait parcouru cinq cent soixante-dix kilomètres. Il restait encore cinq cent dix kilomètres à couvrir et les prochains soixante kilomètres qui devaient le rapprocher de Nome revenaient à Tommy Patsy, un Athapascan qui s'était fait un nom, quelques étés plus tôt, quand les Anciens l'avaient choisi avec deux autres Indiens pour prendre part à l'une des dernières chasses au grizzli à la lance. Les Koyukons savaient que ce serait probablement la dernière fois que de jeunes chasseurs tueraient un grizzli avec une lance car la tradition et l'habileté qu'exigeait cette pratique étaient en train de disparaître. Pourtant, chez les Koyukons, tuer un grizzli à la lance représentait la dernière épreuve qui permettait d'être considéré comme un homme et un chasseur.

Patsy et ses compagnons s'étaient entraînés en secret tout l'été, fortifiant leurs muscles, courant et pratiquant le saut à la perche. En effet, au cours de cette chasse, Patsy et un autre chasseur, Sidney Huntington, devaient sauter par-dessus la tanière de l'ours en se servant d'une perche en bouleau bien sec et l'utiliser ensuite pour barrer l'entrée, obligeant le « gros animal[33] » à rester à l'intérieur. Pendant ce temps, un troisième chasseur, placé devant l'entrée, plantait solidement sa lance dans le sol. Quand il était prêt, les deux autres relevaient leur perche et libéraient l'ours furieux. Pour prouver leur talent de sauteurs, Patsy et Huntington durent bondir au-dessus d'un grand feu de branches d'épicéa, vêtus de leur parka en fourrure. Des poils roussis entraînaient la disqualification. Ils passèrent ce test avec succès et plus tard cet hiver-là, réussirent à tuer un ours à la lance. Ils étaient peut-être les derniers de leur peuple à le faire.

Fidèle à la tradition, Patsy ne se vanta jamais de cette chasse. S'il l'avait fait, cela aurait attiré la malchance sur son village. Nulato avait déjà eu sa part de malheur. Il avait abrité un fort russe et un poste de traite. En 1851, la garnison et la plupart des autochtones qui vivaient aux alentours avaient été massacrés par une bande d'Indiens belliqueux. Patsy tenait cette histoire des Anciens qui la transmettaient aux jeunes générations. Il n'était pas rare que des habitants de Nulato, en se promenant sur le site de l'ancien fort, trouvent des boutons d'uniformes de soldats russes.

Une demi-heure environ après l'arrivée de Charlie Evans, Patsy attacha solidement le paquet de sérum sur son propre traîneau et, avec les meilleurs chiens du village, prit la piste qui suivait le fleuve vers le sud-ouest jusqu'à Kaltag, un village situé sur une falaise dominant le Yukon. A Kaltag, la piste s'éloignait du Yukon et grimpait dans les montagnes où les conditions climatiques empiraient. Kaltag était le point de départ d'un chemin de portage long de cent quarante kilomètres qui reliait l'Intérieur à la côte est de la mer de Béring. Il escaladait les Nulato Mountains, hautes de mille deux cent vingt mètres, avec une forte montée de vingt-quatre kilomètres, puis devenait plus plat avant de redescendre vers la côte. Ce chemin était comme un tunnel conduisant vers un monde nouveau et encore plus dangereux. A l'autre bout du chemin de portage, au village autochtone de Unalakleet, la course de relais quitterait le calme relatif et le froid de l'Intérieur pour affronter les conditions imprévisibles de la côte.

Le sérum avait encore à relever son plus grand défi, la traversée du Norton Sound.

10.

La fabrique de glace

« La glace est comme un chien méchant, elle attend toujours que vous ne la surveilliez plus pour essayer de vous avoir. »

L'anthropologue Richard K. Nelson,
Hunters of the Northern Ice

Les habitants de l'Alaska l'appelaient « la fabrique de glace[1] ». Vu de loin, le Norton Sound, une rébarbative baie de la mer de Béring, mesurant deux cent quarante kilomètres de long sur deux cents dans sa partie la plus large, paraissait n'être qu'une étendue glacée qui se prolongeait jusqu'à l'horizon. Pourtant ce n'était qu'une image trompeuse, car plus on approchait, plus on prenait conscience que la glace était perpétuellement changeante. D'énormes plaques se détachaient soudainement et dérivaient lentement dans la mer ; ou un long et étroit couloir d'eau s'ouvrait et allait en s'élargissant. Selon la température, le vent et les courants, la glace pouvait prendre des aspects différents : monticules hauts d'un mètre cinquante, étendue aveuglante, ou ligne continue de crêtes de pression qui ressemblait à une chaîne de montagnes. Il n'était guère surprenant que même les personnes les plus expérimentées aient considéré le Norton Sound comme l'un des endroits les plus périlleux à traverser.

Et puis il y avait le vent. Bien sûr, on était habitué à l'entendre hurler sur le Norton Sound et on savait que vivre sur le littoral, c'était lutter constamment contre sa force qui tentait de vous renverser, quoi que vous fassiez. Pourtant quand il soufflait de l'est, il fallait être encore plus vigilant. Ses bourrasques dévalaient des montagnes, se ruaient sur les pentes et dans les vallées, et se répandaient sur le Norton Sound à des vitesses atteignant plus de cent dix kilomètres à l'heure. Elles pouvaient retourner les traîneaux, renverser les mushers et faire chuter la température jusqu'à soixante-treize degrés au-dessous de zéro. Plus terrifiant encore, lorsque le vent d'est soufflait, il arrivait souvent que la glace de mer se détache de la côte et parte vers le large sous forme de grandes plaques flottantes.

La nuit, les monticules de glace, éclairés par les étoiles, projetaient des ombres démesurées sur un rivage qui ressemblait déjà à un paysage préhistorique avec ses rochers escarpés et ses caps dénudés, recouverts de neige croûtée. On ne voyait scintiller à l'horizon ni feux de camp ni lumières de conserveries car, malgré la richesse de la faune marine, les villages esquimaux et les avant-postes des Blancs étaient peu nombreux et très éloignés les uns des autres. Le climat était beaucoup trop rigoureux et dangereux. Sur six cents kilomètres de côte, environ la distance séparant New York de Québec, on ne comptait que six villages importants. Sur la côte sud, se trouvait St. Michael, un ancien fort russe et un entrepôt de fourrures qui, au fil des ans, étaient devenus un village autochtone *. A environ une centaine de kilomètres à l'est

---

* En 1833, la Compagnie russo-américaine construisit à St. Michael un fort et un entrepôt pour les fourrures qui provenaient de l'Intérieur et attendaient d'être expédiées en Russie. Lorsque les Etats-Unis achetèrent le Territoire, l'U.S. Army conserva le fort. St. Michael avait été un centre de commerce important pour le nord-ouest de l'Alaska et un port pour marchandises et pour passagers qui remontaient le Yukon à la recherche d'or et de fourrures. La ville avait été éclipsée par Nome quand on y avait découvert de l'or en 1898, et elle devint vite inutile en tant que lieu de transit vers l'Intérieur lorsque l'Alaska Railroad fut achevé, en 1923. En 1925, St. Michael ne comptait plus que trois cents habitants, pour la plupart des Esquimaux venus de villages proches qui avaient été anéantis par

de St. Michael, on trouvait Unalakleet (*You-na-la-kleet* : l'endroit où souffle le vent d'est) ; un village calme et actif, situé au bout du chemin de portage de Kaltag qui franchit les montagnes pour relier le Yukon à la mer de Béring, où vivaient des constructeurs de schooners et des chasseurs autochtones. A environ soixante-cinq kilomètres au nord-est, en longeant la côte, juste avant d'atteindre Cap Denbigh, on arrivait à Shaktoolik, un village autochtone devenu le centre d'élevage de rennes le plus important du Nord-Ouest *. Unalakleet avait été le terminus de la route commerciale empruntée l'hiver par les Esquimaux et les Athapascans, qui les premiers tracèrent le chemin de portage, et Shaktoolik avait été le village le plus au sud habité par le groupe des Mahlemuits. Désormais ces deux villages étaient des arrêts pour le service postal, et ils avaient été désignés comme lieux de transfert pour le sérum en route vers Nome.

Sur la côte nord du Norton Sound, les villages étaient encore plus petits, de Koyuk, situé au fond d'une baie profonde, à un kilomètre et demi de la côte, en amont d'une rivière, à l'Eskimo Roadhouse d'Isaac's Point, et au-delà à Elim, une mission et une réserve pour les rennes. Enfin, à environ une quinzaine de kilomètres plus à l'ouest, à Cap Darby, on trouvait la baie de Golovin, large d'une dizaine de kilomètres. De là, il restait encore à parcourir plus de cent quarante kilomètres de terrain accidenté et d'escarpements jusqu'à Nome. Quelques anciens villages miniers comme Bluff, Solomon et Port Safety pointillaient la côte mais, en

---

une épidémie de rougeole en 1900 et la pandémie de grippe en 1918-1919. La plage de St. Michael était encombrée de carcasses rouillées de bateaux et de vieux matériel ayant servi à l'extraction de l'or. A la fin de 1925, le fort fut abandonné lui aussi.

* On découvre dans le nom de lieu Shaktoolik toute la richesse et la subtilité de la langue esquimaude. Ce mot signifie « banc de sable » et indique le lieu où est situé le village, mais aussi « étendu, allongé ». Selon un Esquimau d'Unalakleet, ce mot décrit également « le sentiment que l'on éprouve quand on marche vers un endroit pendant si longtemps qu'on a l'impression de ne jamais devoir y arriver ».

1925, ils servaient avant tout de relais pour les voyageurs fatigués.

Sur Cap Denbigh, en un lieu appelé Iyatayet, à une vingtaine de kilomètres au nord-est de Shaktoolik, des archéologues ont trouvé des traces de présence humaine datant de huit mille ans. En 1925, le mode de vie des Esquimaux résidant dans ces villages, aux abords du Norton Sound, était encore basé sur la chasse aux phoques et la pêche. Cependant, avec l'arrivée des trappeurs et des traiteurs, des pêcheurs de baleines et des chercheurs d'or, les Esquimaux avaient profité des nouveaux outils et des techniques apportés par les Blancs. En outre, ils avaient accru leurs moyens d'existence en transportant des marchandises en traîneaux à chiens, en gardant des troupeaux de rennes ou en sculptant de petites figurines et des planchettes de *cribbage* en ivoire. En retour les Esquimaux transmettaient aux Blancs un savoir acquis au cours de millénaires, savoir qui leur permettait de survivre aux hivers dans cette région si proche du cercle polaire.

Très jeunes, les enfants esquimaux pouvaient déjà identifier chaque cap et chaque baie du Norton Sound, et ils savaient s'orienter rapidement en effleurant les minuscules vagues de glace, appelées *sastrugi*, qui ont toujours la même configuration et reflètent la topographie du rivage.

Pour eux, la côte du Norton Sound ressemblait à n'importe quelle autre. Comme l'habitant d'une ville européenne ou américaine était capable de débiter les noms des magasins et des rues des environs et savait quels quartiers étaient plus sûrs que d'autres, les Esquimaux du Norton Sound pouvaient dire dans quel état était la glace au large d'Isaac's Point (appelé également Bald Head) ou de Shaktoolik. Ils étaient très attentifs au « pied de glace » qui se formait chaque hiver à partir de la côte et pouvait mesurer de quelques mètres, autour des caps et des pointes, jusqu'à plusieurs kilomètres. Cette glace relativement stable et sûre (aucune glace ne devrait être considérée comme sûre) se prolongeait par ce que l'on appelait la charnière, qui la séparait du reste de la glace de mer. Au-delà de cette charnière, elle devenait beaucoup plus dangereuse et, sous l'influence de certains vents et courants, elle pouvait se briser et dériver vers le large. C'était la première à céder lorsque le vent d'est soufflait sur le Norton Sound.

Les enfants esquimaux apprenaient à lire la couleur de la glace pour savoir s'ils pouvaient traverser en toute sécurité certaines étendues glacées. Des taches sombres indiquaient que la glace était fine et instable ; l'eau de la mer n'était pas loin. Des ombres légèrement grises prouvaient que la couche était suffisamment épaisse pour qu'on puisse y marcher. Un attelage de chiens était aussi capable de détecter de la glace trop fine. On pensait que quand les chiens déviaient brusquement de leur route, c'était parce que leurs pattes avaient senti de légers changements dans le taux d'humidité de la surface glacée.

Pourtant, il arrivait parfois qu'un Esquimau commette une erreur et réalise un peu tard que la glace trop fine était en train de ployer sous lui et allait se briser. Dans une pareille situation, il ne s'immobilisait pas sur place comme la plupart d'entre nous aurait tendance à le faire instinctivement, mais il écartait les jambes pour mieux répartir le poids de son corps, puis avançait en glissant *. En dernier recours, il se couchait à plat ventre, écartait bras et jambes, et progressait en se tortillant jusqu'à se retrouver sur une surface plus sûre. Cependant cette technique n'était pas sans danger par temps froid, car la glace fine était humide et pouvait mouiller ses vêtements.

Lorsqu'on se déplaçait sur la glace, il fallait se munir d'un instrument important appelé *unaak* : une perche d'environ deux mètres de long, garnie à l'une de ses extrémités d'une

* Selon Richard K. Nelson, ils pouvaient avoir acquis cette technique en observant les ours blancs qui peuvent marcher sur de la glace trop fine pour supporter le poids d'un corps humain en écartant leurs pattes jusqu'à ce que leur ventre touche presque la surface, puis en glissant vers l'avant (Nelson, *Hunters of the Northern Ice*, 1969, 21).

pointe en fer et à l'autre d'un crochet. Le chasseur esquimau plantait la pointe en fer devant lui pour tester l'épaisseur de la neige glacée. L'extrémité munie du crochet était véritablement un outil de survie. Si le chasseur passait à travers la glace, il pouvait planter son crochet au bord du trou pour éviter d'être entraîné par le courant. S'il se retrouvait pris au piège sur une glace flottante mais en apercevait une plus petite et plus proche du rivage, il utilisait son crochet pour la rapprocher de lui et sautait dessus, et il continuait ainsi de proche en proche, se servant des glaces flottantes comme de pierres de gué pour gagner le rivage.

Tôt le samedi matin 31 janvier, quatrième jour du relais, deux hommes : Myles Gonangnan[2], un Esquimau, et le Norvégien Leonhard Seppala, se tenaient des deux côtés opposés du Norton Sound, chacun ignorant la position de l'autre, et ils étudiaient la glace et le vent. Tous deux avaient une décision à prendre. Ils pouvaient soit choisir de traverser le Sound, ce qui ferait gagner un temps précieux, soit suivre la piste qui le contournait. La piste était bien plus sûre et on avait déjà conseillé à Seppala de ne pas tenter la traversée. Ni le courage ni même l'endurance n'étaient déterminants dans leur décision, seule comptait la direction du vent.

Durant les quelques jours précédents, le vent avait soufflé du large[3], poussant devant lui l'eau de la mer de Béring et faisant ainsi monter le niveau du Sound, ce qui avait eu pour effet de fragiliser la glace. Si le vent avait continué à souffler ainsi, il n'y aurait pas eu de raison de s'inquiéter. La glace aurait continué à se briser, comme elle le faisait toujours, et elle aurait simplement dérivé vers le rivage. Mais au cours de la nuit, la direction du vent avait changé, et il soufflait à présent du nord-est, devenant de plus en plus fort.

A Unalakleet ce matin-là, un peu avant cinq heures, Gonangnan avait reçu le sérum des mains de son camarade Victor Anagick, un Esquimau comme lui, qui habitait le même village et était descendu du refuge d'Old Woman par le chemin de portage *. Gonangnan avait laissé le sérum près du poêle en fonte du magasin de Traeger pour qu'il se réchauffe, et il était sorti voir à quoi ressemblait le temps sur le Norton Sound. Quelques minutes après avoir dépassé Shaktoolik, il lui faudrait décider soit de prendre la piste qui se dirigeait vers le nord-est à travers les contreforts, soit emprunter le raccourci qui franchissait la glace de mer. Ce raccourci passait à plusieurs kilomètres du littoral, à l'ombre de Besboro Island, un énorme rocher escarpé et inhabité qui, il y avait bien longtemps, s'était détaché des falaises.

Le trajet le plus court aurait consisté à couper tout droit à travers le Norton Sound jusqu'à Nome. Mais au milieu du Sound, il y avait une polynie, une importante étendue d'eau libre, un tourbillon constant empêchant la formation de glace pendant la plus grande partie de la saison. Lorsque la glace se formait à l'intérieur de la polynie, le vent et le courant la poussait vers le bord où elle s'entassait avant d'aller rejoindre la banquise de la mer de Béring, en produisant un grincement terrifiant qui rappelait le bruit de bulldozers géants traînant leurs godets métalliques sur du béton.

Gonangnan étudia l'immense étendue glacée qui craquait et soupirait ; à la lumière de la lune, il pouvait voir l'énorme masse se soulever légèrement puis retomber. La mer s'agitait au-dessous. Quelque part au loin, il y avait de l'eau libre, de l'eau qui jaillissait coiffée d'écume et des glaces flottantes qui grondaient et se fragmentaient. Au-dessus, dans le ciel caverneux, les étoiles scintillaient d'un éclat inhabituel. Derrière Gonangnan, le vent forcissait et les bourrasques se faisaient plus fréquentes. Tous ces signes annonçaient clairement qu'une tempête se préparait et pourrait bien frapper la côte dans vingt-quatre ou quarante-huit heures. Il n'était plus question de savoir si la glace de mer se disloque-

* Anagick et un autre musher connu sous le nom de « Jackscrew » avaient transporté le sérum tout le long du chemin de portage. Jackscrew l'avait reçu de Patsy, à Kaltag, et avait parcouru soixante-cinq kilomètres jusqu'à Old Woman, où il l'avait remis à Anagick.

rait, mais quand. Gonangnan décida de ne pas emprunter le raccourci.

Il retourna chercher le sérum et attacha solidement le paquet à son traîneau. Il était environ cinq heures et demie du matin lorsqu'il partit vers les contreforts qui se dressaient derrière Unalakleet. Quelques heures plus tard, de l'autre côté du Norton Sound, Leonhard Seppala, ignorant les modifications apportées à l'organisation du relais, prit sa décision. Il traverserait le Sound.

Durant les vingt premiers kilomètres, la piste courait parallèlement au littoral, grimpant et descendant des collines aux pentes nues et aux tournants brusques, puis elle reprenait brièvement la direction de la côte. Les quelques arbres qui la bordaient, procuraient parfois un abri mais n'offraient guère de protection contre le vent et se révélaient quelquefois dangereux dans les tournants.

Tandis que le vent forcissait, Gonangnan se dirigea vers la surface glissante de la lagune située derrière Unalakleet, puis il tourna vers l'intérieur des terres et grimpa pendant une centaine de mètres dans les collines. Cette ascension était difficile et Gonangnan dut parfois pousser le traîneau au petit trot ou monter sur les patins pour pédaler. Une récente chute de neige et le vent avaient créé des congères qui s'étaient accumulées sur la piste ; les chiens avaient du mal à se frayer un chemin et ralentissaient quand la neige était trop épaisse. Mais le vent avait pris trop d'avance sur Gonangnan. Bientôt les chiens ne purent plus avancer. Ils s'enfonçaient dans la neige jusqu'au ventre et étaient incapables de tirer. Gonangnan arrêta le traîneau et mit ses raquettes pour aplanir la piste.

Ce travail était long et pénible. Le musher devait ancrer *

* L'ancre est un crochet, généralement métallique et pourvu de pointes, relié au trait central de l'attelage par une corde courte, que le musher enfonce dans la neige pour tenir les chiens et le traîneau à l'arrêt. *(N.d.T.)*

le traîneau, ôter ses gants pour mettre ses raquettes, puis aller et venir sur la piste jusqu'à ce que la neige soit suffisamment tassée pour que les chiens puissent y marcher. Lorsqu'il avait aplani une certaine longueur de piste, il remontait sur le traîneau et menait son attelage debout sur les patins pour reprendre son souffle. Il devait parfois piétiner trois fois le même passage avant que la neige soit suffisamment tassée. Habituellement, pour gagner du temps et ne pas s'épuiser, les mushers du service postal ou ceux qui transportaient des marchandises engageaient des hommes des environs pour faire le travail à leur place. Bien sûr Gonangnan ne pouvait pas s'offrir un tel luxe.

Il lui fallut plusieurs heures pour arriver enfin au camp de pêche abandonné, à l'endroit où la piste redescendait vers la côte. Il était parti depuis cinq heures et avait à peine parcouru une vingtaine de kilomètres. Il alluma un feu dans l'une des cabanes et déposa le sérum à côté. Il savait que le pire était encore à venir. A l'extérieur, le vent soufflait plus fort d'heure en heure.

En quittant le camp de pêche, la piste grimpait et descendait des crêtes escarpées, jusqu'aux Blueberry Hills. Le sommet des Blueberry Hills culminait à trois cent cinq mètres, et leur ascension était considérée comme l'une des plus difficiles sur la piste qui menait à Nome. Elle exigeait énormément d'énergie de la part des chiens et du musher. Au sommet, la piste tournait brusquement vers l'ouest et entamait une descente de cinq kilomètres jusqu'au rivage, avant le dernier tronçon conduisant à Shaktoolik.

Le long de cette piste, il y avait plusieurs couloirs de vent avec des bourrasques subites à couper le souffle. Gonangnan ne trouverait plus de camps abandonnés ni de relais pour s'abriter. Pour se protéger du vent violent, il devrait se blottir derrière un rocher ou son traîneau, et se recroqueviller dans sa parka.

Si tout se passait bien, il lui faudrait encore neuf heures pour atteindre Shaktoolik. Les huit chiens de son attelage n'étaient pas rapides mais très robustes, et ils avaient une épaisse fourrure. Et surtout ils connaissaient la piste. Gonangnan avait parcouru avec eux des centaines de kilomètres sur ce littoral, et ils étaient habitués aux coups de vents, aux lourdes charges et aux kilomètres de neige et de glace qui paraissaient ne jamais finir.

Après avoir réchauffé le sérum pendant une quinzaine de minutes, Gonangnan reprit la piste et entama la montée épuisante. Durant les heures qui suivirent, il courut derrière son traîneau ou mena son attelage debout sur les patins. Le terrain accidenté l'obligeait à bouger constamment et à rester vigilant. Lorsque le vent souffle, il façonne la piste et tandis que l'attelage grimpe, le traîneau glisse de côté, dans le sens de la pente. Le musher doit constamment lutter ; les genoux pliés, les mains cramponnées au guidon, il pédale vigoureusement pour tenter de garder le traîneau dans l'alignement des chiens. Quand il est sur le traîneau, il se penche de manière à faire peser tout le poids de son corps sur l'avant du patin afin d'obtenir une meilleure adhérence. L'attelage lutte lui aussi contre les mouvements du traîneau, et les chiens de queue font le plus gros travail. Chaque fois que le traîneau dérape, ils risquent d'être renversés et doivent planter leurs griffes dans la neige pour ne pas perdre l'équilibre.

Tandis que Gonangnan se battait pour gagner le sommet des Blueberry Hills, le vent qu'il prenait de front soulevait des murs de neige qu'il déversait sur la piste. Plus tard, Gonangnan se rappellerait qu'il « soufflait si fort que des tourbillons de neige passaient entre les pattes de ses chiens et sous leur ventre, les faisant ressembler à des pierres de gué au milieu d'une rivière au courant rapide[4] ».

Et puis soudain le monde se referma sur lui. C'était ce que l'on appelle le brouillard blanc. L'horizon avait été englouti entre le ciel assombri par la tempête qui approchait et la ligne blanche sans fin des Blueberry Hills. Gonangnan n'apercevait plus les enchevêtrements de glace du Norton Sound. Il ne voyait même plus le Sound. Il se retrouvait dans un monde d'où tout repère visuel avait disparu. C'était comme un vertige nordique, une expérience physique qui ne ressemblait à aucune autre, où l'absence d'ombres et de contours faisait perdre l'équilibre. Il était impossible de dire si devant le traîneau il y avait un trou ou une bosse, ou si les chiens avaient pris une mauvaise direction et s'écartaient de la crête.

L'attelage vira brusquement vers l'ouest et le traîneau prit de la vitesse. Il avait entamé la descente vers la côte. Bien que protégée du vent, cette partie de la piste était glacée et habituellement les mushers se préparaient avant de l'aborder. Ils détachaient certains chiens de leurs traits individuels et, le pied sur le frein, ralentissaient le traîneau avant de descendre ce que l'un d'eux décrivait comme « le bord de la planète[5] ». Pour accentuer l'adhérence, ils entouraient parfois les patins de chaînes appelées *roughlocks* et, s'il le fallait, ils procédaient par petites étapes, lentement, et s'arrêtaient chaque fois que le traîneau prenait trop de vitesse. Pourtant, malgré toutes ces précautions, les choses ne se passaient pas toujours bien.

Gonangnan n'avait pas eu le temps de se préparer. Perdu dans le brouillard blanc, il ne réalisa qu'il avait entamé la descente que lorsque le traîneau se mit à filer comme une locomotive folle. Sur une pente aussi escarpée, le traîneau risque d'aller plus vite que l'attelage et d'écraser les chiens de queue. Le musher doit lutter de toutes ses forces pour le contrôler. Il enfonce le frein dans la glace jusqu'à en avoir mal aux jambes et se penche du côté opposé à la pente. Le traîneau heurte les congères et peut en dérapant former un angle droit avec l'attelage. Il peut également se retourner et entraîner les chiens et le musher des centaines de mètres plus bas, vers le rivage.

Ce jour-là, Gonangnan eut de la chance. Alors qu'il approchait du Norton Sound, le brouillard blanc se leva et il aperçut le rivage[6]. Le traîneau commença à ralentir ; la descente s'était passée sans incidents. Cependant, il savait que les derniers kilomètres le long de la côte seraient également très éprouvants. Il n'y avait rien pour arrêter le vent qui descendait de la vallée de la Koyuk et traversait le Sound pour venir frapper la pointe de Shaktoolik avec un bruit de tonnerre. Les vents contraires peuvent souffler à plus de quatre-vingts kilomètres à l'heure, et les rafales plus fort encore. Elles polissent la glace qui scintille de tons de jade et de bleu clair, et devient aveuglante. Les chiens luttent pour ne pas glisser et les mushers se battent pour chaque mètre de piste.

A onze heures du matin, le vent soufflait à environ soixante-cinq kilomètres à l'heure[7]. Les rafales descendues de l'Arctique avaient fait chuter la température à cinquante-sept degrés au-dessous de zéro. Gonangnan et ses chiens étaient sur la piste depuis neuf heures et il leur faudrait encore trois ou quatre heures pour traverser cette étendue de glace aveuglante. Des brimborions de neige et des grains de sable se précipitaient vers eux tel un mur blanc. Au bout de quatre heures harassantes, Gonangnan aperçut enfin Shaktoolik à l'horizon.

Il était environ trois heures de l'après-midi lorsqu'il arriva au relais de Shaktoolik. Seppala n'était pas encore là. Personne ne savait où il se trouvait. Peut-être avait-il été retardé ou avait-il déjà traversé le Sound, dépassé Shaktoolik sans s'y arrêter, et se dirigeait-il vers Unalakleet. Pourtant Gonangnan ne l'avait pas aperçu sur la piste.

Ayant envisagé cette éventualité, Mark Summers avait demandé à Henry Ivanoff, un Esquimau russe, capitaine d'un schooner qui, l'été, naviguait sur le Sound, de se tenir prêt à prendre le sérum en charge. Ivanoff attendait qu'il se réchauffe tandis que Gonangnan lui donnait des détails sur le temps qu'il faisait. Ivanoff n'était peut-être pas l'homme idéal pour ce travail, mais il ferait de son mieux. Il partit donc le long du rivage glacé du Norton Sound, en direction de Ungalik.

Ce même samedi après-midi, Welch et Morgan continuaient à se battre. Durant les onze jours précédents, ils avaient soigné un nombre toujours plus important de patients. Ce jour-là, trois enfants avaient été atteints, portant le nombre de malades à vingt-sept. Il y avait une trentaine de cas suspects et quatre-vingts personnes au moins avaient été en contact avec la bactérie. Et il n'y avait plus de sérum. Un cas en particulier inquiétait le docteur Welch. Parmi ses patients, il comptait Margaret Curran, dont le père tenait un relais à Solomon. Récemment Margaret était allée aider son père à cuisiner pour les clients. Avait-elle contaminé d'autres personnes en dehors de Nome ? Welch décida de ne pas courir de risques et télégraphia aux autorités, à Washington : « Je recommanderais que toutes les infirmières dépendant de l'administration fédérale restent à leurs postes car je ne peux compter que sur elles en dehors de Nome, et il paraît inévitable que la diphtérie frappe bientôt là où elles se trouvent... Si les choses empiraient, je serais amené à ouvrir un hôpital à part pour les autochtones contaminés.[8] »

Maynard recommanda vivement aux habitants de la ville d'éviter de téléphoner afin de laisser les lignes libres pour les appels urgents.

E. R. Hyldahl, un journaliste indépendant de Nome qui travaillait pour l'agence de presse Universal Service, décrivit ainsi l'ambiance qui régnait dans la ville, dans un article qui fut repris par la presse de Seattle : « Nome se trouve dans une situation extrêmement critique [...]. Il ne reste plus rien pour stopper les ravages de l'épidémie. La ville vit dans un état d'anxiété terrible et tous les habitants attendent les chiens. Tous leurs espoirs reposent sur eux et sur leurs héroïques mushers [...]. Nome ressemble à une ville désertée. Il n'y a plus personne dans les rues[9]. »

Plus tard, ce même jour, Welch reçut des nouvelles de la course : Gonangnan avait quitté Unalakleet tôt le matin, et tous les mushers avaient reçu l'ordre de guetter Seppala. Avec ou sans lui, on espérait que le sérum serait à Nome dès le lendemain.

Welch apprit ces nouvelles avec soulagement. Dans un télégramme adressé au service de Santé publique, il écrivit :

> J'ai été informé que les 300 000 unités de sérum arriveraient demain à midi – STOP – Si vous étiez seul ici vous comprendriez ce que cela signifie pour moi – STOP[10].

A peu près au même moment, Seppala, lui aussi, se sentait confiant. Plus tôt ce matin-là, alors que Gonangnan avait pris la piste depuis quelques heures seulement, Seppala, ne tenant pas compte des recommandations de Summers et d'autres, avait choisi d'emprunter le raccourci. Il avait eu raison ; il avait traversé le Norton Sound sans problème.

Une tempête se préparait, et le vent qui soufflait à présent dans son dos et n'arrêtait pas de forcir soulevait la neige qui explosait en cristaux durs et fins, mais cela ne le gênait pas[11]. En fait, le vent arrière lui permettait d'avancer plus vite. Il venait juste de quitter le camp de pêche d'Ungalik et ses chiens filaient à toute allure vers Shaktoolik, sur la dernière quarantaine de kilomètres de glace qui bordait le rivage.

Seppala avait parcouru près de deux cent quatre-vingts kilomètres en trois jours, et jusqu'alors il avait eu de la chance avec le temps et la glace. Le brouillard de neige l'empêchait d'apercevoir le village, mais il savait qu'il y serait dans quelques minutes. Quand il atteindrait Shaktoolik, il lui faudrait décider de continuer ou pas jusqu'à Unalakleet. Pour éviter tout retard, il voulait avoir quitté le rivage du Norton Sound avant que la tempête ne se déchaîne vraiment. Il estimait qu'il lui restait un peu plus de cent cinquante kilomètres à couvrir avant de prendre livraison du sérum, et il tenait à épargner à ses chiens une bataille éprouvante contre une tempête et une glace dangereuses.

Soudain Togo et le reste de l'attelage se mirent à accélérer. Seppala se demanda après quoi ils couraient ainsi quand il aperçut un autre attelage qui se trouvait devant lui. Le traîneau était immobile et le musher se tenait au milieu de ses chiens et agitait les bras. Un renne avait coupé la piste et les chiens se battaient pour courir après lui. Tous leurs traits s'étaient emmêlés et on ne voyait que des boules de poils voler les unes au-dessus des autres. Les chiens de Seppala, eux aussi, auraient bien aimé se lancer à la poursuite du renne et ils poussaient une pointe de vitesse, mais Seppala les tenait fermement. C'était un peu comme s'il s'était trouvé en bout de ligne dans ce jeu que l'on appelle « claquement de fouet » auquel les enfants de Nome jouaient en patin à glace, sur la mer de Béring.

Lorsque l'autre musher vit l'attelage de huskies venir vers lui, il sut qu'il avait quelque chose de plus important à faire que d'empêcher ses chiens de se battre. Il n'y avait qu'un homme qui pouvait être sur la piste avec un attelage de huskies ce jour-là et se diriger dans la direction opposée. Il se mit à agiter les bras frénétiquement bien décidé à attirer l'attention de Seppala.

Cependant, Seppala, qui n'entendait pas ce que le musher criait dans le vent, n'avait nullement l'intention de s'arrêter pour l'aider. Il ne pouvait pas se permettre le moindre retard.

Togo approchait rapidement de l'autre attelage. Henry Ivanoff fit une dernière tentative. Quelques-uns de ses chiens avaient probablement abîmé leurs harnais, et certains s'étaient peut-être même blessés. S'il ne réussissait pas à arrêter Seppala, il lui faudrait retourner à Shaktoolik et prendre le temps de réparer les harnais et de trouver d'autres chiens.

Au moment où Seppala passa devant lui, Ivanoff courut vers le traîneau en hurlant : « *Le sérum ! Le sérum ! C'est moi qui l'ai*[12] *!* »

Tout d'abord Seppala eut du mal à croire ce qu'il entendait. Il appuya de toutes ses forces sur le frein, mais il avait peu de prise sur la neige. Il lui fallut un moment avant d'arrêter l'attelage et lui faire faire demi-tour, face au vent. Quand Seppala arriva à sa hauteur, Ivanoff avait réussi à maîtriser ses chiens. Il courut vers lui en portant le sérum et lui expliqua le changement de plan. L'épidémie s'était rapidement propagée depuis que Seppala avait quitté Nome, le 28 janvier, et d'autres mushers étaient venus prendre part au relais afin d'accélérer la course. A présent le travail de Seppala consistait à traverser le Norton Sound avec le sérum et à aller jusqu'à Golovin où l'attendait Charlie Olson.

Alarmé par ces nouvelles, Seppala se mit aussitôt en route pour Ungalik, le camp de pêche qui se trouvait à une quarantaine de kilomètres vers le nord. Il lui fallait prendre une décision. Désormais, traverser le Norton Sound était devenu beaucoup plus dangereux. Le vent avait forci et la nuit tombait ; il lui serait impossible de voir ou d'entendre la glace. Bien sûr, il avait la possibilité de suivre la piste qui longeait le rivage, mais ni lui ni Nome ne pouvait se permettre un jour de voyage supplémentaire. Seppala était également inquiet pour sa fille[13]. Sigrid n'avait que huit ans, elle était son unique enfant, et il lui était impossible de savoir si elle était inscrite sur la liste toujours plus longue du docteur Welch.

Si Seppala doutait de ses chances de franchir une fois encore le Norton Sound, le reste du monde l'en croyait parfaitement capable. Ce samedi-là, dans tous les Etats-Unis, d'anciens habitants de Nome régalaient la presse de récits sur le courageux musher qui sauverait la ville. Vu le changement de plan, personne ne pouvait affirmer que Seppala pourrait participer au relais, mais cela importait peu. La plupart de ceux qui évoquaient ses exploits étaient d'anciens pionniers d'Alaska, installés aux Etats-Unis depuis plusieurs années, mais qui avaient gardé l'amour du jeu du temps de la ruée vers l'or et étaient « prêts à parier leur dernière once de poussière d'or[14] » que Seppala arriverait à destination dans un temps record.

Esther Darling, qui avait l'habitude de travailler avec Scotty Allan, déclara à la *Berkeley Gazette* :

> Il n'y a qu'un homme en Alaska capable de prendre un tel risque, c'est Seppala. Lorsque le thermomètre descend à moins cinquante degrés, seul quelqu'un ayant une longue expérience de la piste oserait entreprendre une course comme celle dans laquelle il vient de s'engager. La plus petite erreur, et c'est la mort. Le danger, c'est qu'habituellement un homme ne réalise qu'il est en train de geler que quand son cerveau est engourdi. Alors il devient fou, et bien sûr c'est la fin.

Depuis sa maison de San Francisco, Bob Lilly, qui avait une fois couru avec Seppala, fit chorus :

> Il affirmait toujours que pour se déplacer en Alaska rien, ni avions, ni automobiles, ni aucun autre animal n'égalait le chien. Il va d'ailleurs le prouver, ou on le retrouvera mort, gelé. Cette course est capitale pour lui. Il a entraîné ses chiens pendant des années, persuadé qu'ils sont la seule ressource sûre du Nord [...]. Quand Nome a appelé à l'aide et qu'on a considéré le trajet à parcourir [...], l'avion s'est révélé peu sûr, et le paquet qui, pour Nome, représentait la vie, a été confié à des chiens de traîneau : les chiens de Seppala[15].

George Baldwin, un ancien maire de Nome, déclara :

> Il n'est pas question pour lui d'abandonner. Il n'est d'ailleurs pas question qu'un de ces gars – Kaasen, Wild Bill Shannon, (c'est un Irlandais), Edgar Kallands et tous les autres – abandonne. Leurs chiens les emmèneront là-bas très vite[16].

La confiance que les anciens pionniers d'Alaska avaient en lui, Seppala l'avait en Togo, son chien de tête. Lorsqu'il aperçut les cabanes d'Ungalik, il tourna à gauche sans la moindre hésitation, et se dirigea vers le Norton Sound. A présent il faisait nuit. La température, comme il l'estima plus tard, était de trente-cinq degrés au-dessous de zéro, mais avec le vent qui soufflait de face, elle tombait brutalement à moins soixante-cinq degrés. Seppala n'avait qu'une chose à faire : se comporter comme s'il participait à une course[17].

Une fois déjà Seppala avait traversé le Norton Sound avec Togo alors qu'un grand vent soufflait du nord-est. Il n'était qu'à quelques kilomètres du rivage lorsque, durant une accalmie entre les bourrasques, il entendit la glace craquer sinistrement. Il lança un ordre à Togo, mais le chien de tête avait déjà senti la glace se fissurer et se dirigeait à toute vitesse vers la pointe de terre la plus accessible. Ils approchaient du rivage quand soudain, inexplicablement, Togo se cabra, fit la culbute, et retomba parmi les autres chiens. En colère, Seppala se mit à crier. Le moment était mal choisi pour faire des numéros de cirque. Il courut en tête de l'attelage pour comprendre ce qui se passait, et en approchant de Togo il vit pourquoi le chien s'était arrêté. A moins de deux mètres devant lui, il y avait une longue bande d'eau libre qui s'élargissait sous ses yeux. Il se trouvait sur une glace flottante et dérivait vers la mer. Il calma les chiens et longea le bord, cherchant un moyen de s'échapper, mais il n'y en avait pas. Il s'était éloigné du rivage à Isaac's Point, vers midi, et à présent la nuit tombait et la température chutait. Il ne pouvait rien faire sinon se rouler en boule au milieu de ses chiens pour tenter de conserver sa force et sa chaleur tout en espérant que le vent changerait de direction et le ramènerait vers le rivage.

Quelques heures plus tard, le vent n'avait toujours pas tourné et l'angoisse de Seppala augmentait. Sentant son changement d'humeur, les chiens se mirent à pousser de longs cris plaintifs. Ce fut alors que Togo émit un petit jappement.

Il avait senti que le vent commençait à souffler en direction du rivage. Seppala attela ses chiens et attendit. Il dériva encore pendant neuf heures avant d'apercevoir la côte à seulement une centaine de mètres. Son radeau de glace s'approchait d'une plaque qui s'était écrasée contre le pied de glace. Il longea le bord en traîneau afin de trouver un passage étroit qu'il pourrait franchir, mais la distance qui le séparait de la plaque de glace était d'au moins un mètre cinquante. Il ne pouvait pas sauter, mais s'il réussissait à faire passer Togo de l'autre côté, le chien pourrait rapprocher les deux plaques flottantes. Il attacha un long trait au harnais de Togo qu'il prit dans ses bras et jeta de l'autre côté de l'eau libre. La plupart des chiens se seraient enfuis après une cascade pareille, mais comme Seppala le raconta plus tard, « Togo semblait avoir compris ce qu'il avait à faire[18] ». Une fois de l'autre côté, il planta ses griffes dans la glace et se mit à tirer de toutes ses forces vers le rivage. Le trait cassa net. Togo se retourna et regarda Seppala tandis que le trait glissait dans l'eau. Seppala resta sans voix. Il venait d'être condamné à mort.

Pour définir l'aptitude d'un animal à trouver une solution, les spécialistes de la psychologie animale parlent d'« intelligence adaptative ». L'eau glacée qui séparait Togo de Seppala éloignait le chien de sa récompense : être avec son maître et son attelage. Togo était né chien de traîneau et avait été élevé comme tel, et désormais tirer faisait partie de son instinct. Dès son plus jeune âge, il avait dû relever quotidiennement toutes sortes de défis qui avaient accru son aptitude à apprendre et dans certains cas à résoudre des problèmes. Il avait couru sur toutes sortes de terrains, hiver comme été, et durant douze ans il avait passé presque tout son temps à observer Seppala et à travailler avec lui tandis que le traîneau se rendait dans les mines d'or et les villes d'Alaska.

Soudain, Seppala vit Togo plonger dans l'eau glacée, prendre le trait dans sa gueule et remonter péniblement sur la plaque de glace. Le tenant serré entre ses mâchoires, il roula sur le trait « jusqu'à ce que deux boucles se forment autour de ses épaules[19] », puis il tira. La glace flottante commença à bouger et Togo continua à tirer jusqu'à ce que Seppala et les autres chiens de l'attelage puissent sauter en toute sécurité.

Ce samedi 31 janvier, en fin d'après-midi, tandis que Seppala traversait le Norton Sound, il n'avait pas d'autre choix que faire totalement confiance à Togo, une fois de plus. Ce serait la dernière fois qu'ils traverseraient le Sound ensemble. Comme il le craignait, il faisait déjà trop sombre pour voir la glace, et le bruit du vent était assourdissant. De temps à autre, il se penchait en avant cherchant à entendre le moindre indice indiquant que la glace se fissurait[20]. Le Sound résistait et Togo, ne paraissant pas gêné par le vent, couvrait des kilomètres de piste, la tête baissée, le corps tendu, profondément concentré. Il ne dévia pas de sa route malgré les monticules de glace et les plaques glissantes.

A huit heures ce soir-là, Seppala et Togo s'arrêtèrent sur le rivage à Isaac's Point, de l'autre côté du Norton Sound. Les chiens avaient parcouru cent trente-cinq kilomètres ce jour-là, la moitié du temps contre le vent, et ils étaient épuisés. Togo et l'attelage avaient couru à une moyenne de treize kilomètres à l'heure. Ils étaient affamés et avaient besoin de repos avant d'affronter le vent pendant les quatre-vingts kilomètres qui restaient à couvrir jusqu'à Golovin. Seppala les détacha et les nourrit de saumon et de blanc de phoque[21]. Presque aussitôt après, ils se mirent en boule, le nez sous la queue, et s'endormirent.

Après avoir pris soin de ses chiens, Seppala tira le traîneau à l'intérieur du relais et s'occupa de son précieux colis. Il enleva la fourrure et la toile, et ouvrit la caisse qui contenait les cartons renfermant le sérum. Persuadé qu'il avait gelé, il plaça les cartons le plus près possible du poêle, puis se glissa dans son sac de couchage en peau de renne et se reposa quelques heures. A ce stade-là, il ne pouvait qu'espérer.

Dehors le vent rugissait en descendant la péninsule et en se précipitant sur le Norton Sound où la glace explosait avec des bruits de coups de fusil. La dépression qui remontait du golfe d'Alaska était arrivée. Le lendemain, elle atteindrait son niveau le plus haut et des vents tempétueux souffleraient à plus de cent kilomètres à l'heure tandis que les mushers termineraient leur course vers Nome.

11.

Froide splendeur

« Il n'y a que trois choses qu'un chien du Nord craigne vraiment : le blizzard, la glace fine et le bruit de la glace qui se fissure par un jour froid. »

Scotty Allan

Le samedi 1er février, cinquième jour de la course, à deux heures du matin, Nichuk, le propriétaire du relais d'Isaac's Point, réveilla Seppala. La tempête qui montait du sud depuis deux jours était arrivée, et il était temps pour lui de partir. Prenant le paquet de sérum qui se réchauffait près du feu, Seppala l'enveloppa dans son sac de couchage, le recouvrit d'une peau de phoque et d'une couverture et attacha le tout sur son traîneau. Pour plus de précaution, il rajouta quelques peaux. Avec une tempête pareille, il tenait à être prudent. Il poussa ensuite le traîneau à l'extérieur.

Le vent hurlait et sur le Norton Sound la glace sifflait et craquait. Pendant que Seppala attachait le dernier chien à son trait, un vieil Esquimau sortit du relais et vint vers lui.

« Tu devrais peut-être rester plus près du rivage[1] », lui dit-il tranquillement. Les Esquimaux ne prenaient jamais de risques inutiles sur la piste, et cette fois Seppala lui-même comprit qu'il devait se montrer prudent.

La piste entre Isaac's Point et Golovin où, selon le nouveau plan, Seppala devait remettre le sérum à Charlie Olson, courait à quelques kilomètres au large de la côte et contournait plusieurs pointes escarpées. Même si le parcours devait être plus difficile, Seppala décida de rester à quelques centaines de mètres du rivage[2].

Il faisait à présent quarante degrés au-dessous de zéro, et en descendant d'Isaac's Point Seppala sentit le vent forcir. L'Esquimau avait raison : ce n'était pas le moment de se trouver loin du rivage. La glace que Seppala avait traversée la veille s'était déjà brisée et autour de lui des plaques entières menaçaient de se détacher. Les fissures semblaient se rapprocher et, par endroits, on voyait déjà de l'eau libre à seulement quelques mètres. De l'eau jaillissait des crevasses et la glace se soulevait. Togo zigzaguait, évitant les zones fragiles, et à plusieurs reprises il accéléra en direction du rivage. Par moments le blizzard empêchait Seppala de voir. Une fois la dernière baie traversée, l'attelage se dirigea vers le continent, laissant les glaces flottantes derrière lui, et il se sentit soulagé.

Quelques heures plus tard, toute la zone de glace qu'ils venaient de traverser se fractura en gros blocs qui dérivèrent vers la mer.

Une fois sur le rivage, Seppala arrêta le traîneau et frictionna ses chiens. Il enleva la couche de glace et de neige qui s'était formée sur leur tête, sécha leurs pattes et soigna les petites coupures qu'ils avaient aux pieds. La partie la plus dangereuse de la course était derrière eux, mais la plus éprouvante physiquement était à venir. Ils allaient devoir grimper une série de crêtes pour atteindre le sommet de Little McKinley qui culminait à trois cent soixante-dix mètres et surplombait Golovin Bay.

De nombreux mushers considéraient cette ascension comme la partie la plus difficile de la piste qui conduisait à Nome. Les crêtes battues par le vent s'étiraient sur treize kilomètres. Les descentes étaient abruptes et chiens et mushers n'avaient que peu de temps pour souffler entre deux crêtes. Lorsque l'attelage aurait atteint le sommet de Little McKinley, il aurait grimpé plus de mille cinq cents mètres. Les chiens de Seppala devaient faire cette ascension après moins de cinq heures de repos, alors qu'ils avaient déjà couru pendant quatre jours et demi, et couvert quatre cents kilomètres de piste. Ayant pratiquement épuisé leurs réserves, ils commencèrent à trébucher d'épuisement, mais ne s'arrêtèrent pas et fournirent un dernier effort pour l'ascension finale. Ils descendirent ensuite cinq kilomètres en courant jusqu'au relais de Dexter, à Golovin.

Treize heures environ après le départ d'Isaac's Point, l'attelage arriva à destination, et Seppala transmit le sérum à Charlie Olson. Depuis que Seppala avait rencontré Ivanoff sur le rivage glacé du Norton Sound, ses chiens et lui avaient parcouru, à toute vitesse et dans le blizzard, deux cent quinze kilomètres, plus de deux fois et demie la distance couverte par chacun des autres mushers. Ils avaient relevé le défi et traversé le Norton Sound, gagnant ainsi un jour au moins sur le temps prévu. En les regardant, on avait du mal à croire qu'ils venaient de fournir un tel effort. Ils paraissaient n'avoir besoin que d'un peu de repos. C'était la meilleure preuve de l'entraînement et de la condition physique des chiens et du savoir-faire de Seppala sur la piste.

Il n'était pas tout à fait trois heures de l'après-midi. A présent, il ne restait plus à parcourir que les cent vingt-cinq derniers kilomètres entre Golovin et Nome.

Les effets de la tempête commençaient à se faire sentir au-delà de Golovin. Le dimanche, Nome se réveilla au bruit du vent qui soufflait. Il y avait près de deux semaines que Billy Barnett était mort. Les rues étaient vides. Pas un paroissien ne s'était rendu à la messe et aucun enfant ne patinait sur la Snake River. Au début de la semaine, certains garçons avaient été autorisés à se lancer des boules de neige, mais en gardant leurs distances. Eux aussi étaient restés au chaud, chez eux. Des planches branlantes s'entrechoquaient et la neige frappait les murs avec des *pock, pock* de plus en plus nombreux et bruyants.

Sur le Sandspit, luttant contre le vent, Emily Morgan avait rendu visite au plus grand nombre de familles possible avant d'être aveuglée par la neige et paralysée par un froid insupportable. Depuis le décès de Bessie Stanley, la première petite Esquimaude que la diphtérie avait tuée, le Sandspit était resté dans un strict isolement que faisaient respecter les enseignants de l'école autochtone. Ces derniers parcoururent les rues pour s'assurer que tout le monde avait suffisamment de nourriture, de charbon et d'eau pour affronter la tempête.

De l'autre côté de la ville, le docteur Welch consulta ses rapports médicaux, rendit visite à ses patients et fit ce qu'il pouvait pour limiter le nombre des victimes. Un nouveau cas s'étant déclaré, Welch fut amené à faire une terrible constatation. Il y avait vingt-huit malades à Nome et « même si les chiens arrivaient à temps, la quantité de sérum qu'ils apporteraient ne permettrait de soigner que trente patients[3] ». C'est ce qu'il confia au journaliste local d'United Press, Robert McDowell, qui ignorait encore que les noms de sa femme, de sa fille et le sien viendraient bientôt allonger la liste des malades.

La plus grande crainte de Welch était que les mushers ne parviennent pas jusqu'à Nome. Si un seul d'entre eux se perdait ou était détourné de sa route par la tempête et ne pouvait pas gagner à temps un relais pour réchauffer le sérum, il gèlerait, se dilaterait et les ampoules éclateraient.

Tiraillé entre le besoin de sérum et la crainte qu'une tentative héroïque d'affronter la tempête conduise à la perte de la première livraison, Curtis Welch décida de provoquer une réunion de la commission sanitaire et demanda qu'on interrompe la course. Il expliqua que perdre quelques heures ou même quelques jours était moins grave que risquer de perdre le sérum. La vie de vingt-huit personnes en dépendait. Les membres de la commission l'approuvèrent.

Pour tenter de joindre les mushers, Maynard décrocha son téléphone[4] et demanda à l'opérateur de le mettre en communication avec Pete Curran, le patron du relais de Solomon.

Maynard informa Curran que quand Gunnar Kaasen arriverait de Bluff, il faudrait lui ordonner de rester à Solomon jusqu'à ce que la tempête se calme et qu'il puisse raisonnablement reprendre la course. Il téléphona également à Port Safety où Ed Rohn, le dernier musher du relais, fut averti que la course avait été temporairement interrompue.

Personne à Nome ne savait si ces appels auraient le moindre effet, tout le monde ignorant où se trouvait le sérum. Les lignes téléphoniques n'allant pas au-delà de Solomon et le service des Transmissions n'ayant aucun contact avec la côte, la dernière information concernait le départ de Gonangnan d'Unalakleet, la veille au matin. On ne savait même pas si Gonangnan avait rencontré Seppala et si ce dernier était parvenu à franchir le Norton Sound et à remettre le sérum à Charlie Olson, qui devait à son tour le confier à Gunnar Kaasen, l'avant-dernier musher du relais qui s'arrêterait à Solomon avant de continuer jusqu'à Port Safety.

Cependant tout le monde était d'accord pour penser que c'était une bonne chose d'avoir téléphoné aux deux relais. Ayant obtenu ce qu'il souhaitait, Welch sortit dans le blizzard pour se rendre au service des Transmissions. Avant de rentrer chez lui, il devait informer ses collègues du service de Santé publique à Washington qu'une tempête faisait rage.

« Un violent blizzard retarde la course. J'ai ordonné son arrêt temporaire pour ne pas risquer que le sérum gèle ou soit perdu en voulant gagner quelques heures. » Abandonnant son habituel ton neutre, Welch poursuivit : « Je vous suis profondément reconnaissant de votre télégramme *. Un peu de compassion donne du courage. Je m'efforcerai de prouver que je mérite votre confiance[5]. »

A Port Safety, à plus de trente kilomètres de Nome, Ed Rohn approuvait totalement la décision de la commission sanitaire. Depuis la fenêtre du relais, il pouvait voir la glace

* Allusion au message qu'il avait reçu la veille, dans lequel ses supérieurs exprimaient leur confiance dans ses capacités à prendre l'épidémie en charge.

sur la lagune qui séparait Port Safety de la mer de Béring. Elle était, comme il le décrira plus tard, « animée d'un mouvement constant provoqué par les lames de fond[6] ». Il détacha ses chiens, les nourrit et mit le traîneau à l'abri. Avant de prendre un long moment de repos, il téléphona à Nome pour signaler que le vent soufflait à près de cent trente kilomètres à l'heure « et faisait tourbillonner la neige de telle sorte qu'il était impossible à un homme ou à un chien d'affronter la tempête... ». A cet instant précis, la ligne fut coupée et Nome perdit une des rares possibilités qu'il lui restait de communiquer avec les mushers ; elle ne pouvait que prier pour que Kaasen reçoive bien son message.

Ce ne devait pas être le cas.

A quatre-vingts kilomètres à l'est, de l'autre côté de Cap Nome, Gunnar Kaasen attendait au relais de Bluff. Il ignorait tout de la réunion qui avait eu lieu à Nome et de la décision d'interrompre temporairement la course. Bluff était un tout petit village minier qui comptait moins de quarante habitants et devait son nom aux falaises grises qui se dressaient au-dessus de la côte. Il était situé très à l'est de l'extrémité des lignes téléphoniques.

Il y avait seize heures que Kaasen attendait au relais et ce dimanche, à cinq heures de l'après-midi, il était assis près du poêle rougeoyant et guettait les moindres bruits qui auraient pu signaler l'arrivée d'Olson. Il ouvrait la porte de temps à autre pour regarder la piste où la neige tourbillonnait.

Il n'entendait que le vent qui gémissait à travers les bâtiments, abandonnés après la ruée vers l'or. Il ne se rappelait pas avoir vu un vent aussi violent depuis des années, et pendant un moment il fut inquiet et se demanda si la tempête n'avait pas immobilisé Olson quelque part, loin de la piste. Il n'avait aucun moyen de savoir quand, ni même si Olson arriverait, et il devait donc se tenir prêt à partir à tout instant.

Ses chiens avaient besoin d'être nourris. Ils étaient treize, attachés à l'extérieur. Kaasen sortit et leur donna à chacun du saumon et un morceau de graisse qui leur fourniraient suffisamment de calories pour ne pas souffrir du froid.

Il avait pris un risque en choisissant Balto comme chien de tête. Ce nom, que lui avait donné Seppala, était celui d'un Lapon qui avait accompagné l'explorateur Fridtjof Nansen durant son expédition au Groenland en 1888-1889. Balto avait relativement peu d'expérience. Seppala le considérait comme un chien de second ordre. Il le trouvait trop lent et l'utilisait principalement pour tirer des marchandises sur de courtes distances.

Kaasen avait une bien meilleure opinion de Balto. Ce chien n'était peut-être pas aussi rapide que les autres, mais il était calme et robuste.

En 1925, Seppala et Kaasen avaient déjà travaillé plusieurs années ensemble à l'organisation du système d'irrigation d'eau des terrains aurifères de Hammon Consolidated. Kaasen utilisait souvent les chiens pour des déplacements professionnels et des voyages personnels. Les deux hommes étaient originaires de la même région de Norvège, mais ils étaient on ne peut plus différents. Kaasen qui mesurait un mètre quatre-vingt-huit, était un homme solide, à la silhouette imposante, bourru et introverti. Il était calme et direct.

« Si vous ne l'écoutiez pas, vous receviez un grand coup sur la tête[7] », disait affectueusement l'un de ses proches. Affectueusement, car Kaasen avait un côté doux et amical qui se manifestait en actes plutôt qu'en paroles. Il aimait passionnément la glace à la vanille et prenait plaisir à la partager avec tous ceux qui l'appréciaient comme lui ; et sa porte était toujours ouverte pour les garçons et les filles qui venaient dévorer les fameux petits pains à la cannelle, spécialité de sa femme.

Deux heures plus tard, aux environs de sept heures du soir, Kaasen entendit un faible cri. Ce devait être Olson. Il alla ouvrir la porte. Apparemment la course d'Olson avait été très dure. Les doigts engourdis par le gel, il ne parvenait pas à détacher le paquet de sérum, et ses sept chiens aux poils trop courts avaient l'aine ankylosée. Kaasen aida Olson à entrer et à s'asseoir près du poêle, puis il ressortit pour s'occuper du sérum et de l'attelage. Les chiens entrèrent à leur tour dans la cabane en rondins, les pattes raides, et se couchèrent sur le sol. « Ils auraient été incapables d'aller beaucoup plus loin[8] », constata Kaasen.

Il avait fallu près de quatre heures et demie à Olson pour parcourir les quarante kilomètres qui séparaient Golovin de Bluff. En mettant leurs couvertures aux chiens, il avait failli avoir les doigts gelés. Dans le vent qui soufflait, la température devait être proche de moins soixante degrés, et par un temps pareil on ne pouvait exposer ses mains au froid que trente secondes avant qu'elles ne gèlent. Bien sûr, il lui avait fallu beaucoup plus longtemps pour mettre leurs couvertures à ses sept chiens. Olson ôta ses gants. Il avait les doigts blancs et durs. Il lui faudrait au mieux plusieurs jours pour retrouver l'usage de ses mains.

Olson raconta alors son histoire.

A plusieurs reprises, le vent avait poussé l'attelage hors de la piste. Alors qu'ils approchaient de la lagune, juste après avoir quitté Golovin, une bourrasque les avait frappés avec la violence d'un ouragan et jetés dans un amoncellement de neige. Olson avait dû lutter dans le noir et creuser la neige pour se dégager, puis raccrocher les chiens à leur place après avoir démêlé leurs traits. Tout cela l'avait épuisé. Malgré ses deux parkas et sa capuche doublée de fourrure, il n'avait pas pu se réchauffer à cause du blizzard. Olson avait quarante-six ans, il était célibataire et très résistant comme le devenaient en Alaska tous ceux qui cherchaient de l'or, seuls, dans le Nord-Ouest. Il venait de subir ce que la péninsule Seward pouvait infliger de pire à un traîneau et à son attelage, et par moments il avait bien cru qu'il ne s'en sortirait pas.

En regardant par la fenêtre, Olson vit la neige tourbillonner dans l'air. Il conseilla à Kaasen de patienter. Bien sûr, Nome avait besoin du sérum, mais ce n'était pas un temps pour prendre la piste. Kaasen observa les doigts douloureux d'Olson, les chiens couchés sur le sol, boiteux, vidés, exténués. Le conseil était bon. Kaasen en tiendrait compte, mais seulement jusqu'à un certain point.

Deux heures plus tard, le vent n'avait toujours pas faibli. Il avait peut-être même forci et était encore plus glacial. Il était dix heures du soir et le thermomètre, à l'abri, indiquait trente-trois degrés au-dessous de zéro. La neige tombait dru. Si Kaasen ne partait pas sur-le-champ, la piste jusqu'à Port Safety, longue de cinquante-quatre kilomètres, deviendrait impraticable à cause des congères. Kaasen sortit. Durant les vingt-quatre ans qu'il avait passés à Nome, il n'avait jamais vu de vent aussi violent. Il soufflait à plus de cent dix kilomètres à l'heure. « Je portais des *mukluks* en peau de phoque qui me montaient jusqu'aux hanches, et par-dessus un pantalon en peau de phoque. J'avais une parka en peau de renne avec un capuchon, et par-dessus une autre parka en coutil. Pourtant, le vent était si fort qu'il traversait tout[9]. »

Kaasen prit sa décision. « Il était inutile d'attendre. » Il devait partir.

Quand les treize chiens furent harnachés et attelés, Kaasen alla chercher le sérum. Avec sa longue parka et son visage enfoui dans son capuchon bordé de fourrure, il ressemblait à un géant mythique du Nord. Il dit un bref au revoir à Olson, ouvrit la porte et sortit dans la nuit.

Peu de mushers avaient le courage, l'expérience et les chiens indispensables pour affronter le blizzard de face. Il est impossible de se réchauffer dans de pareilles conditions. La plupart des voyageurs qui se faisaient surprendre par le blizzard s'arrêtaient et dressaient un campement, ce qui n'était pas sans danger car, sur cette côte, il y avait peu d'arbres pour faire du feu. Souvent un musher n'avait que son traîneau derrière lequel s'abriter et seulement son sac de couchage, ses fourrures et ses chiens pour lui tenir chaud. Il pouvait rester ainsi immobilisé plusieurs jours jusqu'à ce que le blizzard faiblisse et qu'il puisse reprendre la piste. Lorsque les pionniers d'Alaska, qu'on appelait des levains, se retrouvaient dans le blizzard, ils avaient l'habitude de dire : « On est dans le pétrin, et pour de bon[10]. »

Quand on est pris dans le blizzard, a raconté Scotty Allan, le célèbre musher tant de fois vainqueur de la All Alaska Sweepstakes, « on ne sait pas si on doit prier, jurer ou pleurer. Généralement on fait les trois à la fois. Pourtant, au bout d'un moment, le blizzard devient quelque chose de haïssable, et qui a une personnalité. On a alors l'impression de se retrouver le dos au mur, et comme tout homme pris dans le feu de l'action, on oublie sa peur. On finit par être très fier de se battre contre cette maudite chose[11]. »

En attaquant un musher, le blizzard commence par provoquer en lui une certaine confusion. Ses cils gèlent et l'empêchent de voir, des rafales neigeuses le frappent au visage de quelque côté qu'il se tourne. Il perd le sens de l'orientation. « On ne peut pas le voir ; on ne peut pas le toucher ; on ne peut pas le sentir », disait Allan. Les histoires d'hommes et de chiens qui avaient survécu au blizzard d'Alaska se racontaient comme des légendes. Allan soutenait que neuf chiens sur dix faisaient demi-tour quand le blizzard soufflait de face. Ceux qui n'en avaient pas peur étaient très appréciés dans la péninsule Seward. Ils étaient capables de stimuler tout un attelage. C'étaient des chiens de tête auxquels un musher pouvait confier sa vie.

Allan a décrit de façon très vivante l'une de ses courses dans le blizzard. Il participait à la All Alaska Sweepstakes et durant les derniers cent quarante kilomètres qui devaient le conduire à Nome, son attelage fut pris dans le blizzard. « L'air était aussi épais que de la fumée et la neige tourbillonnait. Elle était grumeleuse comme du sel et aussi piquante que de la limaille de fer. Elle s'incrustait dans mes fourrures et dans les poils de mes chiens. Bientôt nous avons été recouverts d'une couche de neige croûtée aussi solide que de la glace. Le bruit était assourdissant. Je ne pouvais plus entendre, plus voir, plus respirer. J'avais l'impression que mes chiens et moi nous battions contre tous les éléments diaboliques de l'univers[12]. »

Allan arrêtait l'attelage tous les quarts d'heure et, se cramponnant aux traits, il passait la main sur chacun des chiens pour vérifier son état. Les plus jeunes gémissaient et essayaient de s'enterrer sous la neige, mais chaque fois qu'Allan arrivait près de Baldy, son chien de tête, il le trouvait « vigoureux et vaillant comme un petit ours blanc [...], une étincelle de vie dans cette immensité balayée par la tempête [...]. Je lui enlevais la glace qu'il avait sur la tête et je le serrais dans mes bras ». Allan retournait ensuite à tâtons jusqu'au traîneau. « Ce jeune chien me rendait tellement fier et heureux que je ne trouvais pas les mots pour lui dire ce que je pensais de lui[13]. » Kaasen, lui aussi, aurait eu du mal à trouver les mots pour décrire le courage de Balto, son chien de tête.

Après huit kilomètres de course, les pires craintes de Kaasen se trouvèrent confirmées. Depuis qu'il avait quitté le relais, le vent avait poli la piste, la recouvrant d'une croûte dure et glissante, et soudain un énorme amoncellement de neige qui s'était formé contre un escarpement lui barra la route. Balto essaya de le traverser en courant mais il s'embourba avec tout l'attelage. Kaasen tenta à son tour de tracer un chemin, mais il piétina bientôt dans la neige qui lui montait jusqu'à la poitrine. Il n'y avait qu'une solution : revenir en arrière et contourner l'escarpement. Pour faire faire demi-tour à l'attelage, Kaasen attrapa Balto par le harnais et ensemble ils tirèrent les autres chiens et leur firent décrire un arc serré. Contourner l'escarpement n'allait pas être facile. Balto avait surtout travaillé sur les pistes qui conduisaient aux divers sites de dragage aux alentours de Nome. A présent Kaasen lui demandait de retrouver une piste qui ne lui était pas familière, sur un terrain inconnu, par une nuit noire où soufflait le blizzard. Kaasen voyait à peine à une trentaine de mètres devant lui. Balto avançait péniblement dans la neige. Il savait qu'il devait regagner la piste, trouver la faible odeur laissée par les chiens qui avaient trottiné là avant lui cet hiver. Le nez au ras du sol, les oreilles couchées pour se protéger du vent, il marchait lentement.

L'odorat d'un chien est au moins six à sept cents fois plus développé que celui d'un humain, et Balto était capable de sentir les traces laissées par les autres chiens, même si elles étaient profondément enfouies sous la neige. Les pattes d'un chien sont également très sensibles, ce qui permit à Balto de retrouver la surface dure de la piste recouverte par la neige fraîche. Les minutes passèrent aussi lentement que des heures. Ils avaient depuis longtemps dépassé l'escarpement, et Balto cherchait toujours. Soudain, il leva la tête et se mit à courir. Ils étaient de nouveau sur la piste.

Quelques kilomètres plus loin, la piste tournait brusquement en entrant dans la vallée de la Topkok River. La surface de l'eau était gelée et le vent en avait balayé la neige. Kaasen sentit sur sa joue droite les piqûres de la gelure. En traversant la rivière et tandis qu'il approchait de la rive ouest, Balto s'arrêta soudain. Kaasen alla en tête de l'attelage et vit que l'eau avait débordé et recouvrait une vaste étendue. Balto qui avait foncé dans l'eau refusait à présent de continuer. L'eau, quoique peu profonde, l'était suffisamment pour tremper les pattes des chiens. Kaasen fit tourner l'attelage et quitta la rivière. Il s'arrêta et sécha les pieds de Balto avant de reprendre la piste.

Après avoir dépassé le débordement d'eau, l'attelage dut franchir une série de crêtes qui couraient perpendiculairement à la côte. Chacune de ces crêtes descendait abruptement dans une vallée encaissée et Kaasen trouvait là un abri momentané contre le vent. La dernière et la plus haute des crêtes était Topkok Mountain, une montée abrupte de cent quatre-vingts mètres, avec un long sommet exposé. Ordinairement les mushers ne s'attaquaient à Topkok que de jour. La piste serrait les escarpements rocheux, mais avec le vent qui dévalait la pente en hurlant, un musher pouvait très vite être désorienté. S'il se dirigeait trop vers le sud, il pouvait tomber dans le vide jusqu'à la plage au-dessous. C'était là que Seppala avait failli perdre la vie au cours de sa première participation à la All Sweepstakes, en 1914. Quand il approcha du pied de Topkok, Kaasen s'arrêta quelques minutes pour reprendre son souffle, puis poussant le traîneau, il encouragea les chiens à grimper le flanc de la montagne. Il avait l'impression que chaque fois qu'ils faisaient un pas, la tempête les faisait reculer de deux. Le ventre des chiens touchait terre tandis qu'ils luttaient pour avancer. La joue droite de Kaasen était engourdie par le froid. Plus tard, Kaasen devait se souvenir : « Topkok est un enfer quand le vent souffle en tempête. Et lorsque je suis monté là-haut, ça soufflait vraiment[14]. »

Quand il atteignit le sommet, Kaasen sauta sur le traîneau et s'y cramponna tandis que les chiens se mettaient à courir. Il plissait les yeux pour tenter de s'assurer malgré la nuit que l'attelage ne s'approchait pas trop du bord. Par temps clair et calme, il aurait pu apercevoir Cap Nome, mais il était plus de minuit et la tempête faisait rage. Une fois à l'extrémité de la crête, les chiens accélérèrent l'allure et entamèrent la descente du versant ouest de Topkok. Ils abordèrent ensuite une étendue plate, longue d'une dizaine de kilomètres ; le vent qui continuait à souffler passait sur les marécages et les lagunes, et soulevait tant de neige que Kaasen ne voyait plus ses chiens de queue ; il distinguait à peine ses mains. Cette partie de la côte était connue pour ses vents violents. Les couloirs de vents qui la bordaient provoquaient des bourrasques aussi fortes que des ouragans, suivies par des moments de calme, un peu comme si quelqu'un s'était amusé à actionner un interrupteur. Lorsque les chiens longèrent la courbe du rivage, les vents les attaquèrent par la droite. Cette portion de la piste était dangereuse car elle courait derrière la ligne de dunes et traversait des lagunes glissantes et des endroits dénudés[15]. Sur la gauche, de l'autre côté des dunes, s'étendait la glace de mer, et on rencontrait parfois de l'eau libre à quatre cents mètres à l'intérieur des terres. Avec un vent violent, un attelage pouvait facilement franchir la ligne de dunes et se retrouver sur la mer glacée. Il devait alors faire face au vent et lutter pour regagner le rivage.

Pendant plus d'une heure, la neige tomba si dru que Kaasen ne voyait plus la piste, et chaque fois que Balto franchissait une lagune ou une crique il tentait de deviner sa position. Il avait confié le contrôle de l'attelage à son chien de tête et se contentait de se cramponner au traîneau. « Je ne savais plus où j'étais, racontera-t-il plus tard. Je ne parvenais même pas à le deviner[16]. » Puis à la faveur d'une accalmie entre deux bourrasques, il reconnut devant lui une vaste dépression : le Bonanza Slough. Il avait dépassé Solomon qui se trouvait à plus de trois kilomètres derrière lui. Ce fut alors qu'il prit une décision, la plus controversée de la course : il continuerait jusqu'à Port Safety ; il se reposerait plus tard. Il devait bientôt le regretter.

Il lui restait à parcourir plus d'une quinzaine de kilomètres pour atteindre Port Safety où Ed Rohn devait prendre le sérum en charge jusqu'à Nome. En traversant le marécage de Bonanza, il entra dans un très large couloir de vent. Il suffit que le vent souffle de quatre-vingt-quinze à cent kilomètres à l'heure pour retourner un traîneau, et durant toute sa course Kaasen avait dû lutter pour empêcher le sien d'être renversé. Il était épuisé. En abordant le couloir de vent, il n'avait plus suffisamment de force, et son traîneau fut plusieurs fois poussé violemment hors de la piste, entraînant les chiens avec lui. Chaque fois Kaasen dut enlever ses gants, démêler les traits des chiens et redresser le traîneau.

Avant qu'il n'ait atteint le bord opposé du marécage, une dernière bourrasque frappa le traîneau, et Kaasen disparut dans une congère. Dans le noir, il dut ramper jusqu'au traîneau, le redresser une fois de plus, et chercher à tâtons les harnais des chiens. Il voulut ensuite s'assurer que le paquet de sérum était toujours à sa place[17]. Il passa sa main sur le panier, d'abord méthodiquement, puis frénétiquement : le sérum avait disparu. Son estomac se noua. Le pire était arrivé. Il se mit à quatre pattes et, dans le noir, promena ses mains nues sur la neige. Sa main droite heurta un objet dur. Il s'en empara : c'était le paquet de sérum. Il l'attacha de nouveau sur le traîneau, fit deux ou trois tours de corde supplémentaires et s'empressa de fuir cet endroit diabolique.

Après que cette bourrasque eut frappé son traîneau, la chance de Kaasen sembla tourner. A la sortie du marécage, la piste se dirigeait vers le sud-ouest et le vent soufflait désormais dans le dos du musher. Selon ses propres déclarations, le train fut plus rapide et le vent le « propulsa[18] » durant les derniers kilomètres jusqu'au relais de Port Safety qu'il atteignit en moins d'une heure.

Il était environ trois heures du matin et tout était sombre à l'intérieur du relais. Le soir, après avoir téléphoné l'avis de tempête à Nome, Ed Rohn était allé se coucher, pensant que Kaasen attendrait à Solomon que la tempête se calme avant de reprendre la piste.

Kaasen envisagea de réveiller Rohn, mais il faudrait du temps au musher pour harnacher et atteler ses chiens. Le vent paraissait se calmer et même si Kaasen et ses chiens avaient très froid, ils filaient encore bon train. Il pensa qu'il gagnerait du temps en continuant jusqu'à Nome.

La piste courait le long du rivage pendant les derniers trente kilomètres. Le vent continuait à faiblir, mais le traîneau avançait lentement et difficilement à cause des amoncellements de neige. Kaasen avait les doigts engourdis par le gel et les pattes de certains de ses chiens commençaient à être ankylosées, mais au moins il pouvait voir la piste.

Vers cinq heures trente du matin, ce lundi 2 février, Kaasen aperçut la croix de l'église St. Joseph. Quelques minutes plus tard, il entra dans Front Street et, épuisé, les yeux irrités par l'air froid et sec, arrêta son traîneau devant la porte de la Miners & Merchants Bank de Nome.

Ceux qui assistèrent à son arrivée virent Kaasen descendre en chancelant de son traîneau, trébucher jusqu'à l'avant de l'attelage et s'effondrer près de Balto en grommelant : « Sacré bon chien[19] ! »

12.

Sauvés !

« Le sérum est enfin arrivé à Nome, mais il est gelé. On pense cependant qu'il est toujours bon. »

The New York Times, 3 février 1925

Ce lundi 2 février, quelques minutes après l'arrivée de Kaasen, Welch commença à défaire le paquet. Le sérum était entièrement gelé, mais les ampoules ne paraissaient pas avoir été cassées grâce au soin avec lequel le docteur Beeson d'Anchorage les avait emballées, et à l'attention que les mushers avaient accordée à leur précieux colis *. Il fallait dégeler le sérum avant de pouvoir s'en servir, et cela prendrait du temps[1]. Welch l'emporta à l'hôpital et l'entreposa dans une pièce chaude (selon les critères de l'Alaska) où il faisait huit degrés. Vers neuf heures, il s'était en partie liquéfié et pas une ampoule n'était cassée. A onze heures, il était clair et prêt à être utilisé.

La nouvelle de l'arrivée du sérum s'était répandue à travers toute la ville ; la première chose à faire était de traiter les cas

* Selon les télégrammes envoyés après l'arrivée du sérum, le docteur Beeson, d'Anchorage, avait apparemment empêché toute dilatation du sérum en utilisant pour chaque ampoule des bouchons de caoutchouc et de liège.

les plus graves. Welch se rendit d'abord chez les Winters et les McDowell[2]. La femme de Winters était très malade ; sa fille l'avait contaminée deux jours plus tôt, le 31 janvier, et son état s'était détérioré au cours des dernières heures. Son mari avait également contracté la maladie.

Robert McDowell, le journaliste de l'United Press, présentait des symptômes alarmants. Il avait la gorge rouge et douloureuse, et Welch avait constaté l'apparition d'une membrane. Il fit donc à McDowell une première injection de cinq mille unités. Les articles du journaliste avaient joué un rôle important en faisant connaître l'histoire de Nome à tous les journaux du monde. Désormais, sa femme, âgée de vingt-quatre ans, et sa fille pouvant avoir été contaminées et étant en quarantaine, la famille faisait intimement partie de cette histoire.

De son côté, Emily Morgan prit la direction du Sandspit pour aller administrer à tous les membres de la famille Stanley plusieurs milliers d'unités de sérum. Elle rendit ensuite visite à d'autres familles et vaccina chacune d'elles.

En début d'après-midi, plus de dix pour cent des trois cent mille unités avaient été utilisés. De nombreux patients reçurent une seconde injection, et dans la soirée, plusieurs autres milliers d'unités avaient disparu. Le sérum serait épuisé bien avant l'arrivée de l'envoi d'un million cent mille unités.

De tous les cas qui s'étaient déclarés depuis le début de la course, celui de Margaret Curran préoccupait particulièrement Curtis Welch[3]. Les symptômes étaient apparus au début de la semaine, plusieurs jours après son retour de Solomon où son père tenait un relais. Si elle avait effectivement contracté la maladie, tous les voyageurs qui s'étaient arrêtés au relais pouvaient avoir été contaminés. Peut-être dans quelques jours de nouveaux foyers d'infection commenceraient-ils à se déclarer parmi les communautés établies le long de la côte. Il fallait que les unités de sérum qui faisaient route vers le port libre de glace de Seward parviennent à Nome beaucoup plus vite que les autorités ne l'avaient prévu.

Le bateau avait quitté Seattle le samedi, et le sérum devait encore voyager en train de Seward à Nenana où il serait pris en charge par le service postal et transporté jusqu'à Nome. Le sérum arriverait à Nenana six jours plus tard, soit le 8 février. Les mushers du service postal mettaient ordinairement vingt-cinq jours pour faire le trajet de Nenana à Nome.

Le temps ne jouait pas en faveur de Nome surtout si les craintes de Welch à propos du cas de Margaret Curran se révélaient fondées.

Le lundi, au cours d'une réunion de la commission sanitaire, Welch adopta une nouvelle position. Il était temps, concéda-t-il, de prendre des risques et de faire transporter la moitié de la prochaine livraison de sérum par avion, un pari dangereux. Il envoya un télégramme au Surgeon General Cummings : « Je me sentirais beaucoup plus tranquille si j'avais la certitude de recevoir un nouvel envoi de sérum avant dix jours[4]. »

En apprenant la situation critique dans laquelle se trouvait Welch, tout le monde parut être d'accord pour que la moitié de la livraison soit amenée par train jusqu'à Fairbanks où un avion l'attendrait pour la transporter à Nome.

Tout le monde, sauf le gouverneur Bone.

Avec l'assentiment de Welch, Maynard mit Thompson et Sutherland au courant de la nouvelle situation. Sans doute Thompson ne perdit-il pas de temps car, dès le lendemain, Roy Darling et Ralph Mackie sautèrent dans le cockpit de leur biplan et survolèrent la rue principale de Fairbanks par vingt-cinq degrés au-dessous de zéro, sous un beau ciel clair[5].

Pour les habitants de Fairbanks, ce vol d'essai semblait être suffisant pour prouver que l'avion et les pilotes étaient prêts à décoller dans les plus brefs délais. Des volontaires commencèrent à préparer l'appareil. Tandis qu'à Fairbanks l'excitation grandissait, à Nome, Welch et les autres furent soulagés d'apprendre la bonne nouvelle.

Leur soulagement était d'autant plus grand que les trois cent mille unités apportées par traîneau à chiens paraissaient efficaces. De toute évidence, le gel et le dégel n'avaient pas endommagé le produit. Et ce 3 février, il semblait que même les malades les plus atteints se rétabliraient[6].

L'état de santé de la famille Winters s'améliorait, et Robert McDowell parut se rétablir quelques heures seulement après avoir reçu une injection. « Je me porte bien, écrivit-il dans une dépêche à ses collègues de San Francisco. Mon cas n'est pas considéré comme sérieux[7]. »

Le journaliste dut dicter son message à un ami car il était toujours en quarantaine.

Mais tout n'allait pas aussi bien qu'il le pensait. Plus tard cet après-midi-là, un point d'un blanc grisâtre apparut dans la gorge de sa fille, et sa femme, Vera, sembla malade elle aussi. (Son nom n'apparaît pas sur la liste des patients atteints de diphtérie.) A sept heures du soir, Vera rendit son dernier soupir, devenant apparemment la sixième victime de l'épidémie.

Vera McDowell était un personnage important de Nome. Elle était la première petite fille blanche à être née sur le Territoire durant la ruée vers l'or. Elle avait vu le jour le 16 mars 1900. Sa disparition toucha beaucoup de gens. Certains journaux attribuèrent sa mort à la diphtérie, mais les rapports médicaux de Nome précisent qu'elle fut victime d'une embolie gazeuse et d'une fausse couche. (Vera était enceinte de quatre à cinq mois.) Une embolie gazeuse est une complication rare au cours d'une grossesse, mais dans la mesure où elle ne souffrait d'aucun mal de gorge, Vera McDowell n'avait probablement pas contracté la diphtérie.

Cependant, dans le chaos de l'épidémie, le décès de Vera fut rapporté à travers tous les Etats-Unis ; les autorités de Washington et le public dans son ensemble réagirent en apprenant cette nouvelle. Le *San Francisco Chronicle* titra : « Sixième mort tandis que l'épidémie reprend vigueur[8]. »

Le vendredi 6 février, les parents de Vera et ses amis proches obtinrent l'autorisation de procéder à des funérailles intimes, et un petit cortège suivit le fourgon mortuaire, tiré par un cheval, jusqu'au cimetière de Belmont Point où le corps fut placé dans un caveau en attendant le printemps et le dégel du sol pour pouvoir être enterré convenablement.

« Elle était connue de tous les premiers pionniers, chercheurs d'or et prospecteurs de la péninsule Seward[9] », écrivit McDowell dans une notice nécrologique laconique destinée au *Seattle Star*.

Le vendredi après-midi, environ un tiers du sérum avait été utilisé. Maynard, Mark Summers, le directeur de Hammon, et « Wrong Font » Thompson assaillirent de nouveau Bone de messages lui demandant d'autoriser un vol depuis Fairbanks.

« Si les choses progressent à ce rythme, vous pouvez facilement en déduire combien de temps cette première livraison de sérum durera[10] », écrivit Summers dans un télégramme.

Bone comprenait leur inquiétude, mais campa sur ses positions. Etait-ce simplement l'entêtement qui l'empêchait de permettre aux pilotes de livrer la moitié du sérum grâce à un vol audacieux ? Juneau et Washington ne se souciaient-elles pas suffisamment de Nome pour prendre une décision et approuver une action aussi intrépide ? C'était en tout cas l'impression qu'avait le maire de Nome.

Maynard ne tarda pas à se plaindre à la presse. Le *Washington Post* titra ce jour-là :

LE MAIRE DE NOME ACCUSE LA CAPITALE DE RESTER INACTIVE.

> Les bureaucrates attendent tranquillement tandis que des gens souffrent et meurent, et que des hommes dignes de ce nom sont prêts à voler à leur secours, déclarait Maynard. Si Nome est obligé d'attendre que le gouverneur de l'Alaska considère que la situation ici est vraiment sérieuse, Nome pourrait tout aussi bien se passer du service de Santé publique de Juneau qui a droit de vie et de mort sur nous[11]...

Harry DeVighne, le conseiller à la Santé de Bone réagit vivement à cette attaque et déclara à la presse :

> Les rapports alarmants envoyés de Nome et critiquant nos services sont totalement injustifiés [...]. Le Territoire surveille attentivement la situation, et même si je reste persuadé que la livraison de l'importante quantité de sérum arrivant de Seattle

se ferait plus sûrement en traîneau à chiens qu'avec n'importe quel avion disponible sur le Territoire, le vol de secours sera autorisé si la situation l'exige[12].

Pour accompagner cette déclaration publique, le bureau du gouverneur envoya un message à Wetzler lui demandant de réunir davantage de mushers pour la seconde course de relais. Entre-temps, le mécanicien du train qui attendait en gare de Seward reçut l'ordre de se tenir prêt à récupérer le sérum qui devait arriver à bord de l'*Admiral Watson* le lendemain, samedi.

Profitant de l'initiative de Maynard et motivées peut-être par la nouvelle du décès de Vera McDowell, l'U.S. Army, l'U.S. Navy et toutes les personnes de Fairbanks concernées par le vol de secours poursuivirent leurs préparatifs. Le gouverneur ne pouvait pas les en empêcher.

A Fairbanks, les mécaniciens fixèrent des skis sous l'avion et procédèrent aux derniers réglages du moteur. Les pilotes Darling et Mackie stockèrent à bord une hélice supplémentaire, « autant de pièces de rechange que le permettait le poids autorisé[13] », des sacs de couchage, des fusils, des raquettes, et tout un équipement pour dresser un campement.

« Si nous sommes obligés de nous poser, déclarèrent-ils dans une interview à la North American Newspaper Alliance, nous emprunterons la piste pour rejoindre les traîneaux à chiens [du second relais]... Si le sérum gèle, c'est que nous aurons gelé, nous aussi. Nous porterons les paquets sur nous. »

Ces deux hommes connaissaient sans doute très bien les avions, mais ils savaient très peu de choses sur ce que représentait le fait de se déplacer, même sur de courtes distances, dans l'immensité glacée de l'Alaska, sans chiens.

A Seattle, à la demande des autorités de Washington, le commandant J.V. Chase de la base navale de Bremerton, ordonna au dragueur de mines *Swallow* de se préparer à gagner la limite de la banquise pour aider les aviateurs au cas où ils connaîtraient des ennuis durant leur vol vers Nome.

Le docteur George Magruder, directeur du service de Santé publique de Seattle, qui coordonnait l'expédition d'un million cent mille unités de sérum vers l'Alaska, déclara : « C'est très courageux de la part de Darling. Ce vol dans les meilleures conditions serait extrêmement risqué. Avec un vieil appareil [...] et en plein cœur de l'hiver, c'est une aventure périlleuse[14]. »

Même si le passage à l'action de Chase et les commentaires de Magruder paraissaient encourageants aux yeux des partisans d'un secours aérien, on ne voit pas très bien en quoi un dragueur de mines aurait pu être utile une fois le vol de secours commencé. Mais la question n'était sans doute pas là.

En outre, l'armée ordonna aux hommes des Transmissions de préparer des feux pour guider les aviateurs sur leur route, et à Nome, le capitaine Thomas Ross, de l'U.S. Lifesaving Crew, entreprit avec l'aide de ses collègues de déblayer un terrain d'atterrissage sur la mer de Béring, en face de Nome. En ce qui concernait Maynard, Sutherland et Thompson, tout était prêt pour le vol, il ne manquait rien... sauf l'autorisation du gouverneur Bone.

Le samedi 7 février, le bateau qui apportait le sérum devant accoster en fin d'après-midi, Bone changea d'avis et envoya un message à Wetzler, l'autorisant à prélever la moitié des unités à leur arrivée par train, le lendemain. Il était évident qu'il agissait sous la contrainte, très vraisemblablement à cause d'un rapport annonçant un nouveau cas de diphtérie. A Nome, les autorités « deviennent hystériques, disait Bone dans son message à Wetzler. Aucune urgence ne justifie un tel risque. Pourtant je crois sincèrement que tout se passera bien[15] ».

Le dimanche, en début d'après-midi, alors que le train transportant le deuxième envoi de sérum roulait vers Nenana, avant de prendre la direction de Fairbanks, Darling et Mackie se rendirent jusqu'au hangar où se trouvait l'*Ancho-*

rage afin de procéder aux préparatifs de dernière minute. Pour se protéger du froid, ils avaient enfilé plusieurs couches de vêtements en fourrure et enduit leur visage d'un demi-centimètre de vaseline. Ils portaient également une cagoule en peau avec des trous pour les yeux et les narines. Ils n'avaient qu'un seul parachute, un problème « qu'ils résoudraient entre eux[16] », lisait-on dans un journal.

Ils embarquèrent deux bouteilles thermos contenant des boissons chaudes, une tablette de chocolat, du bouillon en cubes, des haricots, du riz, de la farine, une hache et des fourrures supplémentaires.

Le train ne devant plus tarder à arriver, le moment était venu de mettre le moteur en marche.

Mackie et Darling s'installèrent dans le cockpit ouvert. Une foule s'était rassemblée pour les regarder s'envoler. Un mécanicien bénévole, Richard Lynch, se dirigea vers l'avant de l'avion pour lancer l'hélice.

Il faisait quarante degrés au-dessous de zéro. Lynch, qui avait emprunté le manteau tout neuf de Mackie pour avoir chaud, s'avança vers l'hélice, saisit une pale et la tira vigoureusement vers le bas. De façon tout à fait inattendue, l'hélice se mit aussitôt à tourner et le moteur démarra. (Une hélice qui se mettait à tourner dès le premier essai était un événement rare pour la flotte de Fairbanks.)

Surpris par son succès, Lynch voulut reculer et glissa sur la neige. L'une des pales happa le manteau de Mackie et projeta Lynch à trois mètres en l'air. Heureusement, le manteau se déchira et Lynch s'écrasa sur le sol. Il se blessa au genou et cassa les pipes toutes neuves que Mackie avait rangées dans sa poche et qui lui avait coûté dix dollars.

Le moteur se mit à vrombir et pendant plusieurs minutes Mackie tenta de le faire tourner au ralenti, mais sans succès. Un mécanicien, qui se trouvait à l'arrière de l'appareil et tenait la queue baissée tandis que le moteur tournait à plein régime, commença à souffrir de gelures au visage. Le vent produit par l'hélice faisait se condenser l'air, et une couche de glace recouvrait le fuselage et la queue de l'avion, mais aussi le visage du mécanicien.

Dans le cockpit, les pieds de Darling s'engourdissaient tandis que Mackie qui tentait de régler le moteur ne sentait plus ses mains. Le problème venait d'un bouchon de radiateur qui était cassé, ce qui faisait chauffer le moteur.

Il fallait fabriquer un autre bouchon, mais cela demanderait du temps et la lumière commençait à baisser. La décision fut donc prise d'annuler le vol pour ce jour-là. Tandis que les pilotes et les mécaniciens descendaient les provisions de l'avion et commençaient à bricoler un nouveau bouchon, un musher nommé A.C. Olin quittait Nenana et se dirigeait vers Tolovana. Il était cinq heures de l'après-midi et le traîneau emportait la moitié des unités de sérum.

Ce fiasco ne parut pas consterner Mackie et Darling. Le soir, les deux hommes déclarèrent aux journalistes qu'ils seraient prêts à décoller dès le lendemain et se poseraient à Nome avant mercredi.

Le lundi matin, il y eut de nouveaux problèmes. On n'avait pas ajouté suffisamment d'alcool et de glycérine à l'eau du radiateur, et elle avait gelé.

Pourtant Mackie restait confiant.

« Nous n'aurons pas volé deux heures que notre avion dépassera les chiens[17] », prédit-il. Mais le mardi les pilotes ne réussirent toujours pas à décoller.

Finalement Thompson, le rédacteur en chef du *News-Miner* pour qui cet audacieux sauvetage aérien avait tant d'importance, dut affronter la vérité. Il n'y aurait pas de vol de secours. Les événements donnaient raison au gouverneur Bone.

Il faut reconnaître que Bone ne s'était jamais fié totalement aux informations qui lui parvenaient de Fairbanks. Depuis l'annonce de l'épidémie, le gouverneur n'avait reçu que des rapports enthousiastes sur l'état de l'avion et l'expérience des pilotes. Roy Darling lui avait personnellement affirmé que le vol ne présenterait pas « de grandes difficultés[18] » et il avait ajouté : « Si nous sommes obligés de nous poser, il n'y aura pas de conséquences graves, seulement un retard pour rejoindre le point de communication le plus proche. » Cependant peu d'atterrissages forcés se passaient sans problème en Alaska, surtout lorsqu'il faisait quarante-cinq ou cinquante degrés au-dessous de zéro, et que le blizzard soufflait.

La décision de Bone n'avait pas été influencée simplement par un scepticisme salutaire. En dépit des craintes de Welch et d'autres que l'épidémie soit loin d'être sous contrôle et que la maladie risque de se propager en dehors de Nome et de ses environs, Bone avait eu une entrevue avec son conseiller à la Santé, Harry DeVighne. Après avoir examiné toutes les informations en provenance de Nome, il avait constaté que le nombre des guérisons[19] commençait à dépasser celui des nouveaux cas *. La situation ne paraissait pas désespérée au point de justifier le risque important que représentait l'échec d'un vol.

De plus, Bone avait reçu récemment un télégramme d'un de ses adjoints à Anchorage qui s'était renseigné sur Darling et l'avion qu'il piloterait. Le message précisait que Darling avait volé pour la dernière fois peu après son accident, six ans plus tôt. En outre, le moteur de l'*Anchorage* devait pouvoir servir six cents heures, et l'avion avait déjà volé plus de la moitié de ce temps. En partie à cause de ces nombreuses

* Il est difficile de connaître le nombre précis de décès dus à l'épidémie. Certains documents font état de six morts, d'autres de cinq. Welch déclara qu'il pensait que l'épidémie avait fait sept morts, et qu'il y avait eu en tout soixante-dix cas confirmés. Dans une interview qu'il accorda, le 9 octobre 1925, au journal de sa ville natale, le *New Haven Evening Register,* il précisa que le nombre des décès pouvait être plus important.

« Il doit y en avoir eu beaucoup plus. Je suppose qu'une centaine de personnes au moins ont été contaminées parmi les autochtones et j'ignore combien il y a eu de morts dans les camps des Esquimaux. Les autochtones ont l'habitude d'enterrer leurs enfants sans déclarer leur décès. »

heures de service, l'appareil ne pouvait voler à plus de quatre-vingt-quinze kilomètres à l'heure. Ce qui signifiait qu'il lui faudrait bien plus longtemps pour atteindre Nome que Thompson ne l'avait prévu, et qu'il devrait s'arrêter plus d'une fois pour refaire le plein, augmentant ainsi le risque d'accident à l'atterrissage ou au décollage.

Ces informations avaient joué un rôle important dans la décision de Bone de n'utiliser l'*Anchorage* que si la situation devenait désespérée. Aujourd'hui encore il est difficile de dire pourquoi Bone a fini par capituler. Peut-être à ce moment-là était-il déjà convaincu que l'épidémie était en régression et que la moitié du sérum qui arriverait par traîneau à chiens serait suffisante pour en venir à bout. A moins qu'il n'ait su que l'*Anchorage* ne réussirait jamais à décoller.

Battu, Thompson ne se montra ni provoquant ni dédaigneux envers la grande réussite de ses adversaires. Il faut reconnaître qu'il trouva le ton juste lorsqu'il rédigea l'éditorial du *News-Miner* ce soir-là : « Nous faisons confiance à l'avion et nous faisons confiance au chien...

> Nous savons qu'un avion, même ordinaire, peut couvrir quatre-vingt-quinze kilomètres en une heure, et nous savons qu'un chien en est incapable. Pourtant la supériorité du chien sur l'avion c'est... qu'il ne sait rien de l'horizon, de la visibilité, de la température, de l'essence ; il ne sait qu'obéir à la voix de son maître et avancer... Aujourd'hui, c'est à l'avion de faire ses preuves. Les chiens courent et chaque heure les rapproche du but. L'avion décolle quand il le peut, mais le chien semble partir qu'il le puisse ou non. Nous tirons notre chapeau AU CHIEN[20]. »

En fait, lorsque l'éditorial de Thompson parut, les mushers du second relais – dont la plupart avaient déjà participé à la première course – avaient quitté la ville de Ruby et donc parcouru un peu plus du tiers de la piste menant à Nome. Ce second relais fut très éprouvant, lui aussi. Les mushers durent affronter de fortes tempêtes de neige et furent très souvent obligés de tracer la piste avec leurs raquettes.

Enfin, le 15 février, en plein blizzard, Ed Rohn atteignit Nome avec la seconde livraison de sérum, après une course de cent quarante kilomètres. Star, son chien de tête, était dans le panier du traîneau. Il était tombé dans une crevasse en traversant Golovin Bay, et s'était gravement blessé.

Thompson pouvait se montrer magnanime car ce contretemps ne serait que temporaire. L'époque des chiens appartiendrait bientôt à l'histoire. La course pour sauver la ville de Nome avait fait pour l'Alaska ce que Thompson n'aurait jamais pu faire avec ces harangues : elle avait attiré l'attention de tout le pays sur le Territoire.

Le 2 février, jour où Gunnar Kaasen entra en traîneau dans Nome, le président Coolidge signa l'Airmail Act de 1925, connu sous l'appellation de Loi Kelly, un projet proposé trois ans plus tôt par le représentant de Pennsylvanie, Clyde M. Kelly, et voté par le Congrès quelques semaines auparavant. Les compagnies aériennes privées étaient désormais autorisées à soumissionner des contrats pour le transport du courrier.

En Alaska, elles entrèrent donc en compétition avec les traîneaux à chiens. Au fil des ans la technologie aéronautique s'améliora et les petites compagnies aériennes, de plus en plus nombreuses, l'emportèrent sur les traîneaux à chiens.

Au cours de la décennie qui suivit la course du sérum, plusieurs routes postales aériennes permanentes furent créées. En 1938, Charlie Biederman marqua la fin d'une ère dans la haute vallée du Yukon lorsqu'il fit la dernière tournée de distribution du courrier en traîneau à chiens. Son traîneau fut offert au musée postal de la Smithsonian. Un receveur des postes déclara à l'époque : « Le chien et le musher ont atteint le bout de la piste ; à présent l'avion et le pilote prennent la relève. Le chien a fait son temps. Puissent l'avion et le pilote rendre d'aussi bons services. »

En 1941, il existait cinquante-six routes postales aériennes et seulement dix où le courrier était transporté en traîneau à chiens. Au début des années soixante, il n'en restait plus qu'une en Alaska, sur l'île St. Lawrence, à environ deux cent cinquante kilomètres au large de la côte de la mer de Béring. Le postier s'appelait Chester Noongwook et il parcourait quatre-vingts kilomètres en traîneau jusqu'à la piste d'atterrissage où l'avion postal venait se poser. Il fit sa dernière course en janvier 1963.

L'aviation commerciale se développa en Alaska en même temps que les routes postales aériennes. Certaines compagnies qui transportaient régulièrement le courrier augmentèrent leurs revenus en emmenant des passagers. La Fairbanks Air fut l'une des premières à profiter de cette aubaine. En juin 1925, Noel Wien accomplit le premier vol commercial entre Fairbanks et Nome, aller-retour. Il pilotait un Fokker, une « limousine aérienne » avec cabine équipée de sièges rembourrés et de rideaux, pouvant emmener cinq passagers.

A l'occasion de son premier vol de retour, Wien transporta le dernier numéro du *Nome Nugget,* entouré d'un bandeau spécial où était inscrit : « Premier vol postal Nome-Fairbanks. Transporté gracieusement par la Fairbanks Airplane Corp[21]. »

Le vol dura sept heures. Ce fut un moment de fierté pour « Wrong Font », le fougueux rédacteur et défenseur de l'aviation. Ce fut également l'un des derniers combats qu'il mena en faveur de l'Alaska. Le 4 janvier 1926, Thompson mourut d'une pneumonie. Il avait une soixantaine d'années.

Alors que le service postal aérien et le transport des passagers se développaient dans tout l'Alaska, le réseau de pistes qui avaient fait autrefois la fierté du Territoire s'effaçait, les relais étaient abandonnés et beaucoup de petites villes disparaissaient. En 1931, quand Charles Lindbergh et sa femme survolèrent la péninsule Seward et se posèrent près d'un port abrité au sud de Nome, Anne Morrow Lindbergh remarqua le triste état des relais qui se trouvaient le long de la côte. « C'étaient des bâtiments délabrés. Ils étaient désormais inutiles car l'avion [...] remplaçait le traîneau à chiens. Cela revenait moins cher[22]. »

En Alaska, le glas sonna pour les traîneaux à chiens vers la fin des années cinquante lorsque apparurent les autoneiges. Ces véhicules devinrent très vite populaires et dans beaucoup de villages les traîneaux firent figures de curiosités. Un historien rapporta que dans les années soixante, il y avait beaucoup moins de chiens de traîneaux dans la plupart des villages d'Alaska que de « chiens de fer[23] ».

Avec l'introduction de la technologie moderne, il devint beaucoup plus facile de venir en Alaska et d'en repartir, mais le vaste réseau de pistes du Territoire ayant disparu, ceux qui souhaitaient se déplacer dans l'Intérieur étaient tributaires des horaires des compagnies aériennes et des routes qu'elles empruntaient. Les autoneiges ne pouvaient aller que jusqu'où le leur permettait leur réservoir d'essence. En outre, elles pesaient plusieurs centaines de kilos, étaient difficiles à manœuvrer lorsqu'il fallait franchir des ravines ou traverser des ruisseaux, et à partir de trente degrés au-dessous de zéro, leur moteur se montrait capricieux. Sur de la glace fragile, ces véhicules devenaient dangereux et il était très difficile de les dégager quand la glace les retenait prisonniers.

En 1970, se déplacer en traîneau à chiens sur les pistes d'Alaska était quelque chose qui appartenait au passé. Unissant leurs efforts, Dorothy Page, une historienne locale, et Joe Redington, un admirateur enthousiaste des chiens de traîneaux, décidèrent de créer une course qui serait un témoignage de reconnaissance à l'égard des chiens et du rôle important qu'ils avaient joué autrefois en Alaska.

Au fils des ans, ils avaient vu les pistes s'effacer et un mode de vie disparaître. Ils conçurent une course de traîneaux qui ne ressemblait à aucune autre, un hommage à un monde qui n'était plus.

La première édition de la course d'Anchorage à Nome

date de 1973, et depuis elle a lieu tous les ans, le premier samedi du mois de mars. On l'appelle l'Iditarod. Elle suit ce qui était autrefois une importante route de transport qui reliait Anchorage à Nome, en traversant l'ancien district minier d'Iditarod. (Cette route avait été peu à peu abandonnée, principalement après l'achèvement de la ligne de chemin de fer de Seward à Fairbanks *.)

L'Iditarod est le nom d'une rivière sur laquelle fut bâtie la ville quand on y découvrit de l'or, en 1907. Ce nom vient de l'athapascan et signifierait « un endroit lointain » ou « eau claire », mais sa traduction n'est pas très précise. La course emprunte la partie la plus occidentale de la route du sérum : de Ruby à Nome les années paires, de Kaltag à Nome les années impaires.

En 1975, l'Alaska témoigna une fois de plus de son intérêt pour les traîneaux à chiens en organisant une reconstitution de la course du sérum. Les fils de plusieurs des mushers qui avaient pris part à l'événement historique participèrent à cette course qui dura six jours de plus qu'en 1925.

Désormais, l'Iditarod est une entreprise disposant d'un budget de quatre millions de dollars, qui bénéficie du soutien de nombreux sponsors ; on y utilise des équipements high-tech sur une piste tracée chaque année par des bénévoles en motoneiges. Alors qu'il fallait trois semaines aux meilleurs mushers pour atteindre Nome, cette course dure aujourd'hui de huit à dix jours. Ce sont surtout des huskies d'Alaska qui participent à l'Iditarod ; ils sont encore plus petits et plus rapides que les huskies de Sibérie. Le husky d'Alaska n'appartient pas à une race homologuée mais à une lignée de chiens de course ; c'est un hybride élevé pour sa vitesse. (Cette vitesse est obtenue au détriment de certaines adaptations au climat froid et c'est pourquoi, lorsqu'ils parti-

* Une course eut lieu en 1967, pour célébrer le centenaire de l'achat de l'Alaska par les Etats-Unis. Cette année était également celle de la mort de Leonhard Seppala. En son honneur, on appela cette course de quarante kilomètres l'Iditarod Trail Seppala Memorial Race.

cipent à une course, beaucoup de ces chiens ont besoin d'un manteau, de petites bottes et d'une grande quantité de nourriture.) Les vainqueurs de l'Iditarod sont en général des huskies de Sibérie et d'autres chiens autochtones croisés avec des setters irlandais, des pointers anglais ou des braques allemands à poil court. Selon Raymond Coppinger, professeur de biologie au Hampshire College, « sur une distance de plus de quinze kilomètres, les chiens de traîneaux actuels sont les animaux les plus rapides du monde[24] ». En tirant un traîneau et un conducteur, ces chiens mettent un peu plus de deux minutes pour parcourir un kilomètre, et ce pendant près de quarante kilomètres, sur tous les terrains : collines, virages et forêts.

Quant à Bob Thomas, président de l'International Siberian Husky Club, il a déclaré : « Avec les huskies de Sibérie, c'est un peu comme participer à une course avec une voiture de sport ancienne. Vous savez que les nouveaux modèles sont plus rapides, mais vous éprouvez une émotion particulière à conduire ce modèle classique[25]. »

EPILOGUE

Le bout de la piste

> « Non, il n'y a pas d'or, pas de récompense pour le vainqueur. Personne n'a reçu un *cent*... En temps de guerre, on donne des médailles à ceux qui prennent des vies humaines. Pourquoi le Congrès ne voterait-il pas l'attribution de médailles à ces hommes qui se sont sacrifiés pour sauver la vie humaine la plus précieuse, celle d'un enfant. »
>
> Will Rogers, 8 février 1925

Le samedi 21 février, deux semaines après que Kaasen eut atteint Nome avec le sérum, la quarantaine fut levée. Le Dream Theatre célébra l'événement en offrant à tous les habitants de la ville âgés de plus de douze ans une séance gratuite, avec au programme une comédie de Harold Lloyd, *Grandma's Boy* et un long métrage de Shirley Mason, *Shirley of the Circus.* James Clark, le directeur du cinéma, avait décidé d'attendre quelques semaines encore avant d'ouvrir les portes de la salle aux jeunes enfants.

En dehors de Nome, les festivités commencèrent beaucoup plus tôt. Quelques heures seulement après l'arrivée de Kaasen, les correspondants locaux d'Associated Press, d'International News Service, de Pathé News et d'autres agences de presse avaient envoyé, par radio et télégraphe, des dépêches annonçant la victoire de l'homme et du chien sur ce que la nature pouvait leur opposer de pire. En dépit de la tempête, disaient les messages, le sérum a réussi à passer *. Le lendemain, à travers tout le pays, les lecteurs lisaient l'aventure de ces hommes et de ces chiens qui avaient « lutté jusqu'à la limite de leurs forces[1] » pour atteindre Nome.

« La science a créé le sérum qui est aujourd'hui à Nome, se réjouissait le *New York Sun* dans son éditorial, mais elle a été incapable de le faire parvenir jusque-là. Tous les merveil-

---

* Dans les années qui ont suivi, des cas ont continué à se déclarer à Nome, mais désormais sans provoquer de panique car la ville disposait d'une réserve de sérum frais. En 1926, quarante-trois personnes contractèrent la diphtérie, et on dénombra environ une douzaine de cas en 1928 et 1929.

L'épidémie de 1925 avait tenu la nation en haleine pendant près de deux mois, et la publicité faite autour de la course aida à relancer la campagne nationale de vaccination antidiphtérique des enfants. En 1924, un chercheur de l'Institut Pasteur avait mis au point un vaccin qui procurait plusieurs années d'immunisation active – contrairement à la durée relativement courte d'une immunisation passive. Ce vaccin neutralisait la toxine avec un produit chimique tout en stimulant la production naturelle d'anticorps. Auparavant, d'autres scientifiques avaient tenté de stimuler le système immunitaire avec une « toxine/antitoxine », un mélange équilibré de poison et de toxine affaiblie. Le public se méfiait de ce nouveau vaccin, mais finit par l'accepter. La course du sérum lui avait rappelé combien la maladie pouvait être imprévisible et dangereuse, et elle avait aidé à réveiller la conscience de la nation tout entière. Les Etats-Unis réussirent finalement à réduire de façon spectaculaire le nombre de cas de diphtérie : en 1945, il n'y en eut que dix-neuf mille, et moins de mille en 1960.

Aujourd'hui, on ne constate que quelques cas par an et les victimes sont en général des gens qui ont échappé au système national de santé et n'ont pas été correctement immunisés. Les enfants américains ne peuvent pas fréquenter une école ni une garderie s'ils n'ont pas été vaccinés ; depuis les années quarante, un vaccin combiné les protège contre la diphtérie, la coqueluche et le tétanos.

Bien que la diphtérie soit à présent rare aux Etats-Unis, elle réapparaît dans d'autres parties du monde, en particulier dans les pays où la guerre et la corruption ont détruit les infrastructures de santé. Au cours des dix dernières années, la Russie et plusieurs anciennes républiques de l'URSS se sont trouvées confrontées à des épidémies de cette maladie.

leux moyens de transport mécaniques des temps modernes n'ont pas résisté face aux éléments... D'autres engins auraient gelé ou refusé de démarrer, mais le plus vieux de tous les moteurs, le cœur, dont le carburant est le sang, et le démarreur, le courage, n'a pas calé une seule fois[2]. »

Depuis la Maison-Blanche, le président Coolidge envoya des lettres de félicitations, et le Sénat interrompit sa séance pour rendre hommage à « cette course de traîneaux à chiens, héroïque et exemplaire, qui apporta le sérum salvateur aux gens qui souffraient et mouraient dans la petite ville de Nome, là-bas sur la côte désolée de la mer de Béring[3] », comme Clarence Cleveland Dill, sénateur de l'Etat du Washington, le fit noter dans le compte rendu des débats.

La firme pharmaceutique H.K. Mulford offrit une médaille en or à chacun des vingt mushers du premier relais. Le gouvernement d'Alaska leur donna vingt-cinq dollars à chacun, accompagnés d'une citation frappée du sceau en or du Territoire.

La réaction du public fut extrêmement chaleureuse. Le *Seattle Times* ouvrit une souscription publique au bénéfice des mushers et de leurs chiens, et l'argent recueilli fut partagé entre eux à parts égales. Des douzaines de lettres et de poèmes adressées à Balto arrivèrent au bureau de poste de Nome, et les écoliers firent de leur mieux pour répondre à la plupart d'entre elles ; le *Nome Nugget*, quant à lui, reçut plus de poèmes qu'il ne put en imprimer et dut publier des excuses. Un ecclésiastique de Pasadena (Californie) envoya un poème intitulé « Balto, héros des neiges », et plusieurs écrivains d'Atlanta rendirent au chien des hommages en vers. Les autorités fédérales et celles du Territoire reçurent elles aussi des lettres dithyrambiques dont une émanant d'un résident du New Jersey qui demandait que Nome soit rebaptisée Balto « en l'honneur du célèbre chien de tête de Gunnar Kaasen[4] ».

Les médias réalisèrent qu'ils pouvaient gagner encore plus d'argent avec le courage des autres. Le service de bélinographie de la Pacific & Atlantic s'organisa pour qu'un musher lui livre les premières photos et le film de la fin de la course. En réalité l'arrivée de Kaasen à Nome avait été reconstituée.

Un musher expérimenté, John Hegness, traversa l'Alaska en direction du sud, vers un port libre de glaces où il embarqua à bord d'un vapeur qui se rendait à Seattle. Un petit bateau et un hydravion l'attendaient à environ cinq cents kilomètres au nord de Seattle. Hegness, qui avait rangé les rouleaux et les bobines de pellicule dans une boîte fermée hermétiquement et insubmersible, jeta son paquet par-dessus bord, en direction de l'équipage du petit bateau qui le récupéra dans l'eau et le transporta jusqu'à l'hydravion. Les images s'envolèrent vers Seattle où elles gagnèrent en voiture les bureaux du *Seattle Times.* Hegness, qui était resté à bord du vapeur, arriva plusieurs heures après, juste à temps pour voir les premières photos de la course s'étaler sur une page entière du supplément de l'édition du soir du *Seattle Times*, cinq semaines après avoir quitté Nome.

Quelques jours seulement après la course, des offres commencèrent à pleuvoir ; elles émanaient de producteurs de cinéma, mais également d'organisateurs de spectacles et d'agents de publicité de toutes sortes. Kaasen étant le premier musher à avoir atteint Nome, les journaux s'étaient empressés de parler de son exploit et de celui de Balto. Kaasen et son attelage devinrent aussitôt célèbres et, vers la fin du mois de février, ils furent engagés pour participer à un film et à une tournée, et prirent le chemin des Etats-Unis. Avec Balto et les autres chiens, Kaasen et sa femme gagnèrent le port de Seward où ils embarquèrent sur le vapeur *Alameda* en route vers Seattle. C'était la première fois en vingt et un ans que cet homme discret quittait Nome, et en arrivant à Seattle, il fut accueilli en héros. L'Associated Press prit une photo de Gunnar, Anna et Balto sur le pont, et une foule de gens les entoura. Kaasen fut heureux de voir son vieil ami de Nome, Ralph Lomen, qui se trouvait alors à Seattle : « J'espérais bien que tu serais là pour me protéger[5] », lui confia-t-il. Quelques instants plus tard, il disparaissait dans la foule. « Nous n'étions là que depuis dix minutes, et j'avais déjà perdu mon mari, se plaignit Anna Kaasen. J'aurais pu retourner sur-le-champ à Nome sans grand regret. »

Au bout de quelques semaines, Kaasen et les chiens entamèrent leur brève carrière cinématographique. Le producteur de Hollywood, Sol Lesser, qui devait plus tard produire des films de *Rintintin* et de *Tarzan*, fit réaliser un film de trente minutes sur le chien et son musher, intitulé *La Course de Balto vers Nome.* Sans perdre de temps, Lesser engagea Kaasen et son attelage pour faire la promotion de son film, et ils partirent en tournée sur la côte ouest. A Los Angeles, Mary Pickford se fit photographier au côté de Balto sur les marches de l'hôtel de ville tandis que le maire passait une guirlande de fleurs au cou du chien.

Durant cette tournée sur la côte ouest, le responsable des parcs de la ville de New York annonça son intention d'ériger une statue de Balto dans Central Park. C'était un honneur rare réservé habituellement à des personnages aussi célèbres que Christophe Colomb, William Shakespeare et Alexander Hamilton. Les dons ne tardèrent pas à affluer et Frederick Roth, le sculpteur bien connu, se mit au travail. Ses engagements avec Hollywood arrivant à leur terme, Kaasen entreprit, avec un autre promoteur, une tournée de spectacles de neuf mois à travers les Etats-Unis. (Un problème financier entre Kaasen et Lesser avait conduit à la vente de tout l'attelage au nouveau promoteur.) La tournée se termina à New York où, le 16 décembre, Kaasen, vêtu d'une parka en peau d'écureuil et d'un pantalon en loup, assista à l'inauguration de la statue[6]. Balto se tenait sagement à ses côtés et ne montrait aucun intérêt pour cette cérémonie jusqu'à ce que deux chiens de traîneaux, ramenés du Territoire du Yukon, sortent de la foule pour tenter de se joindre à eux. Kaasen réussit à empêcher les chiens de se battre.

Après l'inauguration, Kaasen laissa à contrecœur les chiens au promoteur qui les avait achetés et regagna l'Alaska en traversant le Canada. Il arriva à Nenana en train et reprit aussitôt son ancien travail. Earl Modini, le propriétaire de l'Independent Meat Market de Nome, avait commandé soixante-quinze caisses de levure et Kaasen emprunta un attelage pour les transporter à Nome.

Cela faisait presque un an que Kaasen avait quitté Nome et lorsqu'il revint, en février 1926, il trouva sa petite ville transformée. Pendant son absence, l'attention que la presse lui avait accordée avait déclenché une vive querelle. Certains habitants de Nome, en colère et jaloux qu'on lui ait proposé de participer à un film, l'accusaient d'avoir intentionnellement pris la place du dernier musher, Ed Rohn, et d'avoir essayé de s'approprier la gloire qui devait revenir à celui, quel qu'il soit, qui aurait apporté le sérum jusque devant la porte du docteur Welch. Ses partisans le défendaient et soutenaient qu'aveuglé par le blizzard, il avait dépassé le relais de Solomon. En outre, affirmaient-ils, il n'avait jamais reçu le message ordonnant l'arrêt momentané de la course.

La vérité ne sera sans doute jamais connue. La plupart des mushers, des habitants de Nome et des témoins de cette histoire sont morts sans avoir laissé de récit détaillé. Kaasen, qui était un homme peu bavard, parlait rarement de cette course. Le *Fairbanks Daily News-Miner* prétendait qu'il s'était montré réticent devant les propositions qui lui avaient été faites et que Maynard avait dû le convaincre.

« Il aurait préféré continuer son dur travail de musher, jour après jour, plutôt que de monter sur scène alors que tous les yeux seraient tournés vers lui[7] », écrivit William Thompson.

Même durant sa tournée, Kaasen s'adressa rarement à la presse. Un article du *Seattle Post-Intelligenser* le décrit comme ayant « cette réserve que l'on constate généralement chez un homme qui a accompli de grands exploits... Sur son visage rude, on peut lire une expression de patience douloureuse qui semble dire : “Hum ! Etre star de cinéma, ce n'est pas aussi extraordinaire qu'on le prétend[8] !” ».

La querelle entre les deux camps dura des années et fut ravivée quand, en 1952, Kaasen prit sa retraite et s'installa à Everett (Washington). Six ans plus tard, un journaliste souleva de nouveau la question. Avait-il dépassé intentionnellement le relais de Solomon ?

« Absurde ! répondit sèchement Kaasen. J'étais aveuglé[9]. »

L'interview s'arrêta là.

Dans un premier temps, Leonhard Seppala choisit de rester en dehors de la querelle. Aussitôt après la course, il dut se mettre à la recherche de Togo et d'un autre chien de l'attelage qui, ayant senti le fumet d'un renne sur le chemin du retour vers Nome, s'étaient libérés de leurs harnais. Pendant plusieurs jours, Seppala fut très inquiet ; il craignait qu'un gardien de rennes ne tire sur Togo, le confondant avec un loup, ou que son chien ne se prenne une patte dans un piège à renard, ce qui arrivait assez souvent aux chiens de traîneaux.

Finalement Togo et son compagnon revinrent au chenil de Little Creek où ils retrouvèrent leur propriétaire inquiet.

Seppala félicita Kaasen pour avoir parcouru la dernière et difficile étape jusqu'à Nome, mais il se montra moins chaleureux quand la contribution de Togo ne fut pas aussi valorisée que celle de Balto. Il fut outré lorsque plusieurs journaux attribuèrent, à tort, à Balto certains des exploits accomplis par Togo. Et ce fut pour lui un coup terrible quand il apprit qu'une statue en bronze du « mauvais chien » allait être érigée dans Central Park.

Seppala avait déclaré une fois : « En Alaska, nos chiens représentent pour nous bien plus que ne peuvent le comprendre des gens de l'extérieur. Si leurs mérites ne sont pas reconnus, pour leurs mushers c'est comme si on négligeait de reconnaître les exploits d'un être humain[10]. » Le peu de reconnaissance accordée à Togo était pour Seppala un coup rude et un véritable déchirement.

Il écrivit dans ses souvenirs : « Quand Balto, le favori des journaux, eut droit à une statue pour ses "glorieux exploits", j'ai eu beaucoup de mal à le supporter[11]. »

Durant plusieurs années, Seppala dérogea à ses habitudes de modestie pour rappeler au public que Togo et lui avaient parcouru plus de distance que tous les autres et que la portion de piste qu'ils avaient suivie était de loin la plus dangereuse. Il affirma même que c'était Fox et non Balto qui avait été le chien de tête de l'attelage de Kaasen *. Seppala avait désigné Fox comme chien de tête du second attelage et il avait accusé les journalistes de ne pas reconnaître ses mérites. Fox est un nom commun en Alaska, expliquait-il. Il n'aurait pas été assez accrocheur dans les gros titres, alors que « Balto » était très racoleur.

Quoique toujours offusqué par la statue en bronze du « mauvais chien », Seppala, dans ses souvenirs, choisit de revenir sur les graves accusations qu'il avait portées contre Kaasen et Balto.

> Ce n'est pas moi qui dénigrerai les mérites d'un chien ou d'un musher ayant participé à cette course. Nous avons tous fait de notre mieux. Mais lorsque le pays tout entier s'est enthousiasmé pour la course du sérum, j'ai été indigné qu'on érige une statue à Balto, car si un chien méritait une attention particulière, c'était Togo... Quand je suis parti [pour la course] je n'imaginais pas que quelqu'un puisse envisager d'utiliser ces chiens [le second attelage] même pour une petite course... En ce qui concerne le chien de tête, c'est au musher que revient le choix du chien qu'il apprécie, et il a choisi Balto[12].

Même si sa réaction pouvait être justifiée, ce n'était pas dans la nature de Seppala de manquer d'égards envers un chien de traîneau d'Alaska.

---

* Après la course, des articles commencèrent à paraître peu à peu dans la presse, qui laissaient entendre que Balto pourrait ne pas avoir été le seul chien de tête de l'attelage de Kaasen. Le célèbre spécialiste des chiens, Albert Payson Terhune, qui avait rencontré Kaasen et Balto durant leur tournée aux Etats-Unis, apprit au McKnaught Syndicate que selon ces articles, le premier chien de tête de l'attelage de Kaasen se serait effondré à cause du froid brutal. Un autre chien de tête l'aurait remplacé, mais lui non plus n'aurait pas supporté d'affronter la tempête. « Puis Balto prit la tête de l'attelage. Il résista à l'épuisement et n'abandonna pas. Non seulement il parvint à ce que les autres chiens continuent à travailler, mais il retrouva et suivit la piste. » Il est possible que Kaasen ait dû intervertir la place de certains chiens. Les mushers savent que même de très bons chiens de tête refusent souvent de courir quand la tempête souffle.

A l'automne 1926, il avait conçu ses propres plans pour emmener ses huskies de Sibérie en tournée, avec comme but ultime de participer à des courses dans le Nord-Est. Au mois d'octobre, il embarqua avec Togo et quarante-deux autres chiens sur l'un des derniers bateaux à quitter Nome avant que l'hiver ne s'installe. Togo allait enfin avoir droit à la reconnaissance nationale qu'il méritait. Seppala et ses huskies participèrent à un nombre incroyable d'opérations promotionnelles. La tournée les emmena de Seattle en Californie, puis à travers le Middle West jusque dans le Nord-Est, une prouesse logistique qui exigeait la patience d'un saint et un immense savoir-faire. Il aurait été difficile d'imaginer que quelqu'un d'autre que Seppala puisse y parvenir. Il se fit photographier avec Togo et tout l'attelage dans des grands magasins et participa à une campagne de publicité nationale pour les cigarettes Lucky Strike. Pour le plus grand plaisir de ses admirateurs, grands et petits, il expliquait ce que représentait le fait de vivre en Arctique et donnait des conférences sur les huskies de Sibérie.

Dans chaque ville où il passait, il descendait la rue principale avec tout son attelage. Selon un compte rendu, il aurait visité cinquante villes du Middle West en trois jours de balade éclair. Bien que petit, Seppala était habité par une immense force vitale. Où qu'il aille, il attirait tant de monde qu'il fallait souvent faire appel à la police pour éviter des débordements. A Kansas City, certains de ses chiens furent blessés quand la foule devint trop importante, et dans une salle de Detroit, les spectateurs qui se précipitèrent pour le voir vêtu de sa parka en fourrure et de ses pantalons en peau de phoque faillirent le piétiner. Dans l'une des villes où il se rendit, Seppala et ses huskies attirèrent davantage de monde que ne l'avait fait précédemment le président Coolidge. Curieusement, cet homme qui avait passé une si grande partie de sa vie en compagnie de chiens, se révéla un orateur-né, sachant combiner bonne humeur et humour désabusé. Un jour, il raconta devant le public que s'il était toujours aussi en forme à l'âge de cinquante ans, c'était parce qu'il n'avait jamais bu ni fumé. Puis, tandis qu'il faisait quelques culbutes et sauts de mains, deux cigares tombèrent de sa poche, et la foule hurla de rire.

« Ils pensaient probablement que cela faisait partie du spectacle[13] », déclara l'un de ses amis.

New York était la dernière ville de la tournée. Avec Togo en tête, Seppala conduisit tout l'attelage qui avait participé à la course du sérum, en haut des marches de l'hôtel de ville, puis il remonta la Cinquième Avenue et finit son circuit en traversant Central Park. Il fit plusieurs apparitions au Madison Square Garden dont le directeur, Tex Rickard, était un ancien résidant de Nome. Rickard avait organisé des démonstrations qui devaient durer dix jours. Devant des milliers de spectateurs, Seppala conduisait son attelage sur la patinoire où l'on jouait habituellement au hockey ; les chiens étaient tellement excités qu'ils tournaient à toute vitesse, se cognant aux murs. Durant la mi-temps d'un match, l'explorateur Roald Amundsen s'avança sur la glace pour prononcer un discours en l'honneur de Togo à qui il remit une médaille en or. Les vingt mille spectateurs applaudirent à tout rompre. Cet événement marquait dignement la fin de la tournée, et lorsque la cérémonie se termina, Seppala fut libre de retourner à sa véritable passion : la course.

En janvier 1927, invité par Arthur Walden, propriétaire des Chinook Kennels de Wonalancet (New Hampshire), Seppala prit la direction de la Nouvelle-Angleterre pour participer à des courses alors en pleine expansion. Walden avait fait du transport avec un traîneau à chiens au Klondike et en Alaska, durant la ruée vers l'or, et il était ensuite retourné dans le New Hampshire où il était devenu un promoteur enthousiaste des chiens de traîneaux. Il avait contribué à l'organisation de la première course en Nouvelle-Angleterre, en 1921, puis à la création du New England Sled Dog Club, en 1924, et il était curieux de savoir comment ses chiens, des chinooks, se comporteraient face aux petits huskies de Seppala. Les chinooks de Walden étaient très célèbres dans le Nord-Est. Ces chiens au pelage fauve, aux oreilles pendantes, avaient des ancêtres multiples dont le chien de traîneau canadien, le saint-bernard, le berger belge et le berger allemand. Ils passaient pour imbattables jusqu'à la venue de Seppala.

Seppala et ses huskies dominèrent largement la compétition. Au cours de sa première course à Poland Springs (Maine), en janvier, Seppala devança son hôte et les autres concurrents de plus de sept minutes. La foule des spectateurs fut très étonnée en découvrant ce nouvel attelage et les performances de ces petits chiens. Cette victoire était d'autant plus étonnante que les chiens, arrivant tout juste de leur tournée aux Etats-Unis, étaient à peine préparés et que Seppala avait dû s'arrêter à mi-course pour aider un concurrent à démêler les traits de ses chiens. Ce concurrent se trouvait être Elizabeth Ricker, une personne très connue dont la famille possédait le complexe hôtelier de Poland Spring et sponsorisait la course. Mrs Ricker fut tellement impressionnée par les chiens de Seppala qu'elle remplaça son attelage par des huskies qu'il avait amenés d'Alaska et lui acheta la plupart de ses autres chiens. Puis, avec lui comme codirecteur, elle ouvrit un chenil et, ensemble, ils élevèrent et vendirent des huskies de Sibérie.

La participation de Seppala à des courses importantes conduisit à un accroissement de popularité de ce sport en Nouvelle-Angleterre et à un intérêt de plus en plus grand pour les huskies de Sibérie. En 1930, l'American Kennel Club reconnut officiellement le husky de Sibérie en tant que race.

(Aux Etats-Unis, une large majorité de huskies confirmés peuvent se vanter d'avoir Togo ou l'un de ses compagnons d'attelage ayant participé à la course du sérum dans leur pedigree. Pour augmenter le nombre de ses chiens, Seppala en avait importés de Sibérie. Les trois derniers arrivèrent au chenil en 1930.)

Pendant les années qui suivirent l'ouverture du chenil avec Elizabeth Ricker, Seppala partagea son temps entre l'Alaska et le Maine. Après sa tournée aux Etats-Unis, il retourna pour la première fois en Alaska en mars 1927. Togo avait beaucoup vieilli depuis la course du sérum, et il était moins vigoureux. Seppala pensa que ce voyage de retour serait trop pénible pour lui, et il décida de le confier à Elizabeth Ricker.

La dernière course de longue distance de Togo avait été celle de Nome, une course durant laquelle « il avait travaillé très dur et donné le meilleur de lui-même[14] », et il fut donc mis à la retraite pour vivre tranquillement ses dernières années. Il passait la plus grande partie de son temps couché devant le feu, dans le living de la maison d'Elizabeth Ricker. « Ce fut un adieu très triste, ce matin froid et gris de mars, lorsque Togo posa sa petite patte sur mon genou comme pour me demander pourquoi il ne m'accompagnait pas[15] », se rappelait Seppala.

Cela valait probablement mieux. Togo avait besoin de repos. Il était partiellement aveugle et ses douleurs articulaires empiraient. Le 5 décembre 1929, Seppala trouva finalement le courage d'endormir Togo. Il avait seize ans.

« De temps à autre, un chien rompt avec la routine quotidienne et ne se contente pas de manger, d'aboyer et de tirer sur sa laisse, mais accomplit un acte d'héroïsme "surcanin" qui lui vaut l'admiration de tous ceux qui entendent parler de lui, écrivit le *New York Times Magazine* dans un panégyrique [...]. Sa vie était de celles qui serrent la gorge des hommes et les incitent à vénérer ce héros[16]. »

Plusieurs années après la mort de Togo, Seppala gardait son souvenir toujours vivant. Un journaliste qui faisait un reportage sur Seppala, bien après la disparition de Togo, écrivit : « Dans son regard gris et perçant vit un chien qui ne le quittera jamais[17]. »

Alors qu'il avait quatre-vingt-un ans, Seppala nota dans son journal : « Si par moments la piste a été difficile, la fin de la course semble plutôt aisée et en pente douce, avec un relais bien chauffé en vue. Quand j'arriverai au bout de la piste, j'ai le sentiment que Togo m'attendra, en compagnie de mes nombreux amis, et je sais que tout ira bien[18]. »

Le corps de Togo fut exposé au Yale Peabody Museum, à New Haven (Connecticut) où il resta plusieurs dizaines d'années. Il retourna ensuite en Alaska où on peut encore le voir, dans une vitrine, au Iditarod Trail Sled Dog Race Museum, aux environs d'Anchorage.

Tandis que Togo profitait d'une retraite bien méritée dans le Maine, Balto et les autres chiens de l'attelage se trouvaient à l'autre bout du pays, au sud de la Californie, et luttaient pour survivre. Leur tournée de spectacles à travers les Etats-Unis s'était terminée à Los Angeles où ils étaient restés pour faire partie d'une attraction. Pour dix cents, on pouvait entrer les voir dans le local mal aéré où ils étaient enfermés. Ils vécurent là pendant plusieurs mois, mal soignés et maltraités. Si George Kimble, un homme d'affaires de Cleveland, ne les avait pas reconnus, Balto et ses compagnons, condamnés à vivre dans ces conditions atroces, seraient probablement morts rapidement. Kimble passa un accord avec leur propriétaire et s'engagea à acheter tout l'attelage pour deux mille dollars. Il avait deux semaines pour trouver la somme exigée.

Il retourna à Cleveland et entama une campagne dans le *Cleveland Plain Dealer* pour sauver les chiens[19]. La réponse dépassa toutes ses espérances. Des enfants des écoles donnèrent leur argent de poche, des serveuses et des ouvriers firent des collectes sur leurs lieux de travail. Des boutiques, des hôtels et un club canin local apportèrent leurs généreuses contributions. Au bout de dix jours, Kimble avait réuni la somme nécessaire.

Le 19 mars 1927, Balto et ses six compagnons – Fox, Sye, Billy, Tillie, Moctoc et Alaska Slim – reçurent un accueil triomphal lorsqu'ils défilèrent dans le centre-ville de Cleveland. (Les six autres chiens qui avaient participé à la course du sérum étaient déjà morts ou avaient été vendus.) De nouveau harnachés, ils tiraient un traîneau muni de roues et conduit par Marye Berne qui en son temps avait participé à la ruée vers l'or. Devant les milliers de gens venus les voir et tandis qu'un orchestre jouait, les chiens se dirigèrent vers l'endroit où ils devaient vivre : le Brookside Zoo (devenu le Metroparks Zoo). Le premier jour de leur arrivée, près de quinze mille personnes se rendirent au zoo.

Balto et ses compagnons vécurent au zoo jusqu'à la fin de leurs jours. Fox, Moctoc, Tillie, Alaska Slim et Billie furent les premiers à mourir. Puis, au début du mois de mars 1933, le responsable du zoo annonça que Balto était souffrant et n'avait que peu de temps à vivre. Il était devenu aveugle et partiellement sourd, et il fut confié à un vétérinaire de Cleveland et au Comité Balto qui avait aidé à prendre soin de lui. Quelques jours plus tard, le 14 mars, Balto mourait.

Selon les journaux, il avait onze ans, mais il se peut qu'en réalité il ait été âgé de quatorze ans. (Seppala avait affirmé que Balto avait six ans au moment de la course.) Son corps fut exposé au musée d'Histoire naturelle de Cleveland et il fait toujours partie de la collection.

Sye fut le dernier survivant de l'attelage de Kaasen ayant participé à la course du sérum. Le vieux chien supporta très mal la disparition de ses compagnons et on raconte qu'il hurlait de solitude. Une année plus tard, le 25 mars 1934, Sye mourut à son tour. Il avait dix-sept ans.

Dès que la publicité faite autour de la course se calma, la plupart des mushers retournèrent à leur vie quotidienne. Wild Bill Shannon, qui avait fait une brève tournée avec Blackie, continua à distribuer le courrier, à chasser et à poser des pièges. Ses mains et son visage restèrent noircis et marqués de cicatrices, à cause des gelures. Durant une visite aux Etats-Unis, il déclara : « Cette histoire de héros c'est du boniment... Je veux rentrer [chez moi] où les gens vous serrent la main et savent faire frire du bacon[20]. »

Quelques années plus tard, il fut attaqué et tué par un ours. Anna Shannon s'installa à Healy, un petit village le long de la voie de chemin de fer, y ouvrit un *general store* et continua à mener sa vie de pionnière.

« Je n'échangerais pas tout ce que j'ai fait et appris contre un million de dollars[21] ! » déclara-t-elle une fois.

On sait relativement peu de choses sur les mushers autochtones qui accomplirent plus des deux tiers du parcours. Peu de journalistes et de cinéastes eurent envie d'écouter leur histoire. Pour la plupart des Américains blancs, les autochtones d'Alaska faisaient partie du paysage, et ils se moquaient bien qu'ils parlent la même langue qu'eux, travaillent et contribuent à l'économie du pays. Les Esquimaux étaient capables des mêmes actes héroïques que les Blancs, mais ne s'en vantaient pas. D'une façon générale, c'était des gens modestes et discrets qui savaient se surpasser pour venir en aide à quelqu'un dans la détresse. Leurs traditions faisaient grand cas de l'entraide.

Pour nombre d'entre eux, un simple merci suffisait. « Je suis plus fier de la gratitude que m'a témoignée une dame de Nome que si j'avais reçu de l'argent pour cette course[22] », a déclaré Charlie Evans qui avait traversé le brouillard glacé et perdu deux chiens durant le relais entre Bishop Mountain et Nulato.

« Au moment de la course, j'avais à peine vingt ans, la fleur de l'âge, a raconté Edgar Kallands qui n'avait pas pu détacher ses mains gelées de son traîneau après sa course entre Tolovana et Manley Hot Springs. Pour nous, ce n'était qu'un fait quotidien[23]. »

Dans les années soixante-dix, à l'occasion d'un regain d'intérêt pour l'histoire de l'Alaska, des récits sur l'héroïsme des mushers autochtones commencèrent à circuler. A cette époque, beaucoup d'entre eux étaient morts et les souvenirs de ceux qui étaient encore en vie s'étaient estompés. Le rôle qu'ils avaient joué dans cette course fut néanmoins reconnu et ils eurent droit à la gratitude qui leur avait fait défaut pendant tant d'années.

Durant les premières années où eut lieu la désormais célèbre course de l'Iditarod, des journalistes se mirent à la recherche des anciens mushers du relais et les organisateurs de la course leur accordèrent la place honorifique de « Numéro 1 ».

En 1985, à l'occasion du soixantième anniversaire de la course du sérum, le président Ronald Reagan envoya une lettre de reconnaissance à chacun des trois survivants : Charlie Evans, Edgar Nollner et Bill McCarty, un musher athapascan/irlandais, qui avait pris le sérum en charge entre Ruby et Whiskey Creek :

> Avec dix-neuf autres compagnons, vous avez parcouru quelques-uns des kilomètres les plus cruels au monde pour accomplir l'impossible : et vous l'avez fait au nom de l'humanité *.

Ces kilomètres avaient bien été les plus cruels.

A l'époque de la course, l'intérieur de l'Alaska avait connu ses températures les plus basses depuis une vingtaine d'années. Les mushers, dont la plupart avaient à peine vingt ans et d'autres seulement dix-huit, n'avaient jamais affronté de temps aussi froid.

Edgar Nollner, qui avait partagé la course de Whiskey Creek à Bishop Mountain avec son jeune frère George, déclara qu'il ne serait jamais sorti « si la situation n'avait pas été aussi désespérée. Il n'y a aucune raison d'être dehors quand il fait un froid pareil[24] ».

En 1953, l'aide d'Edgar Nollner fut de nouveau sollicitée, et il se comporta aussi héroïquement que la fois précédente. Il ramassait du bois avec son traîneau à chiens lorsqu'il entendit un avion de l'U.S. Air Force s'écraser. Il se rendit sur les lieux et découvrit deux membres de l'équipage blessés près des débris de l'appareil. Il faisait quarante-cinq degrés au-dessous de zéro et ils risquaient fort de mourir d'hypothermie. Nollner alluma un feu près duquel il les installa avant d'aller chercher son ami Charlie Evans. Les deux hommes transportèrent les deux blessés en lieu sûr.

Nollner fut le dernier survivant de la course. Il mourut le 18 janvier 1999, d'une crise cardiaque, à l'âge de quatre-vingt-quatorze ans. Il laissait vingt-trois enfants et plus de deux cents petits-enfants. En 1995, il avait déclaré à l'Associated Press qu'il était surpris de toute l'attention qu'on lui prêtait et qu'il ne s'était jamais attendu à devenir célèbre.

« Je voulais simplement aider, c'est tout[25]. »

---

* C'est ainsi que le texte de la lettre fut reproduit dans la presse en Alaska. L'original du président Reagan est : « ... après avoir parcouru quelques-uns des kilomètres les plus menaçants au monde... »

Appendices

Appendice A

CHARLIE EVANS, beau-frère et voisin d'Edgar Nollner, était un membre très actif de sa communauté. Lorsque le gouvernement omit d'envoyer un instituteur dans son village, Evans se chargea de ce rôle. Quand on lui demandait ce qu'il avait enseigné, il répondait : « Le bien et le mal[1]. » En 1986, il fit don de sa médaille et du certificat qui l'accompagnait au musée de l'université d'Alaska. Il mourut l'année suivante, le 22 juillet, à l'âge de quatre-vingt-quatre ans. Sa femme et lui eurent treize enfants dont six moururent en bas âge.

MYLES GONANGNAN vécut toute sa vie à Unalakleet. Il transporta le courrier de Unalakleet à Kotzebue pendant plusieurs années et servit d'interprète au pasteur de l'église locale. Il mourut en avril 1967, à l'âge de quatre-vingt-un ans.

HENRY IVANOFF qui transmit le sérum à Seppala aux environs de Shaktoolik, alors que ses chiens se battaient, mourut quelques années plus tard. Il se noya lorsque le bateau qu'il pilotait et à bord duquel il transportait le courrier coula pendant une tempête, au nord de Nome. Son petit-fils, Henry « Gus » Johnson, participa à l'Iditarod en 1980 et finit vingtième ; soixante et un concurrents avaient pris part à la course.

GUNNAR et ANNA KAASEN n'eurent pas d'enfants mais passèrent le restant de leurs jours à Everett (Washington), près de leurs petits-neveux et petites-nièces. Gunnar mena une vie tranquille, ponctuée de longues promenades avec les enfants pour aller acheter de la glace à la vanille. Malgré les questions dont ils l'assaillaient, il leur parlait rarement de la course du sérum. Il répondit un jour à l'une de ses petites-nièces, Janice Weiland : « Ce que je vais te dire, je ne le répéterai pas : si Balto n'avait pas été là, je ne serais pas vivant aujourd'hui[2]. »

Même s'il ne faisait presque jamais référence à cette course, ses proches étaient persuadés qu'il était fier du rôle qu'il avait joué et de celui de Balto. Toute sa vie il conserva, accroché au mur de son salon, une vieille affiche du film qu'il avait tourné à Hollywood et où on le voyait, portant ses vêtements de musher, debout à côté de Balto. Kaasen mourut d'un cancer, à Everett, en 1960, à l'âge de soixante-dix-huit ans.

EDGAR KALLANDS resta en Alaska. Il transporta le courrier et continua à poser ses pièges et à vendre ses peaux de castor afin d'acheter du poisson pour ses chiens. L'été, il travaillait sur des bateaux. En 1958, une opération au genou l'empêcha désormais d'utiliser son traîneau. Enfant, Kallands avait eu un chiot pour meilleur ami et ses chiens avaient souvent été ses compagnons les plus proches. Quand son genou le fit souffrir, il dut dire adieu à sa plus grande passion. « Avec des chiens, on doit être capable de marcher, parce que s'il y a beaucoup de neige fraîche, il faut mettre ses raquettes et marcher en tête pendant de longues heures. C'est très fatigant[3]. »

Son dernier chien de tête s'appelait Rover. Il était tellement attaché à Kallands qu'il refusa de tirer un traîneau pour quelqu'un d'autre. Kallands mourut en décembre 1981, à l'âge de soixante-dix-sept ans. Il avait quatre enfants et plusieurs petits-enfants.

BILL MCCARTY continua à poser ses pièges et à pêcher une grande partie de sa vie à Ruby ; son épouse et lui élevèrent dix enfants. Plusieurs années après la course du sérum, il rencontra une femme qui se trouvait à Nome au moment de l'épidémie et qui le reconnut comme l'un des mushers. Elle le remercia de lui avoir sauvé la vie. « Ça m'a rendu tellement heureux de savoir que j'avais fait du bien à quelqu'un[4] ! » disait-il. Dans les années cinquante, il devint aveugle à cause des effets du DDT, et son style de vie changea. Jusqu'à sa mort, en 1989, à l'âge de quatre-vingt-cinq ans, cet homme qui aimait tant vivre dans la nature regretta de ne pas pouvoir retourner dans les bois et de ne plus être capable de gagner sa vie comme autrefois. Selon son neveu, Bill considéra toujours sa participation à la course comme « une simple opération de routine ».

George Nollner, qui chantait une chanson d'amour athapascane en se dirigeant vers Bishop Mountain, n'eut pas autant de chance que son frère Edgar. En 1930, près de Galena, la glace se brisa tandis qu'il traversait le Yukon avec son attelage de quatre chiens. Le traîneau s'enfonça dans l'eau et George disparut.

« Ils ont réussi à récupérer trois chiens morts et le traîneau, mais pas mon frère, racontait Edgar Nollner. Ils ont aussi ramené un chien vivant, mais il hurlait, il hurlait tellement parce que mon frère avait disparu, qu'ils ont été obligés de l'abattre. Chaque nuit, il hurlait. C'était le chien de tête de mon frère[5]. »

Leonhard Seppala quitta l'Alaska et s'installa à Seattle en 1947, mais il resta agile et infatigable. A quatre-vingts ans, il conduisit un traîneau à travers la ville pour une campagne publicitaire de March of Dimes *, « souriant, vigoureux et fier comme toujours[6] ». Les organisateurs avaient prévu de lancer la campagne en utilisant un hydroglisseur, mais une tempête les en avait empêchés.

Seppala continua de prôner les vertus du husky de Sibérie (son intelligence, sa vitesse, son endurance), et beaucoup le considéraient comme le saint patron de la course de traîneau. Il offrit son traîneau, son vieux matériel de chercheur d'or et ses vêtements en fourrure à un musée proche de sa ville natale, en Norvège. Il mourut le 28 janvier 1967, à l'âge de quatre-vingt-neuf ans. Durant sa vie, Seppala parcourut environ quatre cent mille kilomètres en traîneau à chiens.

Au cours des années qui suivirent la course du sérum, plusieurs habitants quittèrent Nome. En 1928, le directeur de Hammon, Mark Summers, et sa famille allèrent s'installer à Fairbanks. La même année, Seppala s'installa également dans la capitale de l'In-

* Organisation à but non lucratif qui se consacre à l'amélioration de la santé des tout jeunes enfants. *(N.d.T.)*

térieur avec sa famille et continua à travailler pour la compagnie. Le maire de Nome, George Maynard, mourut en août 1939. Il resta rédacteur et directeur du *Nome Nugget* jusqu'à la fin de sa vie.

EMILY MORGAN demeura à son poste et devint par la suite directrice de l'hôpital. On ignore quand elle quitta Nome. La presse avait beaucoup parlé de son rôle durant l'épidémie et, au début des années soixante-dix, un journaliste la surnomma « l'Ange du Yukon ». Emily Morgan mourut le 9 mai 1960, à l'âge de quatre-vingt-deux ans.

CURTIS WELCH et sa femme LULA quittèrent Nome en septembre 1925. Ils projetaient de prendre une année de vacances mais, au début du mois de mai, le gouvernement rappela Welch pour qu'il embarque à bord d'un bateau qui descendait le Yukon, afin d'effectuer une enquête médicale sur les Esquimaux qui vivaient le long du fleuve. En septembre 1927, les Welch étaient de retour à Nome où ils restèrent encore deux ans, jusqu'à ce que, la santé de Welch se détériorant, ils soient obligés d'aller vivre sous un climat plus clément. Ils s'installèrent à Santa Barbara (Californie).

Welch écrivit dans son journal : « Le nord-ouest de l'Alaska est une région faite pour un homme jeune [...], un médecin doit effectuer ses visites à pied [...], marcher deux ou trois kilomètres la nuit, dans le blizzard, par une température de trente ou trente-cinq degrés au-dessous de zéro [...]. Ce n'est pas un travail pour un vieil homme. »

Pendant les quelques années qui suivirent, les Welch revinrent en Alaska chaque été pour remplacer le médecin de la ville lorsqu'il était en vacances ou pour voir des amis. Aux Etats-Unis et en Alaska, Welch continua à être salué comme un héros, un personnage aussi important que les mushers. « En dépit de ses protestations, Curt appréciait vraiment l'attention qu'on lui accordait[7] », affirmait Lula.

Une étude minutieuse de la crise sanitaire que connut Nome donne à penser que Welch commit une erreur en n'identifiant pas la maladie suffisamment tôt, et quelques personnes lui reprochèrent au moins certaines morts. Les rapports des décès montrent qu'un cas de diphtérie s'était déclaré à Nome dès septembre 1924, avec la mort d'un garçon de quatre ans, William Rothacker. Sur son certificat de décès, Welch avait écrit que la mort était due à une amygdalite, qu'il modifia plus tard en diphtérie. Si William Rothacker a bien été la première victime de la diphtérie, cela indique que la maladie s'était déclarée avant que Welch ne rédige son rapport officiel et ne reconnaisse la gravité de la situation devant les autorités. Si Welch avait testé le sérum périmé sur l'un des premiers cas suspects, il aurait eu la confirmation que le produit était stable et efficace, et il aurait pu sauver davantage de vies. Il faut remarquer cependant que la diphtérie est difficile à diagnostiquer sans équipement médical adéquat, et Welch était de toute évidence très mal équipé. Deux mois seulement après la course du sérum, l'U.S. Surgeon General proposa de lui envoyer un équipement de laboratoire qui devait lui permettre de diagnostiquer les cas de diphtérie et d'autres maladies.

Les responsables du service de Santé publique félicitèrent Welch pour la façon dont il avait géré l'épidémie et pour « la manière très louable dont vous avez laissé les journalistes en parler, tout en continuant à faire votre travail. Ce fut une profonde satisfaction pour le service de Santé publique d'avoir eu un représentant tel que vous dans l'un de nos avant-postes les plus éloignés[8] ».

Il semblerait que le dernier voyage du docteur Welch à Nome ait eu lieu l'été 1933, où il remplaça une fois de plus le médecin de la ville.

Dans ses souvenirs, Lula fait certaines allusions aux changements d'humeur de son mari, laissant penser qu'ils étaient dus à une possible psychose maniaco-dépressive ou à l'alcoolisme. Après avoir été longtemps malade, le docteur Welch mourut le 14 décembre 1948, à l'âge de soixante-dix ans. Selon son certificat de décès, sa mort serait due à une overdose de morphine qu'il se serait lui-même administrée.

En 1925, Nome avait déjà beaucoup perdu de la splendeur des années de la ruée vers l'or, et les éléments devaient rendre les choses pires encore. Une série d'inondations et de tempêtes détruisirent de nombreux bâtiments sur Front Street et, en 1934, un incendie ravagea la majeure partie de la ville. Le Maynard Columbus Hospital fut épargné par ce sinistre, mais brûla durant un blizzard, en 1948. Cependant les locaux réservés aux infirmières sont demeurés intacts jusqu'à nos jours.

En 1927, Edward Sheriff Curtis, un habitant de Nome, déclara : « Nome est entrée dans une lente phase de repli. Nous savons que chaque année sera pire que la précédente[9]. »

La déclaration de Curtis décrit bien le sentiment qui régnait alors. Certains habitants envisagèrent de reconstruire la ville en amont d'Anvil Creek, dans un environnement plus sûr, ou à cent vingt kilomètres plus au nord-ouest, à Teller, un endroit abandonné où l'on avait fait l'élevage des rennes, et qui disposait d'un port naturel. Mais en dépit de tout ce qu'elle a enduré, Nome a survécu. Après chaque catastrophe naturelle, ses habitants choisirent de rester et de la reconstruire. L'un d'entre eux l'a surnommée la ville « qui ne mourra jamais[10] ».

En 1974, Nome faillit, une fois de plus, être détruite par une tempête. Les dégâts s'élevèrent à plus de trente millions de dollars. Cette tempête fut considérée comme la plus dévastatrice qu'ait connue la ville. Une digue fortifiée, construite par l'U.S. Army, aide désormais à retenir les vagues en cas de tempête, mais rien ne peut apaiser le blizzard ou empêcher la glace d'avancer. Chaque année, l'hiver descend sur Nome exactement comme il le faisait en 1925.

Actuellement, trois mille cinq cents personnes environ vivent à Nome, et les moyens de communications pour s'y rendre sont presque aussi peu nombreux que dans les années vingt. Il n'y a toujours ni route ni ligne de chemin de fer. L'été, quelques bateaux amènent des passagers ; l'hiver, les vols sont assez fréquents, mais le mauvais temps cloue souvent les avions au sol. La plupart des gens qui gagnent Nome en traîneau à chiens sont des concurrents de l'Iditarod.

Cependant, en ce début de millénaire, Nome exerce encore un attrait particulier. Quelque vingt mille personnes visitent la ville chaque été pour voir les vestiges de l'une des dernières ruées vers l'or d'Amérique.

Nome offre un curieux spectacle : on trouve encore sur la plage de vieilles dragues et de vieux godets rouillés, et des traverses de la voie ferrée, arrachées à la toundra. Des rêveurs viennent à Nome pour y tenter leur chance et dressent leurs tentes au bord de l'eau. Ils arrivent avec des engins modernes pour chercher de l'or et remontent parfois la rivière avec une pelle et une batée. D'autres viennent simplement profiter du paysage et voir à quoi ressemble la vie au bord de la mer de Béring.

Appendice B

Liste des mushers ayant participé à la course du sérum, en 1925

Ceci est l'ordre généralement accepté pour le départ des mushers dans la première course du sérum, ainsi que les distances qu'ils ont parcourues.

	Musher	Parcours	Distance
27-28 janvier	Bill Shannon	Nenana à Tolovana	83 Km
28 janvier	Edgar Kallands	Tolovana à Manley Hot Springs	50 Km
28 janvier	Dan Green	Manley Hot Springs à Fish Lake	45 Km
28 janvier	Johnny Folger	Fish Lake à Tanana	42 Km
29 janvier	Sam Joseph	Tanana à Kallands	54 Km
29 janvier	Titus Nickolai	Kallands à Nine Mile Cabin	38 Km
29 janvier	Dave Corning	Nine Mile Cabin à Kokrines	48 Km
29 janvier	Harry Pitka	Kokrines à Ruby	48 Km
29 janvier	Bill McCarty	Ruby à Whiskey Creek	45 Km
29 janvier	Edgar Nollner	Whiskey Creek à Galena	38 Km
30 janvier	George Nollner	Galena à Bishop Mountain	30 Km

30 janvier	Charlie Evans	Bishop Mountain à Nulato	48 Km
30 janvier	Tommy Patsy	Nulato à Kaltag	58 Km
30 janvier	Jackscrew	Kaltag à Old Woman Shelter	64 Km
30-31 janvier	Victor Anagick	Old Woman Shelter à Unalakleet	54 Km
31 janvier	Myles Gonangnan	Unalakleet à Shaktoolik	64 Km
31 janvier	Henry Ivanoff	Shaktoolik (jusqu'à Seppala)	
	Leonhard Seppala*	Shaktoolik à Golovin	146 Km
1er février	Charlie Olson	Golovin à Bluff	40 Km
1er février	Gunnar Kaasen	Bluff à Nome	85 Km

Total : 1080 kilomètres en 127 heures, 30 minutes (5 jours et demi).

* Leonhard Seppala parcourut 272 kilomètres de Nome à Shaktoolik, soit un total de 418 kilomètres, la plus longue distance de toute la course. En un seul jour, il couvrit 135 kilomètres.

Notes et sources

Prologue : Prisonniers de la glace

1. Le témoignage de Lula Welch, recueilli par Marion Rankin et publié sous le titre « Northland Doctor's Wife » (parties I & II, dans *Alaska Sportsman,* mai 1965-mai 1966), fournit de nombreux détails sur la vie de Curtis et Lula Welch en Alaska. L'article intitulé « Nome Doctor Hero New Haven Boy » (*Hartford Courant,* 7 février 1925) inclut des lettres de Welch à sa sœur ainsi que des interviews de cette dernière qui donnent un aperçu de la personnalité de Welch et de ses sentiments à l'égard de l'Alaska. Voir aussi Curtis Welch, « An Unfinished Memoir of Pioneer Days » (1939, June Metcalfe Collection, Rasmuson Library [cité ci-après comme « Rasmuson »], University of Alaska, Fairbanks).

2. Jim DuFresne, *Alaska : A Lonely Planet Travel Survival Kit* (Victoria, Australie, Lonely Planet Publications, 1997, p. 11).

3. Merle Colby, *A Guide to Alaska, Last American Frontier* (New York, Macmillan, 1945, p. VII).

4. Dans *My Way Was North : An Alaskan Autobiography* (New York, Holt, Rinehart & Winston, 1966), Frank Dufresne décrit l'activité fébrile que connaît Nome à la fin de l'automne, et des lettres écrites par des personnes ayant résidé à Nome fournissent des détails pittoresques sur les efforts déployés par les habitants pour se préparer à l'hiver. Les lettres que nous avons reçues de Jean Summers-Wolf tout au long de l'année 2001, mais aussi les interviews de la famille Walsh, nous ont beaucoup aidées.

5. Dufresne, *My Way,* p. 27.

6. *Ibid.*

7. Sally Carrighar, *Moonlight at Midday* (New York, Knopf, 1958, p. 70). Carrighar décrit de façon saisissante la beauté naturelle du nord-ouest de l'Alaska.

8. Barry Lopez, *Rêves arctiques* (Albin Michel, Paris, 1987, p. 184).

9. Carrighar, *Moonlight*, p. 71.

10. Barrett Willoughby, « The Challenge of the Sweepstakes Trail » (*American Magazine*, 1926, James Wickersham Collection, Rasmuson).

11. John Wallace, « The People of Nome Were Scandalized » (*Alaska Sportsman*, décembre 1939).

12. Curtis Welch au U.S. Surgeon General Hugh Cumming, 16 février 1925 (Report, National Archives, Record Group 90, U.S. Public Health Service, General Correspondence ; cité ci-après comme « Welch Report »). Dans ce rapport, Welch consigna toutes ses actions durant l'épidémie.

13. Welch Report.

1. De l'or, des hommes et des chiens

Le titre de ce chapitre est emprunté à Alexander Allan, *Gold, Men and Dogs* (New York & London, G.P. Putnam's Sons, 1931). Allan décrit en détail sa vie de musher dans le Grand Nord, y compris la sélection, l'élevage, l'entraînement et la nourriture de ses chiens.

1. Cité dans l'histoire de Nome écrite par Terrence Cole, *Nome : City of the Golden Beaches* (Anchorage, Alaska Geographic Society, 1984, p. 23).

2. Souvenirs personnels de Carrie McLain, historienne locale, dans son livre *Gold Rush Nome* (Portland, OR, Graphic Arts Center, 1969).

3. Loyal Lincoln Wirt, *Alaskan Adventures* (New York & London, Fleming H. Revell Co., 1937, p. 13). Le gouverneur Brady et Loyal Lincoln Wirt étant tous deux d'anciens missionnaires, ils devaient probablement être amis ; mais le livre ayant été publié trente ans après les faits, il ne peut s'agir que d'une reconstitution approximative de la conversation rapportée. Par ailleurs, les journaux de l'époque corroborent la plupart des événements décrits dans ce livre.

4. Wirt, *Alaskan Adventures*, p. 21.

5. *Ibid.*, p. 19.

6. Terrence Cole, *Banking on Alaska : The Story of the National Bank of Alaska* (2 vol., Anchorage, National Bank of Alaska, 2000, vol. I, p. 15).

7. L. H. French, *Nome Nugget : Some of the Experiences of a Party of Gold Seekers in Northwestern Alaska in 1900* (Anchorage, Alaska Northwest Publishing Co. 1883)

8. David Marshall, « The Building of Alaska's Communication System », *in* Max L. Marshall, ed., *The Story of the U.S. Army Signal Corps* (New York, Franklin Watts, 1965).

9. Propos tenus par le shérif fédéral Hansen, recueillis par les Edington et publiés dans *Tundra, Romance and Adventure on Alaskan Trails* (New

York & London, Century Company, 1930, p. 69 ; cité ci-après comme « Hansen, *Tundra* »).

10. Lorna Coppinger, *The World of Sled Dogs* (New York, Howell Book House, 1977, p. 42).

11. Barrett Willoughby, *Gentlemen Unafraid* (New York & London, G. P. Putnam's Sons, 1928, p. 142).

12. Jack Hines, « This Aims to Be Dog Country » (*Everybody's Magazine*, Wickersham Collection, Rasmuson).

13. Esther Birdsall Darling, *The Great Dog Races of Nome, Official Souvenir History* (Nome, 1916). Voir aussi Allan, *Gold*. Esther Darling sponsorisait souvent la participation d'Allan aux courses.

14. Willoughby, *Gentlemen Unafraid*, p. 96. Willoughby (comme Darling, Allan et d'autres habitants de Nome) décrit l'ambiance carnavalesque de Nome au moment des courses.

15. *Ibid.*

16. Coppinger, *The World of Sled Dogs*, p. 68. Dans sa biographie, Scotty Allan parle lui aussi du « recrutement » des chiens de traîneaux pour servir dans l'armée française pendant la Première Guerre mondiale.

17. Allan, *Gold*, p. 269.

18. Cole, *Banking on Alaska*, p. 84.

19. Dans *The Race to Nome* (New York, Harper & Row, 1963), Kenneth A. Ungermann donne des chiffres de population pour Nome, en 1925, qui font référence depuis. Les journaux de l'époque parlent seulement d'une population de « plus d'un millier d'habitants ».

20. Dufresne, *My Way*, p. 13.

21. Doug Beckstead, *What Is a Dredge* (9 avril 2001, sur le site web : http ://www.nps.gov/yuch/Expanded/mining_history/coal_creek/what_is_a_dredge.htm (janvier 2002). Beckstead, qui est historien, décrit les différents types de dragues utilisées en Alaska et au Yukon.

22. Correspondance Summers-Wolf.

23. Lula Welch, « Northland Doctor's Wife ».

24. Curtis Welch, « An Unfinished Memoir », p. 5.

25. Dufresne, *My Way*, p. 30.

26. John Poling, *A History of the Nome, Alaska Public Schools : 1899 to 1958 ; From the Gold Rush to Statehood* (University of Alaska, 1970). Poling habita Nome. Son mémoire de maîtrise décrit la vie quotidienne et l'intégration des Esquimaux dans la communauté.

27. D'après une interview de Joe Walsh réalisée en 2001 alors qu'il résidait au Pioneer Home de Fairbanks (Alaska). Joe Walsh est malheureusement décédé depuis.

2. Début d'épidémie

1. Lula Welch, « Northland Doctor's Wife ». Curtis Welch, « An Unfinished Memoir ».

2. Welch Report. Welch ne nomme pas Eide dans son rapport, mais les détails de sa maladie correspondent à des informations fournies par des articles publiés dans le *Nome Nugget*, et à son certificat de décès rédigé par Welch le lendemain de sa mort.

3. La tradition du Noël collectif était née au milieu des années vingt. Elle est évoquée de façon pittoresque par Carrie McLain, historienne et ancienne résidante de Nome, dans un numéro de Noël du *Nome Nugget* (24 décembre 1966).

4. Nous devons ces souvenirs de Noël à Jim Walsh, l'un des dix enfants de la famille Walsh, une famille de pionniers dont l'histoire se confond avec celle de Nome.

5. Welch Report.

6. Cussy Kauer, directrice du Nome's Centennial Cemetery Project, nous a aidées à reconstituer le début de l'épidémie à partir des certificats de décès. Les bases de données relatives aux décès à Nome, classés par dates et par noms, les registres des enterrements et la restauration par Kauer des pierres tombales du cimetière de Nome, nous ont permis de combler des vides, de reconstituer des événements omis par la presse et le rapport de Welch, même si registres et bases de données sont incomplets et parfois contradictoires.

7. Welch Report. Welch ne nomme pas Barnett, mais la durée du séjour du jeune garçon à l'hôpital et les symptômes qu'ils présentaient correspondent parfaitement aux informations publiées dans le *Nome Nugget*.

8. H. K. Mulford Co., *The Present Status of Diphtheria Antitoxic Serum* (Philadelphie & Chicago, H. K. Mulford, 1897 ou 1898, p. 17). Le livre reprend les publications de plusieurs médecins. La présente citation est extraite d'un article du docteur Lester Keller publié dans *Medical World* de novembre 1896 (Merck Archives, Merck & Co.).

9. Evelynn Maxine Hammonds, *The Search for Perfect Control : A Social History of Diphtheria, 1880-1930* (Harvard University, 1993, p. 24). Hammonds cite l'ouvrage du docteur Victor C. Vaughan, *Epidemiology and Public Health* (St. Louis, C. V. Mosby Co., 1922, p. 3).

10. Welch Report.

11. Mulford Co., *The Present Status of Diphtheria*, p. 17 (docteur Lester Keller).

12. Welch à Cumming, 18 juin 1925 (National Archives).

13. Docteur Ernest Caulfield, « A True History of the Terrible Epidemic Vulgarly Called the Throat Distemper which Occured in His Majesty's

New England Colonies between the Years 1735-1740 » (*Yale Journal of Biology and Medicine*, 1935, p. 2).

14. *Ibid.*, p. 22.

15. W. Barry Wood, Jr., *Miasmas and Molecules* (New York & London, Columbia University Press, 1961, p. 2).

16. *Ibid.*, p. 4.

17. Allan Chase, *Magic Shots* (New York, William Morrow, 1982, p. 168).

18. Welch envoya plusieurs télégrammes à Washington dans lesquels il exprimait sa crainte que l'épidémie ne s'étende au-delà de Nome.

19. Rapport annuel du gouverneur Riggs au secrétaire à l'Intérieur (*Reports of the Department of the Interior*, vol. 2, 1919, National Archives, RG 348).

20. Welch Report, 16 février 1925.

21. *Hartford Courant* du 7 février 1925.

22. Welch Report, 16 février 1925.

23. Lula Welch, « Northland Doctor's Wife ».

3. Quarantaine

1. Phoebe West, « I Remember Nome » (*Alaska Sportsman*, avril 1962) ; « Nomeites Concerned » (*Nome Nugget*, 24 janvier 1925) ; Welch Report ; Ungermann, *Race to Nome*, pp. 17-21.

2. Welch Report.

3. Extrait d'une lettre dont l'auteur est inconnu, datée du 9 février 1919, aussitôt après que l'épidémie de grippe eut atteint Nome (Carrie McLain Memorial Museum, Nome).

4. Extrait d'un des nombreux télégrammes envoyés par Lomen, maire de Nome, au gouverneur Riggs, à des fonctionnaires du département de l'Intérieur, à des membres du Bureau of Education, responsables du bien-être des autochtones de la région de Nome. Dans ces télégrammes, on peut également lire : « Pas un Esquimau n'a échappé à l'épidémie de grippe... » « Les Esquimaux meurent comme des rats... » « Apportez toute l'aide possible... » (*Records of the Department of the Interior – Governor's Correspondence*, National Archives, RG 348).

5. Extrait d'une lettre du père Lafortune à sa sœur, datée du 8 décembre 1918 et citée dans *Pioneer Missionary*, la biographie consacrée par le père Louis Renner au courageux missionnaire qui voua plus de soixante années de sa vie aux Esquimaux de la péninsule Seward. Louis Renner, S.J., *Pioneer Missionary to the Bering Strait Eskimos : Bellarmine Lafortune, S.J.* (Portland, OR, Binford & Mort, 1979).

6. Note du journal du père Lafortune, écrite fin 1918 et citée dans la biographie du père Renner.

7. Welch Report. *Nome Nugget* du 24 janvier 1925.
8. Ungermann, *Race to Nome*, p. 20.
9. Welch à Cumming, 22 janvier 1925 (National Archives).
10. Interview de Joe Walsh par les auteurs.
11. Correspondance de Summers-Wolf.
12. « Nomeites Concerned », *Nome Nugget* du 24 janvier 1925.
13. Welch Report et Daily Medical Reports (Carrie McLain Memorial Museum archives ; cités ci-après comme Medical Reports.
14. Medical Reports.
15. Welch Report.
16. Charlotte Offen, « Angel of the Yukon » (*True West*, mars-avril 1974).
17. *Ibid.* Morgan avait été envoyée à Nome pour remplacer Bertha Seville qui y avait exercé comme infirmière diplômée de 1917 à 1925.
18. Medical Reports.
19. Selon les rapports et les articles de l'époque, le sérum aurait parcouru mille quatre-vingt kilomètres. Auparavant, les chiffres cités pour la longueur de la piste postale variaient, mais la distance de mille quatre-vingt kilomètres est généralement acceptée depuis. Ces pistes ne sont pas permanentes et leur entretien nécessite une lutte continuelle contre la nature et les éléments. Les débordements des cours d'eau et l'érosion imposent de longs détours. Ainsi, les méandres de la Tanana River se sont déplacés de plus de huit kilomètres au cours du siècle passé.
20. Correspondance Summers-Wolf. La fille de Mark Summers a également conservé le souvenir des relations que son père et sa famille entretenaient avec les Seppala.
21. Le « titre » fut d'abord accordé aux principaux mushers qui transportaient le courrier. Quand les courses de traîneaux à chiens empruntèrent les pistes postales, Seppala fut sacré « Roi de la piste ». Des lettres et des télégrammes qu'il envoya montrent qu'il lui arrivait souvent de signer ainsi son courrier.
22. « Nomeites Concerned » (*Nome Nugget*, 24 janvier 1925).
23. Maynard à Sutherland, 23 janvier 1925, publié dans « Telegraphic » (*Nome Nugget*, 31 janvier 1925).

4. « Fermé pour cause de course de chiens »

1. Les informations concernant Seppala proviennent de : Elizabeth Ricker, avec Leonhard Seppala, *Seppala : Alaskan Dog Driver* (Boston, Little, Brown, 1930) ; Raymond Thompson, *Seppala's Saga of the Sled Dog* (2 vol., Lynnwood, WA, 1977) ; Ungermann, *Race to Nome*.
2. Interview de Joe Walsh par les auteurs.

3. Interview de Leonhard Seppala parue dans le *Boston Herald* du 20 février 1927 (Leonhard Seppala Collection, Rasmuson).
4. Charlotte Widrig, « The Golden Days of Dog-Sled Racing » (*Seattle Times*, 28 mars 1954).
5. Leonhard Seppala, avec Raymond Thompson, « I Met My First Dog Team 60 Years Ago » (*Alaska Sportsman*, mai 1961).
6. Ricker, *Alaskan Dog Driver*, p. 290.
7. Interview de Joe Walsh par les auteurs.
8. Waldemar Bogoras, *The Chukchee* (Publications of the Jesup North Pacific Expedition, vol. 7, 1904-1909, American Museum of Natural History Research Library). Bogoras fournit des informations parmi les plus fiables concernant les chiens de Sibérie.
9. Coppinger, *World of Sled Dogs*, p. 86.
10. A l'époque, les habitants de Nome appelaient également les huskies de Sibérie des « chiens de manchon crépus » ou tout simplement des « rats ». Voir aussi John Douglas Tanner, Jr., *Alaska Trails – Siberian Dogs* (Wheat Ridge, CO, Hoflin Publishing, 1986) et Ungermann, *Race to Nome*, p. 59.
11. Earl et Natalie Norris, « A Short Alaskan History of the Siberian Husky », dans Pamela Thomas, Ann Stead and Nancy Wolfe, éd., *The Siberian Husky* (3e édition, Elkhorn, WI, International Siberian Husky Club, 1994, p. 42).
12. Tanner, *Alaska Trails*, p. 18.
13. O. A. Braafladt, « Men of Iron, Dogs of Speed » (*Alaska Sportsman*, décembre 1937).
14. Lettre de Seppala (Seppala Archives, International Siberian Husky Club, Wisconsin).
15. Leonhard Seppala, avec Raymond Thompson, « Nome Dog Races » (*Alaska Sportsman*, juillet 1961).
16. Willoughby, *Gentlemen Unafraid*, p. 85.
17. Seppala, « Nome Dog Races » (*Alaska Sportsman*, juillet 1961).
18. Repris dans Allan, *Gold*, p. 209.
19. *Ibid.*, p. 217.
20. Seppala, « Nome Dog Races » (*Alaska Sportsman*, juillet 1961).
21. *Ibid.*
22. Ricker, *Alaska Dog Driver*, p. 209. On trouve également une description détaillée de la première course à laquelle participa Seppala dans Seppala, « Nome Dog Races », et dans Thompson, *Seppala's Saga*.
23. « Renowned Dog Musher of All Alaska Sweepstake Races Talks at College » (*Farthest-North Collegian*, 1er décembre 1933).
24. Thompson, *Seppala's Saga*, vol. I, p. 49.
25. Leonhard Seppala, avec Raymond Thompson, « I Won the Nome Sweepstakes » (*Alaska Sportsman*, novembre 1961).

26. Ricker, *Alaska Dog Driver*, p. 219.
27. *Ibid.*, p. 220.
28. *Ibid.*, p. 223.
29. *Ibid.*, p. 224.
30. *Ibid.*, p. 229.
31. « Seppala Triumph Attributed to Hypnotism ; Just "Clucked" and His Dogs Raced to Victory » (*The New York Times*, 14 février 1927). Le nom de ce concurrent est soit Si Mason, soit Hiram Mason, du New Hampshire.
32. Seppala Archives (International Siberian Husky Club, Wisconsin).
33. Avant-propos de Frank Dufresne, lettre datée du 15 février 1927, dans Elizabeth Ricker, *Togo's Fireside Reflections* (Lewiston, ME, Lewiston Journal Printshop, 1928).
34. *Ibid.*
35. Ricker, *Alaskan Dog Driver*, p. 280.

5. *Machines volantes*

1. Sutherland à Thompson, 26 janvier 1925 ; publié dans le *Fairbanks Daily News-Miner* du même jour. Ce numéro du *News-Miner* rapporte en détail l'emploi du temps de Thompson ce matin-là, et également celui du mécanicien et de Roy Darling.
2. Mary Lee Caldwell Davis, *We Are All Alaskans* (Boston, W. A. Wilde Co., 1931, p. 132.)
3. *Ibid.*, p. 153. On trouve également : « Il a perdu sa petite crotte en chocolat. »
4. Jean Clark Potter, *The Flying North* (New York, Macmillan, 1947, p. 37). Potter a beaucoup écrit sur le Fairbanks des années vingt et sur les premiers pilotes d'Alaska. Son livre traite également du rôle joué par W. F. Thompson dans la création de la première compagnie d'aviation de cette ville.
5. *Ibid.*, p. 35.
6. Robert Stevens, *Alaskan Aviation History* (2 vol., Des Moines, WA, Polynyas Press, 1990, vol. I, p. 37).
7. Dossier militaire de Roy Andrew Darling (National Archives, RG 125, Records of the Judge Advocate General of the Navy, Navy Examining Boards 1890-1941). Le dossier contient également la description des blessures de Darling.
8. *Fairbanks Daily News-Miner* du 26 janvier 1925.
9. *Ibid.*
10. *Ibid.*
11. *Ibid.*

12. Thompson au *Nome Nugget,* 26 janvier 1925 ; publié dans « Telegraphic » (*Nome Nugget,* 31 janvier 1925).

13. *Fairbanks Daily News-Miner,* 28 juillet 1924.

14. Sutherland à Maynard, 26 janvier 1925 ; publié dans « Telegraphic » (*Nome Nugget,* 31 janvier 1925).

15. Paul Beeson, « Rushing the Serum to the Rescue : A Long House Call » (*Resident & Staff Physician,* avril 1990).

16. Ungermann, *Race to Nome,* pp. 52-53.

17. Bone à Beeson, 27 janvier 1925 (Telegram, National Archives).

18. *Baltimore Sun* du 1er août 1923.

19. E. A. Steece, Supervising Architect, Treasury Department de Washington, Report, 7 juillet 1924 (Alaska State Archives, Territorial Governor's Office, General Correspondence).

20. Claus-M. Naske, *An Interpretative History of Alaska Statehood* (Anchorage, Alaska Northwest Publishing Co., 1973, p. 49).

21. Scott C. Bone, « Alaska from the Inside » (*Saturday Evening Post,* 8 août 1925 ; Daniel Sutherland Papers, Rasmuson). Dans son article, Bone reprend les mots de Franklin K. Lane, ancien secrétaire à l'Intérieur.

22. Scott C. Bone, « Alaska – Last of American Frontiers » (*Elks Magazine,* juillet 1922 ; Daniel Sutherland Papers, Rasmuson).

23. Scott C. Bone, « The Land That Uncle Sam Bought and Then Forgot » (*Review of Reviews,* avril 1922 ; Daniel Sutherland Papers, Rasmuson).

24. Bone, « Alaska from the Inside » (*Saturday Evening Post,* 8 août 1925.)

25. « Admiral Watson Here After One Stormy Voyage » (*Alaska Daily Empire,* 26 janvier 1925). L'article fournit également des détails sur le froid qui sévissait dans l'Intérieur.

26. *Ibid.*

27. Phoebe West, « I Remember Nome » (*Alaska Sportsman,* avril 1962).

28. Potter, *Flying North,* p. 41. Les détails concernant le vol d'Eielson proviennent de son rapport envoyé au colonel Paul Henderson, chargé de la poste aérienne à l'U.S. Post Office (William Mitchell Papers, microfilm, Rasmuson Library). Voir également Carl Benjamin Eielson, « Aeroplaning in Alaska » (Daniel Sutherland Papers, Rasmuson).

29. Barrett Willoughby, *Alaskans All* (Boston & New York, Houghton Mifflin, 1933, p. 107).

30. « Eielson Tells of His Experience » (*Alaska Weekly,* 11 avril, 1924).

31. Potter, *Flying North,* p. 43.

32. Cecil Roseberry, *The Challenging Skies* (Garden City, New York, Doubleday & Co., 1966, p. 35).

33. Potter, *Flying North,* p. 122.

34. *Ibid.*, p. 66. Le pilote était Joe Crosson.

35. Ira Harkey, « Pioneer Bush Pilot : The Story of Noel Wien » (*Alaska Magazine*, décembre 1975). Extraits de Ira Harkey, *Pioneer Bush Pilot : The Story of Noel Wien* (Seattle, University of Washington Press, 1974).
36. Herschel Smith, *A History of Aircraft Piston Engines* (Manhattan, KS, Sunflower University Press, 1986).
37. Roseberry, *Challenging Skies*, p. 281.
38. L'inquiétude de Bone concernant un vol transparaît dans plusieurs des télégrammes qu'il envoya à Washington.
39. Jack London, « The White Silence », *Northland Stories* (New York, Penguin Books, 1997, p. 3) [*Le Silence Blanc et autres nouvelles*, Le Livre de Poche, 1989].
40. Gold Rush Centennial Task Force, State of Alaska, « Gold Rush Stories : The Mail Must Go Through », 1999 (http ://www.library.state.ak.us/goldrush/stories/mail.htm) [mars 2001].
41. Interview de Pete Curran, Jr., par Tom Beck (transcrite le 4 août 1980, Iditarod Trail Project Oral History Program, Bureau of Land Management, Rasmuson).
42. Interview de Bill McCarty par Tom Beck (transcrite le 13 septembre 1980, *ibid.*). Dans la transcription on peut lire : « Je me souviens des jours où les pauvres chiens détestaient partir, remonter la rivière contre le vent, dans le froid. Je devais prendre soin de leurs pattes, leur mettre des mocassins. Quand il faisait des froids pareils, 45 ou 50 degrés au-dessous de zéro... ils n'aimaient vraiment pas ça. »
43. Sherry Simpson, « Heroes of the Mail Trail » (*Alaska Magazine*, février 1996).
44. William Mitchell, *The Opening of Alaska : 1901-1903* (William Mitchell Papers, microfilm, 45, Rasmuson).
45. Bone à Wetzler, 26 janvier 1925 (National Archives).
46. Bone à Welch, 26 janvier 1925 (National Archives).
47. Yukon-Koyukuk School District of Alaska, *Edgar Kallands : A Biography* (Fairbanks, Spirit Mountain Press, 1982, p.45). On s'est quelquefois demandé quel avait été le parcours de Kallands. Alors que des récits anciens situent son relais entre Nine Mile Cabin et Kokrines, Kallands dit dans sa biographie avoir reçu le sérum des mains de Shannon et l'avoir transporté jusqu'à Manley Hot Springs. Plusieurs journaux de l'époque rapportent également que Kallands est allé de Tolovana à Manley.
48. Ungermann, *Race to Nome*, p. 76. Ungermann donne la liste des mushers qui se sont relayés pour transporter le sérum. On trouve également cette liste dans plusieurs télégrammes conservés aux National Archives.
49. *Fairbanks Daily News-Miner* du 27 janvier 1925.
50. « William Forepaugh » (manuscrit non daté, John Clark Collection, Rasmuson).
51. *Fairbanks Daily News-Miner* du 28 janvier 1925.

6. Chasseurs du Nord

1. Ce chapitre fut en partie inspiré par les nombreux ouvrages de deux des grands anthropologues de l'Arctique, Vilhjalmur Stefansson et Richard K. Nelson ; plus particulièrement par *The Friendly Arctic* (New York, Macmillan, 1943) et *Hunters of the Great North* (New York, Harcourt, Brace & Co., 1922) de Stefansson, et par *Hunters of the Northern Forest* (Chicago and London, University of Chicago Press, 1973) et *Hunters of the Northern Ice* (Chicago and London, University of Chicago Press, 1969) de Nelson.

Des correspondances privées et des manuscrits inédits de missionnaires des années 1900 qui consacrèrent leur vie aux autochtones d'Alaska, principalement le père Lafortune, qui vécut avec les Esquimaux de la péninsule Seward, et le père Jette, avec les Athapascans de l'Intérieur, nous ont été précieux (Alaska Mission Collection, University of Alaska, Fairbanks).

Eskimos About Bering Strait (Washington, Smithsonian Institution Press, 1983 ; première édition, 1899), l'ouvrage de l'ethnologue Edward William Nelson, nous a fourni un inestimable inventaire de la culture matérielle des Esquimaux de la région. *Crossroads of Continents, Cultures of Siberia and Alaska,* de William W. Fitzhugh et Aron Cromwell, éd. (Washington and London, Smithsonian Institution Press, 1988), nous a également été très utile, en particulier les études sur les « Maritimes Economies of the North Pacific Rim » de Jean-Loup Rousselot, William W. Fitzhugh et Aron Cromwell, ainsi que « Needles and Animals, Women's Magic » de Valérie Chaussonnet.

Dans son fascinant ouvrage, *Eskimos and Explorers* (Nebraska, University of Nebraska Press, 1999), l'anthropologue Wendell H. Oswalt brosse un portrait culturel des Esquimaux au moment des premiers contacts avec les Européens. Les diverses publications que Dorothy Jean Ray a consacrées à l'ethnohistoire des Esquimaux de la région du détroit de Béring jusqu'à l'impact cataclysmique de la ruée vers l'or de Nome nous ont permis de compléter le tableau. Des articles publiés dans la revue *Arctic Anthropology,* de nombreux récits sur les chiens et leur évolution – ainsi que les recherches conduites actuellement par des universitaires sur Internet – nous ont aidées à reconstituer l'histoire de la traction et de l'utilisation des traîneaux à chiens.

7. La règle des quarante degrés

1. Wetzler à Bone, 27 janvier 1925 (Telegram, National Archives). Selon ce télégramme, Shannon serait parti de Nenana à 21 heures. On

trouve des informations sur Shannon dans Churchill Fisher, « Healy Store-Keeper » (*Alaska Sportsman*, novembre 1942) ; dans l'interview de Bill Shannon publiée par le *Seward Daily Gateway* du 7 mars 1925, dans celle publiée par le *Tacoma News Tribune* (sans date, Seppala Collection, Rasmuson), et dans Ungermann, *Race to Nome*, pp. 60-62.

2. Will Forsberg, « Keeping Your Dogs Healthy in Cold Weather » (*Mushing Magazine*, janvier-février 1997).

3. Hudson Stuck, *Ten Thousand Miles with a Dog Sled : A Narrative of Winter Travel in Interior Alaska* (Lincoln & London : University of Nebraska Press, 1988, p. 14).

4. E. D. Stokes, « The Race for Life » (*Public Health Reports*, mai-juin 1996).

5. Hansen, *Tundra*, p. 138.

6. Interview de Bill Shannon publiée par le *Tacoma News Tribune* (sans date, Seppala Collection, Rasmuson). Dans ses interviews, Shannon parle en détail de sa course, fournit des informations sur le temps, la piste, sa condition physique et celle de ses chiens.

7. Scott, *Tracks Across Alaska* (New York, Atlantic Monthly Press, 1990, p. 96).

8. Hansen, *Tundra*, pp. 93-94.

9. *Ibid.*, pp. 108-111.

10. Interview de Bill Shannon publiée par le *Minneapolis Star Daily* du 18 mai 1925.

11. *Tacoma News Tribune.*

12. Interview de Shannon publiée par le *Seward Daily Gateway* du 7 mars 1925. Les efforts de Shannon pour se réchauffer et ses commentaires sur le froid stupéfiant sont révélateurs de la gravité de son hypothermie.

13. Stuck, *Ten Thousand Miles*, p. 68.

14. *Ibid.*

15. Interviews de Shannon publiées par le *Seward Daily Gateway*, le *Tacoma News Tribune* et un journal non identifié (Seppala Collection, Rasmuson).

8. En longeant le Yukon

1. Interview de Shannon publiée par le *Seward Daily Gateway.*

2. Shannon a noté la température extérieure mais pas celle à l'intérieur de la cabane en rondins. La température variait à l'intérieur de ces relais : il faisait toujours chaud près du poêle car il était indispensable de pouvoir faire sécher les équipements et les vêtements, mais plutôt frais à l'endroit où se trouvaient les couchettes.

3. Interview de Shannon publiée par le *Seward Daily Gateway*

4. Ricker, *Alaskan Dog Driver*, pp. 289-291 ; Thompson, *Seppala's Saga*, vol. 2, pp. 24-25 ; Ungermann, *Race to Nome*, pp. 64-66.

5. Ricker, *Alaskan Dog Driver*, p. 291 ; Thompson, *Seppala's Saga*, vol. 2, p. 25.

6. Medical Reports. On peut y lire les symptômes présentés par chaque patient et le nom de ceux qui ont reçu des injections de sérum.

7. Seppala a souvent écrit que Summers lui avait déconseillé de s'aventurer sur la mer gelée.

8. Olaf Swenson, *Northwest of the World ; Forty Years Trading and Hunting in Northern Siberia* (New York, Dodd, Mead & Co., 1944, pp. 182-183).

9. Ricker, *Alaskan Dog Driver*, pp. 283-287 ; Thompson, *Seppala's Saga*, vol. 2, pp. 14-16 ; Ungermann, *Race to Nome*, pp. 113-118 ; la « biographie » de Togo : Ricker, *Togo's Fireside Reflections*, et le *New York Times Magazine* du 5 janvier 1930. Tous ces ouvrages fournissent une masse de détails sur la vie de Togo et ses premières expériences sur la piste.

10. Ungermann, *Race to Nome*, p. 115.

11. Thompson, *Seppala's Saga*, vol. 2, p. 14.

12. *Ibid.*, p. 15.

13. Ricker, *Alaskan Dog Driver*, p. 285.

14. *Ibid.*, p. 287.

15. Le récit qui suit est tiré de Elsie Noble Caldwell, *Alaska Trail Dogs* (New York, R. R. Smith, 1945, pp. 116-117). L'ouvrage de Caldwell contient une étonnante collection d'histoires de chiens de tête.

16. Willoughby, *Gentlemen Unafraid*, p. 161.

17. *Ibid.*, p. 162.

18. John O'Brien, *By Dog Sled for Byrd ; 1600 Miles Across Antarctic Sea Ice* (Chicago, Thomas S. Rockwell Co., 1931, p. 180). Le colonel Norman D. Vaughan continua à mener des traîneaux à chiens après l'expédition, devint un membre actif de la communauté des mushers et l'auteur de deux livres : *My Life of Adventure* et *With Byrd at the Bottom of the World.*

19. Edgerton Young, *My Dogs in the Northland* (London, S. W. Partridge & Co., 1902, p. 170).

20. *Edgar Kallands*, p. 14.

21. *Ibid.*, p. 50.

22. *Ibid.*, p. 45.

23. Bill Sherwonit, *Iditarod : The Great Race to Nome* (Anchorage, Northwest Books, 1991, p. 35).

24. Wetzler à Bone, 28 janvier 1925 (National Archives).

25. Journal non identifié (Seppala Collection, Rasmuson).

26. *Tacoma News Tribune.*

27. Ann Mariah Cook, *Running North : A Yukon Adventure* (Chapel Hill, NC, Algonquin Books of Chapel Hill, 1998, p. 98).

9. Tracasseries administratives

1. West, « I Remember Nome » (*Alaska Sportsman*, avril 1962).
2. Divers télégrammes et articles de journaux indiquent que les autorités locales pensaient, ou du moins espéraient, que l'épidémie avait été circonscrite.
3. Medical Reports.
4. Dans son télégramme envoyé à Washington, Welch demandait des tests de Schick.
5. On trouve le contenu du télégramme dans l'article intitulé « Authorizes Flier to Make Nome Dash », publié dans *The New York Times* du 31 janvier 1925.
6. Plusieurs télégrammes ayant circulé entre Nome, Nenana et Juneau les 28 et 29 janvier, et le 4 février 1925 parlent d'un « troisième paquet » de sérum.
7. Welch au service de Santé publique, 21 janvier 1925 (National Archives, RG 90).
8. Bone à C. R. Hope, Universal News Service, article, 30 janvier 1925 (National Archives, RG 90).
9. Robert Hughes, « Passion for the New » (*Time Magazine*, 9 mars 1998).
10. Scott C. Bone, Annual Report, 1924 (microfilm, Rasmuson).
11. Associated Press, 30 janvier 1925. Cet appel est publié dans plusieurs journaux.
12. Editorial de l'*Alaska Daily Empire* du 3 février 1925.
13. *The Washington Post* du 31 janvier 1925.
14. *The New York Sun* du 30 janvier 1925.
15. Sutherland à Maynard, 29 janvier 1925 (« Telegraphic », *Nome Nugget*, 31 janvier 1925).
16. *Seattle Union Record* du 30 janvier 1925.
17. *Ibid.*
18. Loring Pickering au Surgeon General Cumming, 30 janvier 1925 (National Archives, RG 90).
19. *Ibid.*
20. « Navy Officials to Rely on Dog Teams for Rescue » (*The New York World*, 1er février 1925). L'article a été écrit le 31 janvier.
21. *Seattle Times* du 31 janvier 1925.
22. Sutherland à Thompson, 30 janvier 1925. Télégramme publié dans le *Fairbanks Daily News-Miner* du 31 janvier 1925.
23. Bureau du Surgeon General à Bone, 30 janvier 1925 (National Archives).
24. *Fairbanks Daily News-Miner* du 30 janvier 1925.

25. Summers à Traeger, 30 janvier 1925. Le contenu du télégramme est publié dans le *Nome Nugget* du 31 janvier 1925. Selon certaines sources, la commission sanitaire de Nome avait d'abord pris la décision d'accélérer le relais. Nous pensons qu'en Alaska, le gouverneur Bone avait la haute main sur l'opération de sauvetage.

26. Associated Press, 29 janvier 1925.

27. Les détails sur la course de Charlie Evans proviennent de : Jeffrey Richardson, « Serum Runner Remembers » (*Senior Voice*, 1986) ; interview de Charlie Evans par Tom Beck (transcrite le 12 septembre 1980, Iditarod Trail Project Oral History Program, Bureau of Land Management, Rasmuson) ; Matthew Donohue, « All in a Day's Work : Mushers Recall Serum Run of 1925 » (*Alaska Magazine*, mars 1980) ; Ungermann, *Race to Nome*, pp. 80-82 ; Don Bowers, *Iditarod Trail Notes 2000* (Iditarod Trail Sled Dog Race, http ://www.iditarod.com [août 2000].

28. Hansen, *Tundra*, p. 282.

29. Richardson, « Serum Runner Remembers ».

30. *Ibid.*

31. Coppinger, *World of Sled Dogs*, p. 63.

32. *Ibid.*

33. Témoignage de Sidney Huntington recueilli par Jim Rearden et publié dans *Shadows on the Koyukuk* (Portland, OR, Alaska Northwest Books, 1993, p. 172). Huntington décrit la chasse à l'ours dans ces souvenirs de sa vie au bord de la Koyukuk River, dans l'intérieur de l'Alaska.

10. La fabrique de glace

1. Interview de William Stringer (professeur honoraire de l'université d'Alaska à Fairbanks, département de géologie et de géophysique) par les auteurs, en août 2000.

2. Ungermann, *Race to Nome*, pp. 106-110. Ungermann est la principale source d'informations sur Gonangnan et son expérience de la piste. Gonangnan a laissé peu de renseignements sur sa course ; les seuls détails proviennent de Don Bowers, *Iditarod Trail Notes 2000* (http ://www.iditarod.com [août 2000], et de son livre *Back of the Pack : An Iditarod Rookie Musher's Alaska Pilgrimage to Nome* (Anchorage, Publication Consultants, 1998, pp. 334-335).

3. Les informations sur la direction du vent proviennent de témoignages et contredisent les cartes météorologiques de l'époque, qui ne sont pas très fiables. Par contre, témoignages et cartes météo s'accordent sur un point : le jour où Gonangnan et Seppala ont effectué leur parcours, le vent soufflait de la terre. Vu la violence de ce vent, la glace risquait de se briser, quelle qu'ait pu être la direction du vent les jours précédents.

4. Ungermann, *Race to Nome*, p. 107.

5. Bowers, *Iditarod Trail Notes 2000* (http ://www.iditarod.com [août 2000]. Ce site Internet est la source d'informations la plus complète sur l'Iditarod et ceux qui y ont participé.

6. On ne sait pas exactement à quel moment les conditions de visibilité se sont améliorées. Il est probable que Gonangnan retrouva ses repères en approchant du Norton Sound.

7. Il s'agit d'une estimation de la vitesse du vent basée sur les conditions météo dominantes en pareille saison le long de cette portion de la côte, mais aussi sur les témoignages d'autres mushers et sur la violence de la tempête qui arrivait du sud. Les mushers parlaient d'un vent soufflant en rafales de soixante à quatre-vingt-cinq kilomètres à l'heure. Durant le relais effectué par Gonangnan, alors que la tempête n'avait pas encore atteint son paroxysme, le vent soufflait déjà à presque quatre-vingt-dix kilomètres à l'heure, si l'on en croit les cartes météo détaillées pour l'année 1925, conservées à l'Institut de géophysique de l'université d'Alaska, à Fairbanks.

8. Welch au Bureau of Education, 31 janvier 1925 (National Archives).

9. *Seattle Post-Intelligencer* du 1er février 1925.

10. Welch au Surgeon General, 31 janvier 1925 (National Archives).

11. Leonhard Seppala, avec Raymond Thompson, « When Nome Needed Serum » (*Alaska Sportsman*, mai 1961). Seppala y décrit en détail sa course aller et retour.

12. *Ibid.*

13. Sigrid contracta-t-elle la diphtérie ? Les témoignages divergent. L'un d'eux affirme qu'elle aurait souffert d'un sévère mal de gorge à la fin du mois de décembre, un autre qu'elle aurait contracté la maladie durant l'épidémie. Au cours d'une interview qu'elle nous a accordée début 2002, Sigrid nous a dit ne pas avoir été touchée.

14. *Berkeley Gazette* du 31 janvier 1925 (Seppala Collection, Rasmuson).

15. *Ibid.*

16. *San Francisco Bulletin* du 31 janvier 1925 (Seppala Collection, Rasmuson).

17. Ricker, *Alaskan Dog Driver*, p. 292.

18. Interview de Leonhard Seppala publiée dans le *Boston Sunday Post* du 27 janvier 1927.

19. *Ibid.*

20. Ungermann, *Race to Nome*, p. 123. Seppala pourrait avoir utilisé une autre technique consistant à poser sa main à plat sur la glace et à la faire glisser sur la surface rugueuse afin de capter d'éventuelles vibrations indiquant que la glace s'entassait ou se crevassait plus loin.

21. Seppala, « When Nome Needed Serum » (*Alaska Sportsman*, mai 1961).

11. Froide splendeur

1. Ricker, *Alaskan Dog Driver*, p. 293.
2. Les détails concernant la course de Seppala proviennent de : Ricker, *Alaskan Dog Driver*, pp. 293-294 ; Ungermann, *Race to Nome*, pp. 129-131 ; Seppala, « Needed Serum » (*Alaska Spotsman*, mai 1961) ; Coppinger, *World of Sled Dogs*, p. 64. Les détails sur la piste proviennent de Bowers, *Iditarod Trail Notes*, et *Back of the Pack*, p. 353.
3. *Seattle Star* du 2 février 1925.
4. On ne sait pas avec certitude qui téléphona au gardien du relais de Solomon mais, durant l'épidémie, Maynard s'investit de plus en plus dans l'opération de sauvetage. Summers, qui était officiellement chargé de l'opération à Nome, pourrait aussi avoir passé ce coup de téléphone.
5. Welch au service de Santé publique. La date est incertaine, mais il s'agit probablement du 1er février. En tout cas, il ne fait aucun doute qu'il y avait du blizzard ce jour-là.
6. « Last Relay Driver Arrives at Nome with Serum » (*Seattle Daily Times*, 3 février 1925).
7. Interview de Jack Strege (petit-neveu de Kaasen) par les auteurs en mars 2002.
8. Kasson *[sic]* dans *The World* du 4 février 1925.
9. *Ibid.*
10. Stuck, *Ten Thousand Miles*, p. 104.
11. Willoughby, *Gentlemen Unafraid*, p. 117.
12. *Ibid.*, p. 90.
13. *Ibid.*, pp. 120-122.
14. Kasson *[sic]* dans *The World* du 4 février 1925.
15. Bowers, *Back of the Pack*, pp. 360-361.
16. Kasson *[sic]* dans *The World* du 4 février 1925.
17. Ungermann, *Race to Nome*, p. 152.
18. Kasson *[sic]* dans *The World* du 4 février 1925.
19. « Heroic Mushers Fasten Curb on Nome Epidemic » (*The New York Sun*, 4 février 1925).

12. Sauvés !

1. Welch à Beeson, 2 février 1925 (Telegram, National Archives).
2. *Ibid.*
3. « Disease Spreads in Nome » (*Seattle Post-Intelligencer*, 2 février 1925).
4. Welch à Beeson, 2 février 1925 (Telegram, National Archives).
5. *Fairbanks Daily News-Miner* du 2 février 1925.

6. Medical Reports.
7. Journal non identifié, « Nome Correspondent, Stricken, Is on Job » (date de rédaction : 4 février 1925).
8. *San Francisco Chronicle* du 5 février 1925.
9. « Nome Epidemic Is Checked » (*Seattle Star*, 5 février 1925).
10. Sutherland à Bone, 4 février 1925 (National Archives, RG 90).
11. *The Washington Post* du 6 février 1925.
12. « Governor Bone Takes Issue on Flight to Nome » (*Alaska Daily Empire*, 6 février 1925).
13. North American Newspaper Alliance, article publié dans plusieurs journaux en date du 5 février 1925.
14. « Serum to Be Taken by Plane » (*Seattle Star*, 3 février 1925).
15. Bone à Wetzler, 7 février 1925 (National Archives, RG 90).
16. « Darling Standing By with Mackie to Fly to Nome » (*Anchorage Daily Alaskan*, 3 février 1925).
17. « Airplane Hopes to Overtake Nome Dog Team Relay Today » (*Seattle Daily Times*, 9 février 1925).
18. Darling à Bone, 6 février 1925 (National Archives, RG 90).
19. Il semblerait que Welch ait d'abord informé DeVighne, le 3 ou le 4 février, que le nombre de guérisons commençait à dépasser celui de nouveaux cas.
20. *Fairbanks Daily News-Miner* du 10 février 1925.
21. *Nome Nugget* du 20 juin 1925.
22. Anne Morrow Lindbergh, *North to the Orient* (New York, Harcourt, Brace & Co., 1935, p. 124).
23. Coppinger, *World of Sled Dogs*, p. 76.
24. Coppinger and Coppinger, *Dogs : A New Understanding*, p. 157.
25. Interview de Bob Thomas (International Siberian Husky Club) par les auteurs en juin 2001.

Epilogue : Le bout de la piste

1. « Epic Struggle Brings Serum to End Plague » (*San Francisco Chronicle*, 3 février 1925).
2. Editorial du *New York Sun* du 3 février 1925.
3. « Lauds Rescue Dogs in Senate Speech » (*The New York Times*, 7 février 1925). Les commentaires élogieux prononcés par le sénateur Dill à la tribune du Sénat furent largement repris par la presse à travers tous les Etats-Unis.
4. *Harry J. Harrcort to Bone* (lettre non datée, National Archives, RG 90).
5. « Protect Me, Says Kaasen, Nome's Hero » (*Seattle Post-Intelligencer*, 22 mars 1925).

6. « His Effigy Unveiled, Balto Is Unmoved » (*The New York Times,* 16 décembre 1925).

7. *Fairbanks Daily News-Miner* du 9 février 1925.

8. *Seattle Post-Intelligencer* du 22 mars 1925.

9. Tom Mahoney, « Arctic Dash Against Death » (*Coronet Magazine,* octobre 1958).

10. Ricker, *Alaskan Dog Driver,* p. 281.

11. *Ibid.,* p. 395.

12. *Ibid.,* p. 281.

13. Thompson, *Seppala's Saga,* vol. 2, p. 36. Thompson parle longuement de la tournée de Seppala à travers les Etats-Unis.

14. Ricker, *Alaskan Dog Driver,* p. 295.

15. *Ibid.*

16. « Dogs That Rank as Heroes Have a Hall of Fame » (*The New York Times Magazine,* 5 janvier 1930).

17. Bruce Wilson, « The Champions of the Northland » (non daté, Seppala Collection, Rasmuson).

18. Thompson, *Seppala's Saga,* vol. 2, p. 60.

19. Comptes rendus parus dans le *Cleveland Plain Dealer* en mars 1927.

20. Journal non identifié (Seppala Collection, Rasmuson).

21. Churchill Fisher, « Lone Travelers in an Empty World » (*Alaska Magazine,* novembre-décembre 1942).

22. « Notes and Reviews » (*Alaska Journal,* printemps 1979).

23. Matthew Donohue, « All in a Day's Work » (*Alaska Magazine,* mars 1980).

24. T. A. Badger, « A Race to Save Lives » (*Anchorage Daily News,* 23 janvier 1995).

25. « Edgar Nollner, 94, Dies ; Musher in Alaska Relay » (*The Washington Post,* 20 janvier 1999).

Appendice A

1. *Northland News,* septembre 1987.

2. « Balto Film Triggers Memories of Musher » (*The Herald,* Everett, 9 janvier 1995).

3. *Edgar Kallands,* p. 53.

4. Donohue, « All in a Day's Work » (*Alaska Magazine,* mars 1980).

5. *Ibid.*

6. « Leonhard Seppala, Alaska Dog Team Champ » (*Tacoma Sunday Ledger-News,* 22 février 1959).

7. Lula Welch, « Northland Doctor's Wife ».

8. Le Surgeon General à Welch, 11 avril 1925 (Telegram, National Archives, RG 90).
9. Edward Curtis, Journal (June Metcalf Collection, Rasmuson).
10. Cole, *Nome : City of the Golden Beaches*, p. 161.

Remerciements

Ce livre n'aurait jamais pu voir le jour sans les ressources, le soutien et l'hospitalité de nombre de gens et d'institutions à travers tous les Etats-Unis, durant les trois années que nous avons passées en recherche et écriture. A l'université d'Alaska, à Fairbanks, nous sommes particulièrement reconnaissantes au professeur Terrence Cole du département d'histoire. Nous tenons également à remercier Syun-Ichi Akasofu, directeur de l'International Arctic Research Center ; Julia Triplehorn, bibliothécaire de la Keith B. Mather Library de l'Institut de géophysique ; et l'assistante bibliothécaire Ann Wood. Nous sommes également redevables au personnel dévoué de l'Elmer E. Rasmuson Library : Robyn Russell, le docteur William Schneider, le docteur Susan Grigg, Caroline Atuk, Peggy Asbury, Richard Veazey, Rose Speranza et Dirk Tordoff.

Ted Fathauer, météorologue, responsable du National Weather Service de Fairbanks, Susan Butcher, quatre fois victorieuse dans la course de l'Iditarod, le docteur William Stringer, expert en glace de mer, et Dermot Cole, journaliste au *Fairbanks Daily News-Miner*, nous ont généreusement offert leur temps et leur aide. Merci à la famille Campbell de Tanana qui, toujours patiente, nous a fait vivre notre première expérience de conduite d'un traîneau à chiens en Alaska ; et merci à Dan O'Neill et Sarah Campbell pour nous avoir raconté leur voyage en traîneau sur toute la piste de la course du sérum.

Nous avons reçu un accueil chaleureux partout où nous sommes allées en Alaska. Nous aimerions remercier tout particulièrement

Richard K. Nelson qui a été pour nous une source d'inspiration ; Diane Brenner et Kathleen Hertel du Museum of History and Art d'Anchorage ; Igor Kripnick de l'Arctic Studies Center ; Penny Rennick de l'Alaska Geographic Society ; Judy Skagerberg des Archives de l'Etat d'Alaska ; Bea Shephard des archives de l'Eglise méthodiste ; Anne Laura Wood de l'Alaska State Library ; Mike Zaidlic et Donna Redding du Bureau of Land Management ; le docteur Robert Fortuine de l'université d'Alaska, à Anchorage ; Bruce Merrell de la Loussac Library ; Joanne Potts de l'Iditarod Trail Committee, Inc. ; et Benoni Nelson du Knick Museum and Mushers Hall of Frame.

Des parents de Leonhard Seppala et de Gunnar Kaasen nous ont offert leur temps et leurs souvenirs. Nous aimerions remercier les nombreux parents de Gunnar Kaasen, tant en Amérique qu'en Norvège, et plus particulièrement Jack Strege, Janice Weiland et Stein Kaasen. Nous remercions également la regrettée Sigrid Seppala-Hanks et Bill Hanks pour leur aide.

Nous n'aurions pas pu faire revivre la Nome de 1925 sans l'aide d'habitantes de longue date comme Ruthmarie McDowell, Vesta Polsen et Jean-Summers Wolf. Comme tous les chercheurs s'intéressant à Nome le découvrent tôt ou tard, les nombreux membres du clan Walsh sont courtois et leurs informations précieuses. Notre guide et hôte à Nome, Cussy Kauer, habitante de la quatrième génération, s'est révélée indispensable. Elle nous a aidées de tant de façons, souvent à huit mille kilomètres de distance, que nous ne pourrons jamais la remercier suffisamment. Son projet intitulé « Nome Cemetery Project », que le conseiller municipal Stan Andersen a soutenu, nous a été particulièrement utile dans nos efforts pour reconstituer l'évolution de l'épidémie. A Nome, d'autres personnes encore nous ont apporté leur aide : Deborah L. Redburn, John Handeland, Laura Samuelson, Lana Harris, Leslie Simone, Branson Tungiyan, Jerry A. Steiger et Wes Perkins.

En menant nos recherches pour reconstituer l'histoire de la course du sérum, nous avons accumulé des dettes de reconnaissances en Angleterre, au Canada et aux Etats-Unis. De nombreux spécialistes n'ont pas hésité à nous faire profiter de leurs connaissances et parmi eux, tout le personnel du musée d'Histoire naturelle de Cleveland, et particulièrement le conservateur Steve Misencik, spécialiste de Balto ; Sarah Bartash du Metroparks Zoo de Cleveland ; Kenneth A. Ungermann qui écrivit le livre désormais classique sur la course du sérum, il y a plus de quarante ans ; Ed Blechner, dont le dévouement et les efforts inlassables pour honorer le souvenir de Togo finirent par aboutir au retour du chien héroïque en Alaska ; Bob et Pam Thomas de l'International Siberian Husky Club ; Susan Carroll des Archives Merck ; Blaine Maley et Sara Cedar Mille du Central Park Conservancy ; Jonathan Kuhn du New York City Parks Department ; Barbara Narendra du Peabody Museum de l'université de Yale ; Polly C. Darnell et Barbara Rathburn du Shelburne Museum (Vermont) ; John Parascandola et Marjorie Ciarlanti des Archives nationales de Washington (D.C.) ; Elsie Chadwick du Siberian Husky Club de Toronto ; Julie Muhlstein du *Everett Herald* ; Jim Bowman des Archives Glenbow de Calgary ; Jean Waldman, historien de la Croix-Rouge ; Herb Farmer des U.S.C. Moving Image Archives ; Gregory Malak du Will Rogers Memorial Museum ; et Ken Atherton, qui appartint au U.K. Hydrographic Office. D'autres personnes nous ont également aidées dont Julian « Bud » Lesser et Marjorie Fasman, les enfants de Sol Lesser ; Jona Van Zyle ; Dale et Nancy Wolff ; Terris C. Howard ; Matt Morgan ; Lance McLean ; et Wendy Fitzgerald.

L'écriture d'un livre est toujours le fruit d'un effort commun et nous tenons à remercier nos nombreux amis et parents qui ont lu chaque version de notre manuscrit. Nous remercions particulièrement nos parents pour leur soutien inébranlable, leur perspicacité, les bons repas faits maison, et un refuge à la campagne qui nous a permis d'écrire ; nous remercions Ricky Fortunato, Dermot Cole, Terrence Cole, Dan O'Neill, Bob et Pam Thomas pour leur lecture attentive, et Aly Sujo pour ses observations judicieuses. Notre cousin Ned Salisbury nous a fait bénéficier de son brillant sens artistique ; Adrienne Salisbury nous a aidées dans nos recherches de films et de photos ; et Harry Zernike s'est montré un retoucheur de photos scrupuleux. La merveilleuse équipe de Norton a soutenu ce livre dès le début, en particulier notre éditrice, Starling Lawrence et son assistante Morgen Van Vorst, ainsi que Louise Brockett, Jeannie Luciano, Felice Mello, Elisabeth Riley et Bill Rusin.

Nous tenons par-dessus tout à remercier la femme qui a été à nos côtés dès le début, dont l'enthousiasme et la perspicacité éditoriale n'ont jamais faibli quel que soit l'état de la piste, et qui nous a guidées à chaque étape de notre parcours, notre amie et agent Susan Rabiner.

Et enfin nous voudrions rendre hommage à « l'esprit indomptable » des mushers et des chiens de traîneaux d'Alaska qui, ensemble, ont « gravé une légende dans la neige », et à la mémoire de tous les chiens qui nous ont été chers et que nous avons tant aimés : Muffin, Major, Maoser, Magic, Piggy, Trixie, Jack, Lochy, Piper, Piper II, Cosmo, Frisbee et Sasha.

Table

Composition Nord Compo
Impression Firmin-Didot, octobre 2004
Editions Albin Michel
22, rue Huyghens, 75014 Paris
www.albin-michel.fr
ISBN 2-226-15132-X
N° d'édition : 22401. – N° d'impression : 70369.
Dépôt légal : novembre 2004
Imprimé en France.